审计工作底稿理论与实务

编著 王如燕 梁 星

立信会计出版社

图书在版编目(CIP)数据

审计工作底稿理论与实务/王如燕,梁星编著. —上海:立信会计出版社,2008.5
ISBN 978-7-5429-2008-9

Ⅰ.审… Ⅱ.①王… ②梁… Ⅲ.①审计标准—基本知识—中国 Ⅳ.①F239.221

中国版本图书馆CIP数据核字(2008)第073827号

策划编辑	赵新民
责任编辑	陈 旻
封面设计	周崇文

审计工作底稿理论与实务

出版发行	立信会计出版社
地　　址	上海市中山西路2230号　邮政编码　200235
电　　话	(021)64411389　传　真　(021)64411325
网　　址	www.lixinaph.com　电子邮箱　lxaph@sh163.net
网上书店	www.shlx.net　电　话　(021)64411071
经　　销	各地新华书店
印　　刷	江苏凤凰数码印务有限公司
开　　本	787毫米×960毫米　1/16
印　　张	24
字　　数	488千字
版　　次	2008年5月第1版
印　　次	2016年2月第2次
书　　号	ISBN 978-7-5429-2008-9/F·1769
定　　价	38.00元

如有印订差错,请与本社联系调换

序　言

　　审计工作底稿是审计专业中一门重要的专业课程,是随着审计学科的产生和发展而逐步发展起来的。由于审计学科发展的速度越来越快,审计工作底稿编制的地位将日益提高,审计工作底稿教材也必定会随着审计专业的发展而受到重视。

　　现在设有审计专业的各大专院校纷纷开设了审计工作底稿课程,但实际情况是目前还没有一本较好讲授审计工作底稿的教材。鉴于此,我们开展了这项工作。

　　本教材是根据《中华人民共和国审计法》及《中华人民共和国注册会计师法》的基本精神,结合我国几十年来开展各类审计工作的经验和学术界对有关审计问题的研究成果,按照实际工作部门对审计工作底稿编制的要求,反映审计专业的特色,侧重于对注册会计师执业实务技能的培养而编写的。我们编写本教材的直接目标是学以致用,同时也考虑到中国注册会计师的执业现状,并反映国际注册会计师行业以及会计、审计领域的最新发展情况。

　　本教材力求做到特色鲜明、内容精练、概括、重点突出,实用性比较强。特别体现了五大循环审计的特色、要求与思路,根据实际需要讲述各种审计工作底稿编制的要求,并以例题的形式编制审计工作底稿。每章末附有复习思考题和案例分析,以便学生加深对该课程内容的理解和培养实际操作能力。

　　本教材由山东工商学院审计教研室王如燕副教授、梁星教授编著,第一至第五章由王如燕副教授编著,第六、第七章及附录由梁星教授编著。全书由王如燕副教授总纂,并由山东工商学院审计教研室的老师们集体讨论定稿后报会计学院学术委员会通过。

　　立信会计出版社的赵新民老师为本教材的出版做了大量有效的工作,在此表示衷心的感谢。我们希望本教材的出版能对中国注册会计师行业的发展、对设置审计专业的各院校的专业建设有所裨益,也希望本领域的专家学者们能对本教材提出批评意见。

编　者

2008 年 5 月

目　　录

第一章　审计证据与审计工作底稿 ································ 1
　第一节　审计证据 ·· 1
　第二节　审计工作底稿 ·· 17
　第三节　编制审计工作底稿的常见误区 ······················ 27
　第四节　编制审计工作底稿的技巧 ···························· 29

第二章　综合类审计工作底稿的编制 ···························· 33
　第一节　承接业务相关审计工作底稿的编制 ················· 33
　第二节　审计计划阶段审计工作底稿的编制 ················· 43
　第三节　汇总审计工作底稿的编制 ···························· 55
　第四节　审计报告工作底稿的编制 ···························· 68

第三章　销售与收款循环审计工作底稿的编制 ················ 80
　第一节　销售与收款循环控制测试工作底稿的编制 ········· 80
　第二节　应收票据审计工作底稿的编制 ······················ 87
　第三节　应收账款审计工作底稿的编制 ······················ 89
　第四节　坏账准备审计工作底稿的编制 ······················ 96
　第五节　预收账款审计工作底稿的编制 ······················ 97
　第六节　应交税费审计工作底稿的编制 ······················ 100
　第七节　主营业务收入审计工作底稿的编制 ················· 106
　第八节　营业税金及附加审计工作底稿的编制 ·············· 110
　第九节　销售费用审计工作底稿的编制 ······················ 112
　第十节　其他业务利润审计工作底稿的编制 ················· 115

第四章　购货与付款循环审计工作底稿的编制 ················ 119
　第一节　购货与付款循环控制测试工作底稿的编制 ········· 119
　第二节　预付账款审计工作底稿的编制 ······················ 125

第三节　固定资产与累计折旧审计工作底稿的编制……………………… 129
   第四节　固定资产减值准备审计工作底稿的编制………………………… 141
   第五节　在建工程审计工作底稿的编制…………………………………… 143
   第六节　固定资产清理审计工作底稿的编制……………………………… 149
   第七节　应付票据审计工作底稿的编制…………………………………… 151
   第八节　应付账款审计工作底稿的编制…………………………………… 153

第五章　筹资与投资循环审计工作底稿的编制………………………………… 157
   第一节　筹资与投资循环控制测试工作底稿的编制……………………… 157
   第二节　交易性金融资产审计工作底稿的编制…………………………… 160
   第三节　交易性金融资产减值准备审计工作底稿的编制………………… 162
   第四节　应收股利（应收利息）审计工作底稿的编制…………………… 164
   第五节　其他应收款审计工作底稿的编制………………………………… 167
   第六节　政府补助审计工作底稿的编制…………………………………… 170
   第七节　长期股权投资审计工作底稿的编制……………………………… 171
   第八节　持有至到期投资审计工作底稿的编制…………………………… 176
   第九节　长期股权投资减值准备审计工作底稿的编制…………………… 178
   第十节　委托贷款及其减值准备审计工作底稿的编制…………………… 181
   第十一节　无形资产及其减值准备审计工作底稿的编制………………… 184
   第十二节　未确认融资费用审计工作底稿的编制………………………… 187
   第十三节　长期待摊费用审计工作底稿的编制…………………………… 189
   第十四节　长短期借款审计工作底稿的编制……………………………… 191
   第十五节　应付股利审计工作底稿的编制………………………………… 195
   第十六节　其他应付款审计工作底稿的编制……………………………… 197
   第十七节　预计负债审计工作底稿的编制………………………………… 199
   第十八节　应付债券审计工作底稿的编制………………………………… 203
   第十九节　长期应付款审计工作底稿的编制……………………………… 205
   第二十节　专项应付款审计工作底稿的编制……………………………… 206
   第二十一节　实收资本（股本）审计工作底稿的编制…………………… 208
   第二十二节　资本公积审计工作底稿的编制……………………………… 211
   第二十三节　盈余公积审计工作底稿的编制……………………………… 214
   第二十四节　未分配利润审计工作底稿的编制…………………………… 216
   第二十五节　管理费用审计工作底稿的编制……………………………… 219
   第二十六节　财务费用审计工作底稿的编制……………………………… 223

第二十七节　投资收益审计工作底稿的编制 …………………………… 226
第二十八节　营业外收支审计工作底稿的编制 …………………………… 229
第二十九节　所得税费用审计工作底稿的编制 …………………………… 232
第三十节　以前年度损益调整审计工作底稿的编制 …………………… 235

第六章　生产循环审计工作底稿的编制 …………………………………… 239
第一节　生产循环控制测试工作底稿的编制 …………………………… 239
第二节　存货审计工作底稿的编制 ………………………………………… 247
第三节　存货跌价准备审计工作底稿的编制 …………………………… 261
第四节　生产成本审计工作底稿的编制 ………………………………… 263
第五节　制造费用审计工作底稿的编制 ………………………………… 266
第六节　待处理财产损溢审计工作底稿的编制 ………………………… 269
第七节　应付职工薪酬审计工作底稿的编制 …………………………… 271
第八节　营业成本审计工作底稿的编制 ………………………………… 274

第七章　货币资金和特殊项目审计工作底稿的编制 ……………………… 281
第一节　货币资金控制测试工作底稿的编制 …………………………… 281
第二节　货币资金审计工作底稿的编制 ………………………………… 286
第三节　期初余额审计工作底稿的编制 ………………………………… 295
第四节　会计估计审计工作底稿的编制 ………………………………… 296
第五节　债务重组审计工作底稿的编制 ………………………………… 297
第六节　非货币性交易审计工作底稿的编制 …………………………… 298
第七节　关联方及其交易审计工作底稿的编制 ………………………… 300
第八节　或有事项审计工作底稿的编制 ………………………………… 303
第九节　期后事项审计工作底稿的编制 ………………………………… 305
第十节　持续经营能力审计工作底稿的编制 …………………………… 307

附录　教学中审计工作底稿参考格式与填制要求 ………………………… 316

第一章 审计证据与审计工作底稿

要实现审计目标,必须收集和评价审计证据。美国注册会计师协会发布的《公认审计准则》中"外勤准则"第三条规定:审计人员应通过检查、观察、询问和函证等方法,获得审计证据。为了规范我国注册会计师审计工作底稿的编制、复核、使用及保管等项工作,中国注册会计师协会拟定了《独立审计具体准则第6号——审计工作底稿》。

第一节 审计证据

审计证据是审计理论的一个核心。要实现审计目标,就必须收集和评价审计证据。审计的整个过程,就是根据审计证据形成审计结论和审计意见的过程。审计人员要形成任何审计结论和意见都必须以合理的证据作为基础,否则,审计报告就不可信赖。各国所发布的审计准则都很强调审计证据对审计意见的重要性。为了规范我国注册会计师获取、评价和利用审计证据,保证审计证据的充分性和适当性,我国注册会计师协会根据《独立审计基本准则》,拟定了《独立审计具体准则第5号——审计证据》,经财政部批准后予以实施。审计人员应根据准则的要求,做好审计证据的获取和整理分析工作。

一、审计证据的定义、作用和种类

(一)审计证据的定义

审计证据是指审计人员在执行审计业务过程中,为了形成审计意见所获取的证据。从广义上说,审计证据应包括注册会计师在执行审计、鉴证、验资等相关业务过程中获取用于证明审计事项真实情况和过程的相关资料。

审计证据是审计理论的一个重要组成部分。在审计实务中,通常是针对每项会计报表的认定来获取审计证据。有关某项认定(如存货的存在)的审计证据,不得用于代替另一项认定(如计价)应获取的审计证据。实质性测试程序的性质、时间和范围随认定的不同而变化。有些情况下,某项测试可为多项认定提供审计证据。可见,不同程序可提供不同的审计证据,而不同的审计证据可用来证实不同的报表认定。审计人员必须了解审计证据的种类,以便针对不同性质的认定来选择最恰当的方法,以获取充分、适当的审计证据。

(二）审计证据的作用

审计证据对于审计工作具有十分重要的意义。审计人员实施审计工作的最终目标是对被审计单位的受托经济责任发表意见。而审计人员发表的审计意见或者审计结论的正确与否，或者说审计工作质量的高低，要以充分适当的审计证据作为基础，否则，审计人员就无法形成审计结论和审计意见，即使勉强形成审计结论，也无法保证其公正性、客观性。因此，审计证据在整个审计过程中发挥着重要的作用。

从广义上来讲，审计实施过程就是收集、评价和综合审计证据，最后据以形成审计结论和审计意见的过程。在此过程中，要注意两个方面的问题，即既要保证审计证据有足够的数量，又要保证审计证据的质量。

（三）审计证据的种类

一般而言，审计人员获取的审计证据可以按其外形特征分为四类：实物证据、书面证据、口头证据和环境证据。

1. 实物证据

实物证据是指通过实际观察或盘点所获得的、用以确定某些实物资产是否确实存在的证据。例如，库存现金、各种存货和固定资产等资产可通过监盘或实地观察来证明其是否确实存在，是否达到账实相符，得到的实物盘点表等即为获得的实物证据。审计人员在审计过程中，往往会获得有价值的实物证据。

实物证据通常很有说服力，因为它是从现场获得的第一手资料。但实物资产的存在并不能完全证实被审计单位对其拥有所有权。例如，年终盘点的存货可能包括其他企业寄售或委托加工的部分，或者已经销售等待发运的商品。又如，对某些实物资产的清点，虽然可以确定其实物数量，但质量好坏有时难以通过实物清点来加以判断，这样会影响到该项资产的价值量的确定。因此，对于这些账面资产，还应就其所有权归属及其价值情况，通过从其他途径获取的审计证据来加以证明。

2. 书面证据

书面证据是指审计人员所获取的各种以书面文件形式存在的证据，包括与审计有关的各种原始凭证、会计记录（记账凭证、会计账簿和各种明细表）、各种会议记录和文件、各种合同、通知书、报告书及函件等。在审计过程中，审计人员往往要大量地获取和利用书面证据，因此，书面证据是审计证据的主要组成部分，也可称之为基本证据。审计证据的来源是影响其证明力的主要因素。

书面证据按来源分为外部证据和内部证据。

（1）外部证据。外部证据是指由被审计单位以外的机构或人士所编制的书面证据。它一般具有较强的证明力。

外部证据又包括两种：一种是由被审计单位以外的机构或人士编制，并由其直接递交审计人员的书面证据。例如，应收账款函证的回函，被审计单位与其他独立的专家关于被审计单位资产所有权和或有负债等的证明函件，保险公司、寄售企业、证券经纪人的证明等。由于此类证据不仅由完全独立于被审计单位的外界机构或人员提供，而且未经被审计单位有关职员之手，从而排除了伪造、更改凭证或业务记录的可能性，因而其证明力最强。另一种是由被审计单位以外的机构或人士编制，但为被审计单位持有并提交给审计人员的书面证据。例如，银行对账单、购货发票、应收票据、顾客订购单、有关的契约、合同等。由于此类证据已经经过被审计单位人员之手，在评价其可靠性时，审计人员应考虑被涂改或伪造的难易程度及其已被涂改的可能性。当获取的书面证据有被涂改或伪造的痕迹时，审计人员应予以高度警觉。尽管如此，在一般情况下，外部证据是比被审计单位的内部证据更具证明力的一种书面证据。

此外，在外部证据中往往还包括审计人员为证明某个事项而自己动手编制的各种计算表、分析表和各种审计工作底稿等。

(2) 内部证据。内部证据是指由被审计单位内部机构或职员编制和提供的书面证据。它包括被审计单位的会计记录、被审计单位管理当局声明书以及其他各种被审计单位编制和提供的有关书面文件。

由于内部证据的数量较多，审计人员还需要通过大量的内部证据来支持审计结论，所以必须要充分利用这些内部审计证据。一般而言，内部证据不如外部证据可靠。但如果内部证据在外部流转，并获得其他单位或个人的承认（如销货发票、付款支票等），则也具有较强的可靠性。内部证据的可靠程度主要取决于被审计单位的内部控制制度。若被审计单位内部控制制度健全并能较好地执行，则内部证据具有较强的可靠性；相反，若被审计单位的内部控制制度不健全，内部证据的证明力就相应地降低了，审计人员就不能过分地信赖其内部自制的书面证据。例如，若收料单与发料单经过了被审计单位不同部门的审核、签章，且所有凭证预先都有连续编号并按序号依次处理，则这些内部证据具有较强的可靠性。

审计人员所获得的会计记录包括各种自制的原始凭证、记账凭证、账簿记录、被审计单位编制的各种试算表和汇总表等，它是审计人员从被审计单位获取的一类非常重要的审计证据。审计人员在检查会计报表项目时，往往需要追溯检查被审计单位的会计账簿和各种凭证。他们通常需由分类账追查至日记账与记账凭证，然后再追查至支票、发票及其他原始凭证。会计记录的可靠性，主要取决于被审计单位在填制时内部控制制度的完善程度。例如，审计人员要查明所审计年度内被审计单位出售的一台机器设备是否经适当记载时，首先要查阅固定资产明细账，检查机器设备在持有年度内的累计折旧额是否等于出售时所转销的"累计折旧"的账面金额，并检查明细账上所列的原始成本金额是否与出售时贷记"固定资产"账户的金额一致，同时还应检查出售该设备所得的货币收入是否已恰当地记入现金或银行存款日记账。假如固定资产明细账、总账和日记账分别由三位职员独立负责，或由具有良好内部控制能力的电子计算机系统所产生，且各种证据彼此一致,则这些证据就能强有力地证明机器设备的出售业务已经被恰当地记录。至于审计人员是否需进一步检查某些相关文件,诸如核准出售的通知书等,则应视机器设备所涉及金额的相对重要性和其他审计环境而定。

被审计单位管理当局声明书是审计人员从被审计单位管理当局所获取的书面声明,其主要内容是以书面的形式确认被审计单位在审计过程中所做的各种重要的陈述或保证,其主要内容包括所有的会计记录、财务数据、董事会及股东大会会议记录等。被审计单位管理当局声明书属于可靠性较低的审计证据,不可以替代审计人员实施的其他必要的审计程序。但是,它能提醒被审计单位的管理人员应对会计报表负主要责任,并将被审计单位在审计期间所回答的问题书面化,列入审计工作底稿中,成为被审计单位管理当局未来意图的证据。

其他书面文件是指被审计单位提供的其他有助于审计人员形成审计结论和意见的书面文件,如被审计单位管理当局声明书中所提及的董事会及股东大会会议记录,重要的计划、合同资料,被审计单位的或有损失,关联方交易等。

在一般情况下,外部证据比被审计单位的内部证据更具有证明力。

3. 口头证据

口头证据是指被审计单位职员或其他有关人员对注册会计师的提问进行口头答复所形成的证据。一般而言,口头证据本身并不足以证明事情的真相,但审计人员往往可以通过口头证据发掘出一些重要的线索,从而有利于对某些需审核的情况做进一步调查,以收集到更为可靠的证据。

在审计过程中,审计人员会向被审计单位的有关人员询问会计记录、文件的存放地点,采用特别会计政策和方法的理由,收回逾期应收账款的可能性及内部控制制度等各种各样的问题。对于这些问题的口头答复,就构成了口头证据。这些口头证据对于审计人员进一步了解被审计单位的实际情况,衡量内部证据的可信度有较大作用。例如,审计人员在对应收账款进行账龄分析后,可以询问应收账款负责人对收回逾期应收账款的可能性的意见。如果其意见与审计人员自行估计的坏账损失基本一致,则这一口头证据就可成为证实审计人员有关坏账损失判断的重要证据。通过口头询问可以获得证词、笔录、录音带、录像等资料。

在审计过程中,审计人员应把各种重要的口头证据做成记录,并注明是何人、何时、在何种情况下所做的口头陈述,必要时还应获得被询问者的签名确认,同时应从不同渠道取得其他相应证据的支持。相对而言,若不同人员对同一问题所做的口头陈述相同,口头证据就具有较高的可靠性。但在一般情况下,口头证据往往需要得到其他相应证据的支持。

口头证据对于判断被审计单位的内部控制制度情况及验证审计人员所获得的审计证据的可靠程度具有非常重要的作用,因此也是审计人员实施审计过程不可或缺的证据。

4. 环境证据

环境证据也称状况证据,是指对被审计单位产生影响的各种环境事实,包括有关内部控制情况、被审计单位管理人员的素质、各种管理条件和管理水平。

(1) 有关内部控制情况。内部控制的测试是审计人员实施审计的一个非常重要的组成部分。如果被审计单位有着良好的内部控制,就可增加其会计资料的可靠程度。也就是说,当审计人员确认被审计单位有良好的内部控制,且其日常管理又一贯地遵守其内部控制中的有关规定时,就可认为被审计单位现行的内部控制为会计报表项目的可靠性提供了强有力的保证。审计人员就被审计单位的会计报表发表有无重大错报、漏报的审计意见时,一方面,要依赖于被审计单位内部控制的完善程度;另一方面,又要依赖于审计人员所实施的有关会计报表信息的实质性审计。此外,被审计单位内部控制的完善程度还决定着审计人员所需要收集的审计证据数量。内部控制越健全、越严密,所需的其他各类审计证据越少;否则,审计人员要获取较大数量的其他审计证据。

(2) 被审计单位管理人员的素质。被审计单位管理人员的素质对审计证据的可靠性也有着重要的影响。被审计单位管理人员素质越高,其所提供的证据发生差错的可能性就越小。例如,若被审计单位会计人员素质较高,其会计记录就不容易发生错误。因此,会计人员的素质对会计资料的可靠性会产生影响。

(3) 各种管理条件和管理水平。被审计单位的管理条件和管理水平也是影响其所提供的证据可靠程度的一个重要因素。被审计单位管理条件和管理水平越良好,其拥有健全的内部控制制度的可能性越大,其所提供的审计证据的可靠性就会较高;反之,可靠性就较低。

环境证据是对被审计单位所处的环境可能对被审计单位产生的影响的评价,不指向某一具体的审计事项,审计人员的主观判断性较强。环境证据一般不属于基本证据,它可以帮助审计人员了解被审计单位及其经济活动所处的环境,对于审计人员判断审计证据的可靠性有着重要影响,是审计人员进行判断所必须掌握的资料。如果审计人员能够合理充分地利用环境证据,并与其他证据结合起来使用,将能降低审计成本,完成审计工作。

尽管上述各种证据可用来实现各种不同的审计目标,但是对每一具体账户及其相关的认定来说,审计人员则应选择能以最低的成本实现全部审计目标的证据,力求做到证据收集既有效又经济。

证据种类与具体审计目标的关系,如表1-1所示。

5. 其他分类

审计证据的分类是多种多样的。

按审计证据是否真实,分为真实证据、不实证据、涂改证据和伪证。审计人员只能采用真实证据,在审计过程中,应排除不实证据、涂改证据和伪证。

表 1-1

证据种类与具体审计目标的关系

证据种类	审计目标								
	总体合理性	真实性	完整性	所有权	估价	截止	机械准确性	披露	分类
1. 实物证据		✓	✓		✓	✓			
2. 书面证据	✓	✓	✓	✓	✓	✓		✓	✓
3. 口头证据	✓		✓	✓				✓	✓
4. 环境证据	✓								

按审计证据的证明逻辑不同,分为正面证据和反面证据。

按审计证据的来源不同,分为亲历证据、外部证据和内部证据。亲历证据即审计人员自行取得的证据,证明力较强。外部证据比内部证据证明力强。

按审计证据与被审计事项关系不同,分为直接证据和间接证据。直接证据比间接证据证明力强。

二、审计证据的特征

《独立审计具体准则第 5 号——审计证据》第五条指出:"注册会计师执行审计业务,应当在取得充分、适当的审计证据后,形成审计意见,出具审计报告。注册会计师应当运用专业判断,确定审计证据是否充分、适当。"这里的充分和适当正是审计证据的两大特性。

《国际审计准则 500——审计证据》第一条规定:"注册会计师应当获取充分、适当的审计证据,以得出合理的审计结论,作为形成审计意见的基础。"

(一)审计证据的充分性

审计证据的充分性又称足够性,是指审计证据的数量能足以支持注册会计师的审计意见。因此,它是注册会计师为形成审计意见所需审计证据的最低数量要求。

客观公正的审计意见必须建立在有足够数量的审计证据的基础之上,但这并不是说审计证据越多越好。为了使审计工作更有效果、有效益,审计人员通常把需要足够数量审计证据的范围降到最低。因此,每一审计项目对审计证据的需要量,以及取得这些证据的途径和方法,应当根据该项目的具体情况来定。特别是单一证据,在一定数量基础上,各证据之间应通过逻辑推理方式形成有效的证据链。在某些情况下,由于时间、空间或成本的限制,审计人员不能获取最为理想审计证据时,要考虑通过其他的途径或用其他的审计证据来代替。例如,对被审计单位的不重要供货商的供货能力的了解,就可以通过供货合同、往来函件以及以往被审计单位同该单位的实际交易情况进行了解,而不必到该单位实地调查了解。审计人员只有取得了他所认为的充分、适当的审计证据时,才能据以发表审计意见。

根据《独立审计具体准则第5号——审计证据》的规定,注册会计师判断审计证据是否充分、适当,应当考虑以下主要因素:① 审计风险;② 具体审计项目的重要性;③ 注册会计师及其业务助理人员的审计经验;④ 审计过程中是否发现错误或舞弊;⑤ 审计证据的类型与获取途径。

1. 审计风险

审计风险是指会计报表存在重大错报、漏报,而审计人员审计后发表不恰当审计意见的可能性,风险水平低即发现错报、漏报可能性低,数据更可靠。

审计风险是影响审计证据充分性的重要因素,是审计人员在实施审计的过程中必须考虑的因素,审计人员不能对风险存在侥幸心理,必须有风险意识。审计风险由重大错报、漏报风险和检查风险构成。重大错报、漏报风险又由固有风险和控制风险构成。审计人员判断审计证据是否充分、适当,主要应考虑的是固有风险和控制风险,因为检查风险的大小受证据数量的影响。一般来说,如果审计人员调查的项目,如对会计报表层和账户余额或某类交易层固有风险的性质估计得严重,其风险水平估计得高,那么所需收集的证据的数量就多;反之,所需收集的证据的数量就少。

重大错报、漏报风险中的固有风险和控制风险的估计水平与所需证据的数量是同向变动的,它们具体又受下列因素的影响。

(1) 项目的性质。被审计项目越具有投机性质,风险越高,所需证据越多,越应注意调查。如果所审计的项目具有投机冒险的性质,则审计人员的审计就要冒很大的风险。由于这类情况多发生在新创立的被审计单位,因此审计人员在对新创立的被审计单位进行审计时,应做好有关的调查工作,在第一次进行审计时要有意识地提高审计证据的质量,增加审计证据的数量。

(2) 内部控制的性质和强弱。一般而言,内部控制越健全,其审计的相对风险就越小;反之,被审计单位的内部控制越薄弱,其审计的相对风险就越大。因此,当发现被审计单位的内部控制出现重要弱点乃至失控时,审计人员必须加倍注意,获取充分、适当的审计证据,以降低其因内部控制存在缺陷所带来的审计风险。

(3) 业务经营性质。被审计单位的经济业务越复杂,审计的相对风险越高,所需证据越多。有时审计人员虽然能收集到很多也很有说服力的审计证据,但仍难以证明经济业务的实质,在这种情况下,审计人员往往需要冒很大的审计风险。因此,审计人员应充分估计这一风险,采取相应的措施以防患于未然,在审计过程中如发现这种情况,也要及时采取必要的措施进行相应处理。

(4) 管理当局的可信赖程度。当被审计单位管理当局的可信赖程度较差甚至根本不可信赖时,最容易发生重大案件,风险越高,所需证据越多。例如,当股东对被审计单位管理部门不满或怀疑管理人员有舞弊行为时,均有可能是对管理部门不信赖所致。审计人员在审计过程中如遇到这种情况,则应注意提高警惕。

(5) 财务状况。当被审计单位的财务状况不佳时,可能会采取不正当的手段来加以掩饰,此时风险就高,所需证据就多。例如,当被审计单位经营亏损或资金周转困难时,可能会延期注销坏账损失和废旧存货,或故意漏列负债等。在这种情况下,审计人员必须提高审计证据的质量或适当增加审计证据的数量。

(6) 变更会计师事务所。若被审计单位无正当理由更换会计师事务所及其注册会计师时,大多数是因为其对审计报告不满。在这种情况下,风险较高,需要更多审计证据。此时,接任的审计人员往往需提高审计证据的质量或相对增加审计证据的数量。

2. 具体审计项目的重要性

审计项目的重要性直接影响着审计人员获取审计证据的情况。越是重要的审计项目,审计人员就越需获取充分的审计证据以支持其审计结论或意见;否则,一旦出现判断错误,就会影响审计人员对审计整体的判断,从而导致审计人员的整体判断失误。相对而言,对于不太重要的审计项目,即使审计人员出现判断误差,也不至于导致整体判断失误,故此时审计人员可减少审计证据的数量。

3. 注册会计师及其业务助理人员的审计经验

丰富的审计经验可以帮助审计人员从较少的审计证据中判断出被审事项是否存在错误或舞弊行为,此时就可以相应地减少对审计证据数量的依赖程度;相反,当审计人员缺乏审计经验时,少量的审计证据就不一定能使其发现被审事项是否存在错误或舞弊行为,此时应相应地增加审计证据的需要量。在很多情况下,需要审计人员的经验来判断审计证据是否充分、适当。

4. 审计过程中是否发现错误或舞弊

如果审计过程中发现了被审事项存在错误或舞弊行为,则被审计单位整体事项存在问题的可能性就增加,此时审计人员需相应增加审计证据的数量,以确保能做出合理的审计结论,形成恰当的审计意见。

5. 审计证据的类型与获取途径

审计证据的类型与获取途径不同,则其证明力也不同,会影响审计证据的充分性和适当性。如果审计证据是从独立于被审计单位的第三者处获取的,则这类审计证据的质量相对较高,此时审计人员所需获取的审计证据的数量就可减少;反之,审计证据的数量就应增加。

此外,审计人员判断审计证据的充分性时还应考虑:

(1) 经济因素。经济问题虽然不是影响证据充分性的重要因素,但却是必须加以考虑的。由于审计工作受到成本—效益原则的限制,审计人员必须以合理的时间和合理的成本取得充分的证据,因此,审计人员常常面临一种决策,那就是增加审计时间和审计成本能否给获取审计证据的数量和提高审计证据的质量带来相当的效益。如审计人员增加时间和成本之后,并没有带来相应的效益,就应考虑采用更有效的审计程序来收集高质量的、足够的证据。

(2)总体规模和特征。在审计工作中,对很多会计报表项目都采用抽样的方法来收集证据。通常,抽样总体规模越大,所需证据的数量就越多。这里的总体规模是指包括在总体中的项目数量。比如,赊销交易数、应收账款明细账数量及账户余额的金额数量等。总体的特征是指总体中各组成项目的同质性或变异性。审计人员对不同质的总体可能比同质的总体需要较大的样本量和更多的佐证信息。

(二)审计证据的适当性

审计证据的适当性是指审计证据的相关性和可靠性。前者是指审计证据应与审计目标相关联;后者是指审计证据应能如实地反映客观事实。审计证据的适当性是对审计证据质量所提出的要求。

审计证据的充分性和适当性密切相关。审计证据的适当性会影响其充分性。一般而言,审计证据的相关与可靠程度越高,则所需审计证据数量就可减少;反之,审计证据的数量就要相应增加。

1. 审计证据的相关性

审计证据的相关性是指审计人员只能利用与审计目的相关联的审计证据来证实被审计单位所认定的事项,即审计证据与审计事项或审计目标之间有逻辑上的联系,能够证明审计事项的存在或不存在。例如,审计目标是"应收账款余额的真实性",则审计证据是"银行存款余额调节表"。又如,存货监盘只能证明存货是否存在,是否有毁损及短缺,而不能证明存货的计价和所有权的归属。与审计目的直接相关联的审计证据的相关性强,则其证明力也较强,可信度也较高;与审计目的间接相关联的审计证据相关性弱,则其证明力也较弱,可信度也较低。

审计人员获取审计证据时,通常要考虑很多事项:

一般情况下,审计人员通过控制测试获取审计证据时,应考虑的主要事项有:内部控制制度设计是否合理,内部控制是否得到有效执行,内部控制在所审计的会计期间是否得到一贯遵守。

审计人员通过实质性测试获取审计证据时,应考虑的主要事项有:资产或负债在某一特定时日是否存在,资产或负债在某一特定时日是否归属于被审计单位,经济业务的发生是否与被审计单位有关,是否有未入账的资产、负债或其他交易事项,会计记录金额是否恰当,资产或负债的计价是否恰当,收入与费用是否归属当期并合理配比,会计报表项目的分类反映是否恰当并前后一致。

2. 审计证据的可靠性

审计证据的可靠性是指审计证据能否客观、真实地反映经济活动的实际情况。它受其来源、及时性和客观性的影响。不同来源的审计证据的可靠程度通常可用下述标准来判断：

（1）书面证据比口头证据可靠。以书面文件为形式的书面证据，比经由对有关人员口头询问而得来的口头证据可靠。书面证据中，国家机关、社会团体依职权制作的公文书证比其他书证可靠；物证档案、鉴定结论、勘验笔录或经过公证、登记的书证比其他书证、视听资料和证人证言可靠。

（2）外部证据比内部证据可靠。取自被审计单位以外的独立的第三者的外部证据，比取自被审计单位内部的证据可靠；已获独立的第三者确认的内部证据，比未获独立的第三者确认的内部证据可靠。

（3）审计人员自行获得的证据，即亲历证据比由被审计单位提供的证据可靠。

（4）被审计单位内部控制较好时所提供的内部证据，比内部控制较差时所提供的内部证据可靠。

（5）不同来源或不同性质的审计证据相互印证时，审计证据更为可靠；反之，若通过某一来源所获取的证据与通过其他来源所获取的证据不相一致，或者不同性质的证据相互矛盾时，则审计人员就需进一步审计。

审计证据可靠性越强，其证明力越强。有的审计证据虽然有相同的客观属性，但不同形式、不同来源以及不同时间上的审计证据的可靠程度不同。

另外，越及时的证据越可靠，客观证据比主观证据可靠。

审计证据的充分性和适当性必须同时得到满足，即在保证审计证据质量达到适当性的前提下，还必须保证其数量达到充分性。

审计人员在获取审计证据时，还应当考虑成本—效益原则，在获取充分、适当的审计证据的前提下，实现成本最小化。因此，需要审计人员恰当运用成本—效益原则。但对于重要的审计项目，审计人员不应以审计成本的高低或获取审计证据的难易程度作为减少必要审计程序的理由。审计人员对审计过程中的不确定事项，应进一步获取审计证据，以证实或消除疑虑。如果在实施必要的审计程序后，仍无法取得充分且适当的审计证据，或无法实施必要的审计程序，审计人员应出具保留意见或拒绝表示意见的审计报告。

审计证据需要审计人员收集，并由其根据审计证据做出判断。在审计过程中，什么可以作为证据、如何取得适当的证据，应由审计人员根据审计目标与自己的专业经验加以判定。

三、审计证据的获取

审计证据的获取是审计工作的一个重要组成部分。为了实现审计目标，审计人员在计划阶段就需考虑怎样获取审计证据。在实施审计过程中，获取具有充分证明力的证据，是形成审计结论和意见的基础。

(一) 审计证据的获取方法

审计证据的获取方法大体归纳为两个方面:一方面,是依靠被审计单位提供各种审计证据;另一方面,是审计人员自己主动取得。在一般情况下,审计证据主要依靠被审计单位提供,且方便、快捷、节省费用,但这种间接取得的证据的可信度比较低。因此,审计证据的获得依靠审计人员自己主动取得,可以提高审计证据的可信度。

根据我国《独立审计具体准则第5号——审计证据》的规定,注册会计师在审计过程中可以采用检查、监盘、观察、查询及函证、计算和分析性复核等审计程序获取审计证据。

1. 检查

检查是指审计人员对会计记录和其他书面文件可靠程度的审阅和复核。

审计人员在审阅会计记录和其他书面文件时,应注意其是否真实、合法。具体来说:

(1) 审阅原始凭证时,应注意其有无涂改或伪造现象;记载的经济业务是否合理合法;是否有业务负责人的签字等。

(2) 审阅会计账簿时,应注意其是否符合国家颁布的《企业会计准则》和相关会计制度的规定,包括审阅被审计单位据以入账的原始凭证是否整齐完备;账簿有关内容与原始凭证的记载是否一致;会计分录的编制或账户的运用是否恰当;货币收支的金额有无不正常现象;成本核算是否符合国家有关财务会计制度的规定;审计目标要求的其他内容。

(3) 在审阅会计报表时,应注意会计报表的编制是否符合国家颁布的《企业会计准则》和相关会计制度的规定;会计报表的附注是否对应予揭示的重大问题做了充分的披露。

审计人员在复核会计记录及其他书面文件时,应注意检查各种书面文件是否一致。具体来说:

(1) 原始凭证上记载的数量、单价、金额及其合计数是否正确。

(2) 日记账上的记录是否与相应的原始凭证记录一致。

(3) 日记账与会计凭证上的记录是否与总分类账及有关的明细分类账相符。

(4) 总分类账的账户余额是否与所属明细分类账的账户余额合计数相符。

(5) 总分类账各账户的借方余额合计与贷方余额合计是否相等。

(6) 总分类账各账户的余额或发生额合计是否与会计报表上相应项目的金额相等。

(7) 会计报表上各有关项目的数字计算是否正确,各报表之间的有关数字是否一致;涉及前期的数字是否与前期会计报表上的有关数字相符。

(8) 外来账单与本单位有关账目的记录是否相符。

只有符合条件的会计记录或其他书面文件才能被审计人员用来形成审计工作底稿、审计结论和意见。

2. 监盘

监盘是指审计人员现场监督被审计单位各种实物资产、现金及有价证券等的盘点,并进行适当的抽查。

审计人员应对各种实物资产、现金及有价证券等进行认真的清查和盘点。一般而言，实物资产的盘点应由被审计单位进行，审计人员只进行现场监督；对于贵重的物资，审计人员还可抽查复点。采用监督盘点的方法是为了确定被审计单位实物形态的资产是否真实存在并且与账面数量相符，查明有无短缺、毁损及贪污、盗窃等问题存在。一般说来，监盘是确定资产的数量和规格的一种客观手段，有时也是评价资产状况和质量的一种有用方法。但是，监盘不能提供充分的证据证明资产的所有权是否归属于被审计单位。许多情况下，监盘也不能确定被审计单位对资产的估价是否恰当。

3. 观察

观察是指审计人员实地察看被审计单位的经营场所、实物资产和有关业务活动及其内部控制的执行情况等，以获取证据的方法。例如，审计人员通过观察销货情况形成有关被审计单位的内部控制和经济情况等辅助审计证据。

4. 查询及函证

查询是指审计人员对有关人员进行书面或口头询问以获取审计证据的方法。查询分为书面查询和口头查询。

函证是指审计人员为印证被审计单位会计记录所载事项而向第三者发函询证的一种方法。如果没有回函或对回函结果不满意，审计人员应当实施必要的替代程序，以获取相应的审计证据。

5. 计算

计算是指审计人员对被审计单位的原始凭证及会计记录中的数据所进行的验算或另行计算。一般而言，计算不仅包括对被审计单位的凭证、账簿和报表中有关数字的验算，而且还包括对会计资料中有关项目的加总或其他运算。在会计报表审计中，审计人员往往需要大量地运用加总技术来获取必要的审计证据。

审计人员在进行审计时，往往需对被审计单位的凭证、账簿和报表中的数字进行计算，以验证其是否正确。审计人员的计算并不一定按照被审计单位原先的计算形式和顺序进行。在计算过程中，审计人员不仅要注意计算结果是否正确，而且还要对其他方面，如计算结果的过账和转账是否有误等予以关注，在计算验证中发现问题，获取证据。

6. 分析性复核

分析性复核是指审计人员对被审计单位重要的比率或趋势进行的分析，包括调查异常变动以及这些重要比率或趋势与预测数额和相关信息的差异。例如，审计人员可以对被审计单位的会计报表和其他会计资料中的重要比率及其变动趋势进行分析性复核，以发现其异常变动项目。对于异常变动项目，审计人员应重新考虑其所采用的审计方法是否合适；必要时，应追加适当的审计程序，以获取相应的审计证据。一般而言，在整个审计过程中，审计人员都将运用分析性复核的方法。

分析性复核常用的方法又有比较分析法、比率分析法、趋势分析法三种。

（1）比较分析法。比较分析法是指通过某一会计报表项目与其既定标准的比较，以获取审计证据的一种技术方法。它包括本期实际数与计划数的比较；预算数与审计人员的计算结果之间的比较；本期实际数与同业标准之间的比较等。

（2）比率分析法。比率分析法是指通过对会计报表中的某一项目同与其相关的另一项目相比所得的值进行分析，以获取审计证据的一种技术方法。

（3）趋势分析法。趋势分析法是指通过对连续若干期某一会计报表项目的变动金额及其百分比的计算，分析该项目增减变动的方向和幅度，以获取有关审计证据的一种技术方法。可以运用连环替代的方法进行趋势分析。

审计证据是否充分、可靠，直接影响着审计工作质量。一个审计事项的完成，必须依据审计的目的、种类和范围来确定其收集和查阅的相关资料，获取相关的审计证据。审计证据的收集又可分为事前收集、事中收集和证据鉴定。

事前收集，即在审计前收集与审计项目相关的审计证据（评价标准）。事前收集的证据是衡量和判断审计对象的正确性、真实性、合法性、合规性、有效性的尺度，主要包括被审计单位自己制定的依据、上级单位起草制定下发的各类文件资料以及国家颁布实施的法律法规等。

事中收集，即指审计人员在现场中收集相关的审计证据。事中收集的证据是审计证据的主要来源。现场审计证据收集的方法很多，可以向被审单位及相关部门直接索取有关证明材料，也可以通过现场查阅、抽查有关资料、分析比较、实地调查、现场观察、实地盘点等来获取证据。

证据鉴定就是对证据的真伪进行鉴证判别。通过鉴证使审计证据符合充分性、适当性的要求，以此作为编写审计报告、发表审计意见的基础。

在审计过程中，要综合利用上述方法获取充分、适当的审计证据，只有做到系统规范、实事求是、充分取证，才能更好地做好审计工作。

（二）审计程序

在审计过程中，为了实现具体审计目标，审计人员将使用多种审计程序和各类审计证据。

审计程序是审计证据与具体审计目标之间的桥梁，即通过一定的审计程序来获得审计证据，以审计证据为支撑来达到具体的审计目标。通常，一种审计程序可产生多种审计证据，而要获得某类证据也可选用多种审计程序。在审计过程中，通常是多种方法综合使用以获取充分、适当的审计证据。例如，通过分析性复核、计算、检查、查询及函证可以获得书面证据，由书面证据可以支撑总体合理性、真实性、完整性、所有权、估价、截止、机械准确性、披露、分类这些具体的审计目标，但是通过检查和分析性复核等程序所获得的书面证据的用途与实物证据的可靠性显然是不同的。又如，通过监盘、观察可以获得实物证据,实物证据仅可以支撑真实性、完整性,但是监盘比观察获得的审计证据要可靠得多。

审计程序运用于会计报表审计的全过程。审计程序有许多种,上述六项审计程序按其运用的目的不同,可分为三类。

1. 对被审计单位内部控制了解的程序

只有了解了被审计单位的内部控制,才能合理地取得审计证据。了解被审计单位的内部控制是每次会计报表审计都必须执行的程序。审计准则要求审计人员应对被审计单位内部控制获得了解,以便充分合理地计划审计工作。根据这一要求,审计人员必须向被审计单位询问内部控制的政策和程序,并检查会计手册和会计制度的流程图。此外,还需观察被审计单位有关活动及运作情况,以便了解被审计单位内部控制发挥作用的方式。审计人员执行这些程序的目的是为了摸清被审计单位内部控制是怎样设计的和是否得到执行,而设计是否合理、运行是否有效,就需要进行控制测试。

2. 控制测试程序

控制测试又称符合性测试。控制测试是为了获取证据,以证实被审计单位内部控制政策和程序设计的适当性及其运行的有效性。比如,假定控制程序规定,"现金应每天如数送存银行",那么审计人员可通过观察实际送存过程和检查有效的存款单据,测试该项控制的有效性。控制测试还包括向雇员询问控制程序的执行情况,以及由审计人员重新执行某项控制程序。尽管大多数会计报表审计都执行控制测试程序,但并不一定每次会计报表审计都必须执行这类程序。

3. 实质性测试程序

实质性测试程序包括两部分:交易和余额的详细测试、对会计信息和非会计信息应用的分析性复核程序。运用这一类审计程序可取得证明管理当局在会计报表上的各项认定是否合理的证据。

交易的实质性测试和余额的实质性测试是有区别的:前者是为了审定某类或某项交易认定的恰当性,而后者则是为了审定某账户余额认定的恰当性。例如,审计人员追查购货发票至分类账,以确定有关分录的正确性和完整性,就属购货交易的实质性测试。再如,审计人员函证某债权人,以决定某项应付账款余额的正确性,则属应付账款余额的实质性测试。分析性复核又称分析性测试,审计人员通过运用分析性程序可为证实会计报表中数据关系是否合理提供证据。详细测试、分析性测试在审计中各有其独特的作用,不可相互替代。分析性测试的结果往往可为详细测试提供一定的有益的方向性指导。

审计人员在进行审计时,只有合理地运用控制测试和实质性测试,才能取得审计准则所要求的充分、适当的证据。在有些情况下,可以完全依赖实质性测试程序来获取审计证据。实质性测试程序在每次会计报表审计中都必须执行。

实质性测试不能出现下列情况:应进行函证或者实地查验等必要的审计程序时,因时间、成本等原因而取消或直接实施不具有替代作用的其他审计程序;把现场审计的精力主要放在对被审计单位的账面数据作"搬家"式的抄录,未能抽查足够数量的会计凭证予以验证说明,甚至在未能提供必要的会计凭证时,仅依据会计账簿或报表资料发表无保留意见或保留意见的审计报告;对实施程序未做记录或记录不符合要求等。

四、审计证据的整理、分析与保管

（一）审计证据整理与分析的意义

审计证据是伴随着审计程序的进行而逐步收集的。审计人员收集到的证据通常是个别的、分散的,因此,必须按照一定的方法对审计证据进行分类整理与分析,使之条理化、系统化,才能为审计人员所利用,以正确评价被审计单位会计报表等有关会计资料是否恰当地反映了其财务状况、经营成果及现金流量。只有这样,审计人员才能对各种审计证据合理地进行审计小结,并在此基础上,恰当地形成整体的审计意见。

首先,通过检查、观察、监盘、查询、函证、计算等方法所取得的大部分审计证据,在审计人员对其进行分析评价之前,都还是一种原始状态的证据。这些证据往往是初始的、零乱的、无序的和彼此孤立的,且证据的形式也是复杂多样的。因此,审计人员只有按照一定的程序、目的和方法进行科学的加工整理,才能使其变成有序的、系统化的、彼此联系的审计证据。

其次,初始状态的审计证据必须与审计目的相联系,并就其性质和重要程度以及同其他证据之间的关系进行分析、计算和比较,从而对被审计单位的各个方面做出评价,并形成比较完整的认识,否则就难以正确地评价并运用审计证据形成正确的审计结论和意见。在整理过程中发现证据不足,还可进行补充收集,以便获取新的证据材料,把审计工作引向深入。

最后,在审计过程中,通过审计人员的分析、研究,还可能产生一些有价值的新的证据,从而对被审计单位做出较为恰当的结论。审计人员要淘汰一些无用的或者重复的审计证据。

审计证据的收集、整理与分析并非是互不相关的独立的环节,而是经常交叉进行的。

（二）审计证据整理与分析的方法

审计证据的整理过程就是研究、分析的过程,审计的目的不同,审计证据的种类不同,其整理与分析的方法也不相同。一般而言,审计证据整理、分析的方法有如下几种。

1. 分类

所谓分类,是指将各种审计证据按其证明力的强弱,或按其与审计目的的关系是否直接等分门别类排列成序。

2. 计算

所谓计算,是指按照一定的方法对数据方面的审计证据进行计算,并从中得出所需要的新的证据。

3. 比较

所谓比较，是指将相同的证据放在一起，比较其可靠性与相关性的强弱，淘汰其中说服力较弱的证据。它包括两方面的内容：一方面，要将各种审计证据进行比较，从中分析出被审计单位经济业务的变动趋势及其特征；另一方面，要与审计目标进行比较，判断其是否符合要求，得出具有说服力的局部的审计结论。如果不符合要求，则需补充收集有关的审计证据。

4. 小结

所谓小结，是指对审计证据在上述分类、计算和比较的基础上，审计人员对审计证据进行归纳、总结，得出具有说服力的局部的审计结论。

5. 综合

所谓综合，是指审计人员对各类审计证据及其所形成的局部的审计结论进行综合分析，最终形成整体的审计意见。

(三) 审计证据的取舍

审计人员不必也不可能把审计证据所反映的内容全部都包括到审计报告之中，因此，在对审计证据进行整理与分析时，应着重注意审计证据的取舍，注意由表及里、去伪存真，不能被假象所迷惑，通过分析舍弃那些无关紧要的次要证据，选择那些具有代表性的、典型的主要证据逐渐形成一套比较完整的、能够支持最终审计意见的系统审计证据。审计证据取舍的标准大体有如下两种。

1. 金额大小

对于金额较大、足以对被审计单位财务状况和经营成果的反映产生重大影响的证据，应当作为重要的审计证据。

2. 问题性质的严重程度

有的审计证据本身所揭露问题的金额也许并不很大，但这类问题的性质较为严重，它可能导致其他重要问题的产生或与其他可能存在的重要问题有关，则这类审计证据也应作为重要的证据。

某些审计证据所反映的问题可能只是一种假象，审计人员不能被表象所迷惑，必须对其加以认真地分析研究，要分清事实的现象与本质，排除伪证。所谓伪证，是指审计证据的提供者出于某种动机而伪造的证据。这些证据或因精心炮制而貌似真实证据，或与被审计事实之间存在某种巧合，如不认真排除，往往就会鱼目混珠，以假乱真。只有做好审计证据的取舍工作，审计工作才能进一步做好。

(四) 审计证据的保管

审计证据的保管过程伴随着审计证据的整理过程。加强对审计证据的保管工作，能有效防止审计证据的丢失、毁损；有利于审计证据的进一步补充和更新；有利于审计证据的查阅和使用；并为以后会计期间的后续审计提供方便，为可能发生的诉讼提供证据。

审计证据的保管包括两个方面：一是在审计资料整理过程中的保管，另一个是全部审计过程完成之后的保管。第一种保管是指审计证据保管，第二种保管是指审计档案保管。

在审计证据整理过程中，审计证据保管应严格按照有关规章制度的规定执行。应派专人对审计证据进行保管，借阅、查询要履行严格的法定手续，对取得的被审计单位的商业秘密要遵守保密的原则，遵守审计人员的职业道德标准。由于在审计证据整理过程中，对审计证据的保管难度较大，所以要加强对审计资料的登记和保存工作，防止审计资料的丢失。在对审计证据进行销毁时，要严格按照规定的销毁程序进行，对需要销毁的审计证据要经由有关负责人批准后进行。

第二节 审计工作底稿

一、审计工作底稿的定义

审计工作底稿是审计证据的载体和汇集，是指审计人员在执行业务过程中形成的全部审计工作记录和获取的资料。审计工作底稿形成于审计工作的全过程，从制定审计计划开始，一直到送出审计报告为止。其内容包括两大部分：一是审计人员在制定和实施审计计划时直接编制的、用以反映其审计思路和审计过程的工作记录，如审计业务约定书、审计计划等；二是审计人员从被审计单位或其他有关部门取得的、用作审计证据的各种原始资料，以及审计人员接受并审阅他人代为编制的审计记录，内部控制制度测试评价、各种书面证据、工作记录及审计报告副本等。两者结合构成审计工作底稿。审计工作底稿的全部内容是审计人员形成审计结论、发表审计意见的直接依据。

为了规范我国审计人员审计工作底稿的编制、复核、使用及保管等项工作，中国注册会计师协会根据《独立审计准则》，拟定了《独立审计具体准则第6号——审计工作底稿》，经财政部批准予以实施。审计人员应严格按照具体准则的要求，做好有关审计工作底稿的各项工作。

二、审计工作底稿的分类

按照我国《独立审计准则》的规定，根据审计工作底稿性质和作用的不同，可将其分为综合类工作底稿、业务类工作底稿和备查类工作底稿三类。

1. 综合类工作底稿

综合类工作底稿是指审计人员在审计计划和审计报告阶段，为规划、控制和总结整个审计工作，并发表审计意见所形成的工作底稿。该类工作底稿主要包括审计业务约定书、审计计划、审计报告书未定稿、审计总结及审计调整分录汇总表等综合性的审计工作记录。综合类工作底稿涵盖了审计工作的整个过程,能有效地反映审计人员对于整个审计工作的规划和控制过程,体现审计意见和审计结论。这类审计工作底稿,一般都是在审计人员的办公室完成的。

2. 业务类工作底稿

业务类工作底稿是指审计人员在审计实施阶段执行具体审计程序所编制和取得的工作底稿。该类工作底稿主要包括审计人员在执行预备调查、控制测试和实质性测试等审计程序时所形成的工作底稿。例如,被审计单位内部控制的研究与评价记录等。业务类工作底稿可以很好地反映出审计人员执行审计计划的具体情况和实施过程。这一类工作底稿一般都是在外勤工作现场编制和取得的。这类工作底稿在审计中一般是最多的。

3. 备查类工作底稿

备查类工作底稿是指审计人员在审计过程中形成的,对审计工作仅具有备查作用的工作底稿。该类工作底稿主要包括与审计约定事项有关的重要法律性文件、重要会议记录与纪要、重要经济合同与协议、企业营业执照、公司章程等原始资料的副本或复印件。

4. 其他分类

根据编制审计工作底稿的审计工作阶段不同,可以分为审计准备阶段工作底稿、审计实施阶段工作底稿、审计终结阶段工作底稿。

审计准备阶段工作底稿是指审计人员在实施具体审计程序之前,了解被审计单位的基本情况,分析被审计单位经营情况,确定审计风险和制定审计方案所形成的工作底稿。审计实施阶段工作底稿是指审计人员在实施审计过程中采用文件检查、实物盘存、观察、询问、函证、计算、分析等方法获取审计证据所形成的工作底稿。审计终结阶段工作底稿是指审计人员在实施必要的审计程序后,对已取得的审计证据和已编制的审计工作底稿进行复核、调整、汇总、分析、评价以及为形成审计报告所编制的工作底稿。

审计工作底稿一般是审计机关印制好的,也有的是根据审计具体情况由审计人员自己编制的。

三、审计工作底稿的作用

审计工作底稿是审计业务中普遍使用的专业工具,在整个审计工作中具有非常重要的作用。编制和取得审计工作底稿是审计人员最主要的审计工作。审计工作底稿的主要作用表现在五个方面。

1. 审计工作底稿是联结整个审计工作的纽带

审计项目小组一般由多人组成,项目小组内要进行合理的分工,不同的审计程序、不同会计账项的审计往往由不同的人员执行。而最终形成审计结论和发表审计意见时,则主要针对被审计单位的会计报表进行。因此,必须把不同人员的审计工作有机地联合起来,以便对整体会计报表发表意见,而这种联结必须借助于审计工作底稿。

2. 审计工作底稿是注册会计师形成审计结论、发表审计意见的直接依据

审计结论和审计意见是根据审计人员获取的各种审计证据,以及审计人员一系列的专业判断形成的。而审计人员在审计工作中所收集到的审计证据和所做出的专业判断,都完整地记载于审计工作底稿中。因此,审计工作底稿理应成为审计结论与审计意见的直接依据。

3. 审计工作底稿是明确注册会计师的审计责任、评价或考核注册会计师的专业能力与工作业绩的依据

审计人员只有按照《独立审计准则》实施了必要的审计程序,方可解脱或减轻其审计责任。审计人员专业能力的大小、工作业绩的好坏,主要体现在对审计程序的选择、执行和有关的专业判断上,而审计人员是否实施了必要的审计程序,审计程序的选择是否合理,专业判断是否准确,都必须通过审计工作底稿来体现和衡量。

4. 审计工作底稿为审计质量控制与质量检查提供了可能

审计工作底稿可以反映出全部审计工作的轨迹,审计工作底稿的质量高低直接反映整个审计工作的质量,因此,对审计质量进行控制和监督,必须以审计工作底稿作为最重要的依据。在审计实务中,无论是审计单位的内部负责人,还是其他一些外部监督者,都是以审计工作底稿作为重要的依据,对审计质量进行控制和监督。没有审计工作底稿,审计质量的控制与检查就无法落到实处。

5. 审计工作底稿对未来的审计业务具有参考或备查价值

审计业务有一定的连续性,被审计单位前后年度的同一类审计业务具有众多联系或共同点。因此,当年度的审计工作底稿对以后年度审计业务具有很大的参考或备查价值。

四、审计工作底稿的形成与复核

(一) 审计工作底稿的形成

在审计实务中,不同的审计组织都使用各自的审计工作底稿,其表现形式是多种多样的。但是,不管审计工作底稿的形式如何,其形成方式主要有两种:一种是直接编制;另一种是取得。审计工作底稿必须满足以下要求:

(1) 审计工作底稿必须服务于审计人员,取得充分、适当的审计证据,能够支持审计目标的实现。

(2) 审计工作底稿要符合审计项目的特点,实用性要强。

(3) 审计工作底稿要体现节约性,若专用格式已设计的项目不能满足被审计单位的审计需要,则可使用通用格式,简化格式栏。

1. 审计工作底稿的基本要素

就所编制的审计工作底稿而言,尤其是对业务类工作底稿而言,《独立审计准则第6号——审计工作底稿》规定,一般应包括下列基本要素:

(1) 被审计单位名称。每一张审计工作底稿上都应该写明被审计单位的名称,如××股份有限公司——××分公司。

(2) 审计项目名称。每一张审计工作底稿上都应该将具体的审计项目名称写清楚,写明审计程序指向的会计报表项目或会计科目名称,如现金盘存表、固定资产盘点表等。

(3) 审计项目时点或期间。审计工作底稿上应该记录执行审计工作的时间,对于资产负债表项目应该注明发生的时点,对于利润表项目应该注明发生的期间。

(4) 审计过程记录。这部分反映审计工作底稿的质量。在审计工作底稿中要求详细记录审计程序实施的全过程,主要包括对被审计单位的内部控制的评价、审计人员实施的审计测试性质、审计测试项目、抽取的样本及检查的重要凭证、审计调整及重分类事项等。

(5) 审计标识及其说明。审计工作底稿记录的内容一般都使用一些符号加以标识,以表达各种审计含义,加快审计工作底稿的编制。但是,如果遇到特殊情况,没有统一标识可用时,审计人员可以自己制作标识,但应该对其进行说明,并保持前后一致,方便查阅和使用。

(6) 审计结论。审计工作底稿中应包括审计人员对被审计单位内部控制情况的研究与评价结果、有关会计账项的审定发生额及审定期末余额等审计结论。

(7) 索引号及页次。为了便于查阅审计工作底稿,审计人员在形成审计工作底稿时应标明索引号及页码。同时,相关的审计工作底稿之间,应保持清晰的勾稽关系。当审计工作底稿的某一部分引用其他一些工作底稿的内容时,应在相互引用的工作底稿上注明交叉索引编号。

(8) 编制者姓名及编制日期。为了明确审计责任,审计工作底稿上应该写明编制者姓名及编制工作底稿的日期。

(9) 复核者姓名及复核日期。审计人员编制的审计工作底稿一般要经过三级复核。为了明确复核责任,复核者也应该在其所复核的审计工作底稿上签名,并注明复核日期。

(10) 其他应说明事项。例如,会计记录政策的变更及审计人员觉得应该说明的其他内容等。

审计工作底稿基本要素的功能表,如表 1-2 所示。

表 1-2

审计工作底稿基本要素功能表

序号	基 本 要 素	功　　　　能
1	被审计单位名称	明确审计客体
2	审计项目名称	明确审计内容
3	审计项目时点或期间	明确审计范围
4	审计过程记录	记载审计人员所实施的审计测试的性质、范围、样本选择等重要内容

(续表)

序号	基本要素	功能
5	审计标识及其说明	方便工作底稿的检查和审阅
6	审计结论	记录审计人员的专业判断,为支持审计意见提供依据
7	索引号及页次	方便存取使用,便于日后参考及计算机处理
8	编制者姓名及编制日期	明确工作职责,便于追查审计步骤及顺序
9	复核者姓名及复核日期	明确复核责任
10	其他应说明事项	揭示影响审计人员专业判断的其他重大事项,提供更详尽的补充信息

2. 审计工作底稿的基本结构

审计人员编制审计工作底稿的基本目的是揭示有关审计事项的未审情况、审计人员的审计过程和经过审计后有关审计事项的审定情况。为了实现上述审计目的,审计人员编制审计工作底稿应把握以下基本结构:

(1) 被审计单位的未审情况,包括被审计单位的内部控制情况,有关会计账项的未审计发生额及期末余额。

(2) 审计过程的记录,包括审计人员实施的审计测试程序、审计测试项目、抽取的样本及检查的重要凭证、审计标识及其说明、审计调整及重分类事项等。

(3) 审计人员的审计结论,包括审计人员对被审计单位内部控制情况的研究与评价结果、有关会计账项的审定发生额及审定期末余额。

3. 审计工作底稿的基本要求

由于审计工作底稿的形成主要有编制和取得两种方式,对审计工作底稿的基本要求也应从这两个方面来考虑。

(1) 审计人员在编制审计工作底稿时,应当做到:

第一,内容完整。构成审计工作底稿的基本内容必须完整无缺,所附审计证据齐全,要满足 10 个基本要素。

第二,格式规范。审计组织一般都有印制好的具有一定格式的工作底稿,审计人员应严格按照格式编制工作底稿。

第三,标识一致。审计人员在审计工作底稿中可以使用各种审计标识,但应说明其含义,并保持前后一致。

第四,记录清晰。审计工作底稿所记录的审计人员的审计思路应该清晰,审计工作底稿的记录应该文字工整、记录清楚、数字整洁、便于识别。

第五,结论明确。审计人员对每一具体审计事项的审计工作完成后,应有明确的审计结论,对所存在的问题全面揭示,并列示于审计工作底稿上。

只有达到上述要求,其他审计人员在复核、检查或使用审计工作底稿时,才能够理解和接受审计工作底稿的内容。

(2)审计人员获取审计工作底稿时的基本要求。审计人员可直接从被审计单位或其他有关单位取得审计工作底稿,也可以要求被审计单位有关人员代为编制有关会计账项的明细分类或汇总底稿,甚至可以要求被审计单位就有关事项提供声明,诸如从被审计单位取得的有关法律性文件、合同与章程,从与被审计单位有往来关系的对方单位获取的往来款项询证函,获取被审计单位编制的存货盘点清单等。对于上述审计资料,审计人员应该做到:

第一,注明资料来源。其目的是划清责任,谁提供资料,谁就应当对资料的真实性负责。同时,也有利于审计人员辨别资料的可信性和证明力。

第二,实施必要的审计程序。例如,对有关法律性文件的复印件审阅并同原件核对一致。

第三,形成相应的审计记录。审计人员在对他人提供的资料进行审阅或核对后,应形成相应的文字记录并签名,方能形成审计工作底稿。

审计工作底稿必须按照规定获取,形式要规范,分类要明确。此外,随着科学技术的发展,很多时候,审计工作底稿的形成也可以借助计算机的帮助来完成底稿的制作。

(3)审计工作底稿繁简程度的考虑因素。我国《独立审计准则第6号——审计工作底稿》第六条指出,审计工作底稿的繁简程度与以下基本因素相关:

第一,审计约定事项的性质、目的和要求。针对不同的事项,审计工作底稿是不同的,其繁简程度也不同。例如,被审计业务事项越复杂,其审计工作底稿越繁琐。

第二,被审计单位的经营规模及审计约定事项的复杂程度。

第三,被审计单位的内部控制是否健全、有效。内部控制越健全、有效的单位,其审计工作底稿越显简洁。

第四,被审计单位的会计记录是否真实、合法、完整。会计记录越完整,其审计工作底稿越容易做出,问题就越少,越显简洁。

第五,是否有必要对业务助理人员的工作进行特别指导、监督和复核。

第六,审计意见类型。无保留意见、保留意见和否定意见的审计报告的复杂程度是不同的,其审计工作底稿的复杂程度也是不同的。

在编制审计工作底稿时,审计人员不能为了应付检查或赶时间或节约成本而不认真编制审计工作底稿。审计工作底稿只有满足以上要求,才能便于使用,形成审计结论和审计意见。

(二)审计工作底稿的复核

1. 审计工作底稿复核制度与复核的作用

一张审计工作底稿往往由一名专业人员独立完成,编制者对有关资料的引用、对有关事项的判断、对会计数据的加计复算等都可能出现误差,因此,在审计工作底稿编制完成后,通过一定的程序,经过多层的复核显得十分必要。会计师事务所应结合本所实际情况制定出实用有效的复核制度。所谓的审计工作底稿复核制度,是指会计师事务所对有关复核人员级别、复核程序与要点、复核人职责等做出的明文规定。

审计工作底稿复核的作用主要体现在以下三个方面:

(1) 减少或消除人为的审计误差,以降低审计风险,提高审计质量。由于审计人员的工作量较大,因此难免会出现错误,复核就能很好地解决这一问题。

(2) 及时发现和解决问题,保证审计计划顺利执行,并能够不断地协调审计进度、节约审计时间、提高审计效率。只有保证质量,才能真正地提高效率。

(3) 便于上级管理人员对审计人员进行审计质量监控和工作业绩考评。

2. 审计工作底稿的复核要点

根据《中国注册会计师质量控制基本准则》的要求,会计师事务所应当建立多层次的审计工作底稿复核制度,而不同层次的复核人员可能有不同的复核重点,但就复核工作的基本要点来看,不外乎以下几点:

(1) 所引用的有关资料是否翔实、可靠。只有引用的资料是真实、可靠的,才能保证审计工作底稿的质量和可信性。

(2) 所获取的审计证据是否充分、适当。只有充分、适当的审计证据才能作为审计工作底稿的基础,编制的审计工作底稿才真实、可靠,才可能为人所接受并使用。

(3) 审计判断是否有理有据。在复核时,有理有据的审计判断才更可能为人所接受并使用,没有缘由的审计判断不能为人所理解和接受。

(4) 审计结论是否恰当。审计人员实施审计后,要做出恰当的审计结论,并反映在审计工作底稿中。

3. 审计工作底稿复核的基本要求

复核是会计师事务所进行审计项目质量控制的一项重要程序,必须有严格和明确的规则。一般来说,复核时应做好下面几项工作:

(1) 做好复核记录,对审计工作底稿中存在的问题和疑点要明确指出,并以文字记录于审计工作底稿中,做到审计工作底稿的完备。

(2) 复核人签名和签署日期,这样,有利于划清审计责任,也有利于上级复核人对下级复核人的监督。

(3) 书面表示复核意见,这样,有利于划清审计责任人,使复核更明确。

(4) 督促编制人及时修改、完善审计工作底稿。

4. 审计工作底稿的三级复核制度

为了保证审计工作底稿复核工作的质量,会计师事务所应建立多层次的审计工作底稿复核制度,在我国,执行的是三级复核制度。所谓审计工作底稿三级复核制度,是指会计师事务所制定的以项目经理、部门经理(或签字注册会计师)和主任会计师为复核人,对审计工作底稿进行逐级复核的一种复核制度。这一复核制度对提高审计质量发挥了重要作用。

项目经理(或项目负责人)复核是三级复核制度中的第一级复核,称为详细复核。它要求项目经理对下属审计助理人员形成的审计工作底稿逐张复核,如发现问题及时指出问题所在,并督促审计人员及时修改完善。第一级复核要在外勤工作结束前进行。部门经理(或签字注册会计师)复核是三级复核制度中的第二级复核,称为一般复核。它是在项目经理完成了详细复核之后,再对审计工作底稿中重要会计账项的审计、重要审计程序的执行,以及审计调整事项等进行复核。部门经理复核既是对项目经理复核的一种再监督,也是对重要审计事项的重点把关。第二级复核要在外勤工作结束时进行。主任会计师(或合伙人)复核是三级复核中的最后一级复核,称为重点复核。它是对审计过程中的重大会计审计问题、重大审计调整事项及重要的审计工作底稿所进行的复核。主任会计师复核既是对前面两级复核的再监督,也能重点把握整个审计工作的计划、进度和质量。第三级复核要在签发审计报告前进行。

若部门经理作为某一项目的项目负责人,该项目又没有项目经理参加,则该部门经理的复核应视为项目经理复核,主任会计师应另行指定人员代为执行部门经理复核工作,以保证三级复核彻底执行,每一级复核不可指定重复的人员进行复核。另外,复核要认真,不可流于形式。

五、常用审计工作底稿的类型

审计业务类型不同,被审计单位的经营性质不同,就会出现不同类型的审计工作底稿。就一般年度会计报表审计业务而言,常用的审计工作底稿类型主要包括以下几方面:

(1) 与被审计单位设立有关的法律性资料,如企业设立批准证书、营业执照、合同、协议与章程等文件或变更文件的复印件。

(2) 与被审计单位组织机构及管理层人员结构有关的资料。

(3) 重要的法律文件、合同、协议和会议记录的摘要或副本。

(4) 被审计单位相关内部控制的研究与评价记录。

(5) 审计业务约定书。

(6) 被审计单位的未审计会计报表及审计差异调整表。

(7) 审计计划。

(8) 实施具体审计程序的记录和资料。

(9) 与被审计单位、其他注册会计师、专家和其他有关人员的会谈记录、往来函件。

(10) 被审计单位管理当局声明书。

(11) 审计报告、管理建议书底稿及副本。

(12) 审计约定事项完成后的工作总结。

(13) 其他与完成审计约定事项有关的资料，包括有关报刊对被审计单位的宣传介绍、被审计单位所编制的企业简介或企业形象设计等资料。

六、审计工作底稿的管理

（一）审计工作底稿的归档

审计工作底稿对于明确审计责任、评价审计工作质量、为后续审计提供参考都具有重要的意义。因此，审计工作底稿形成后，注册会计师应按照一定的标准予以归档。归档时，可以按照审计循环或会计报表项目，以及审计工作底稿的使用期限长短先行分类，再编上相应标识号和页次后，分别存档，以便于查阅。

审计工作底稿经过分类整理、汇集归档后，就形成了审计档案。审计档案是会计师事务所审计工作的重要历史资料，是会计师事务所的宝贵财富。审计报告应是对被审计单位财务状况、经营成果及现金流量的一种客观、公正的认定。如果某些人对审计报告提出意见，甚至提起诉讼，都需要重新查阅审计工作底稿。我们可以根据审计工作底稿判断审计人员是否按照既定的审计程序开展审计工作，这样，审计工作底稿成为分清审计责任和会计责任的重要依据。因此，要加强对审计档案的保管工作。

（二）审计档案的分类

审计档案按其使用期限的长短和作用的大小，可分为永久性档案和当期档案。

1. 永久性档案

永久性档案是指由那些记录内容相对稳定，具有长期使用价值，并对以后审计工作具有重要影响和直接作用的审计工作底稿所组成的审计档案。永久性档案主要由综合类工作底稿和备查类工作底稿组成。在这些工作底稿中，有些记录内容十分重要，诸如审计报告书副本等；有些记录内容则可供以后年度直接使用，诸如重要的法律性文件、合同及协议等。

2. 当期档案

当期档案又称一般档案，是指由那些记录内容在各年度之间经常发生变化，只供当年审计使用和下期审计参考的审计工作底稿所组成的审计档案。一般档案主要由业务类工作底稿组成，诸如控制测试工作底稿、具体会计账项实质性测试工作底稿等。这些工作底稿所记录的内容在各年度之间是不同的，因此主要供当期审计使用。

（三）审计档案的所有权与保管

使用审计工作底稿后，审计工作底稿的归属问题也要按照规定执行。审计工作底稿虽然是审计人员对其执行的审计工作所做的完整记录，但在我国，注册会计师不能独立于会计师事务所之外承揽审计业务，审计业务必须以会计师事务所的名义承接，审计业务约定书也是会计师事务所签订的。因此，我国现行审计准则规定，审计工作底稿的所有权属于承接该项业务的会计师事务所。

会计师事务所应当制定审计档案保管制度,对审计档案妥善管理,以保证审计档案的安全、完整。审计档案的保管期限可视不同档案类别而有所不同,具体年限规定如下:

(1) 对于永久性档案,应当长期保存。

(2) 若会计师事务所中止了对被审计单位的后续审计服务,其永久性档案的保管年限与最近一年当期档案的保管年限相同。

(3) 对于当期档案,会计师事务所应当自审计报告签发之日起,至少保存10年。即使会计师事务所中止了对被审计单位的后续审计服务,其当期档案的保存年限也不得任意缩减。

例如,某企业2003年首次接受会计师事务所的审计,其当期档案应保存至2013年,永久档案要一直保存。企业2004、2005年接受后续审计,其当期档案要分别保存至2014、2015年,永久档案要一直保存。2006年,企业不再接受后续审计服务,其2003、2004、2005年的永久档案要保存至2015年。

对于最低保存年限届满的审计档案,会计师事务所可以决定将其销毁。但在销毁之前,应当按规定履行必要的手续,对将要销毁的审计档案做最后一次检查,看其是否有必要销毁,然后报主任会计师批准。销毁时,有关人员应进行现场监督或检查,以保证被销毁的审计档案彻底销毁。

(四) 审计档案的保密与调阅

审计档案的内容涉及被审计单位的商业秘密,审计组织为被审计单位保守商业秘密是审计职业道德的基本要求。因此,未经被审计单位同意,审计工作底稿一般不能随意给其他不相关的人查阅。会计师事务所应建立严格的审计工作底稿保密制度,并由专人管理。除下列情况外,会计师事务所不得对外泄露审计档案中涉及的商业秘密及有关内容:

(1) 法院、检察院及其他部门因工作需要,在按规定办理了手续后,可依法查阅审计档案中的有关审计工作底稿。

(2) 注册会计师协会对执业情况进行检查时,可查阅审计档案。

(3) 不同会计师事务所的注册会计师,因审计工作的需要,并经委托人同意,在下列情况下办理了有关手续后,可以要求查阅审计档案:一是被审计单位更换了会计师事务所,后任注册会计师可以调阅前任注册会计师的审计档案;二是基于合并会计报表审计业务的需要,母公司所聘请的注册会计师可以调阅子公司所聘注册会计师的审计档案;三是联合审计,会计师事务所相互之间可以调阅审计档案;四是会计师事务所认为合理的其他情况。

拥有审计工作底稿的会计师事务所应当对要求查阅者提供适当的协助,并根据有关审计工作底稿的性质和内容,决定是否允许查阅者阅览其工作底稿,及复印或摘录其中的有关内容。审计工作底稿中的内容被查阅者引用后,因为查阅者的误用而造成的后果,与拥有审计工作底稿的会计师事务所无关。

只有懂得审计工作底稿的理论,做好审计工作底稿的前期准备工作,才能真正编制好审计工作底稿,完善审计工作。

第三节 编制审计工作底稿的常见误区

一、简单地抄写会计账簿

在审计实务中,一些审计人员一到被审计单位,就埋头检查并抄写被审计单位的会计账簿,做些简单的试算平衡,并据此形成审计工作底稿。如果审计工作底稿只是简单抄写会计账簿上的一些数字,而没有审计过程的记录,也没有注册会计师的专业判断和审计结论,那么,这样的工作底稿是无效的审计工作底稿,不仅不能说明任何问题,而且也降低了注册会计师的执业水准,同时被审计单位对此也没有必要支付昂贵的审计费用。

二、没有问题的项目不作记录

由于我国注册会计师的审计工作是由一大批具有熟练查错能力的老会计师在实践中发展而来的,而且常常接受财经纪律大检查、会计信息检查等政府审计的委托,因此,在审计实务中,有些注册会计师在实施会计报表审计时,侧重于检查被审计单位会计处理的差错和舞弊现象,并且只把查出的问题记录在审计工作底稿中,不能形成支持对会计报表整体发表意见的完善的审计工作底稿。这种做法给人们一种错觉,认为注册会计师的审计工作就是查错防弊,由此,对于被审计单位来讲,花钱请注册会计师找毛病,当然是不乐意的事情,造成审计市场的供求扭曲;对于注册会计师来讲,好似审计主要是查出报表及会计处理的错弊,查出问题越多,证明注册会计师的水平越高,付出的劳动越多。这些都促使一些注册会计师只注重查错防弊而忽视了报表审计的科学性和程序性。

三、对他人提供或代为编制的审计工作底稿不予审计

在审计实务中,一些注册会计师对他人提供或代为编制的审计工作底稿,不予审计,直接形成审计工作底稿。由他人提供或被审计单位代为编制的审计工作底稿,记录的都是一些反映被审计单位会计基础材料的基础性的环境证据,它为注册会计师实施审计提供了分析和判断的基础材料。如果对这些证据不予审计,就不能分清现象与本质,不能排

除伪证,也不能寻找到有用的审计线索,由此可能导致注册会计师进一步审计的失败,招致极大的审计风险。

四、取得和编制的审计工作底稿越多越好

在审计实务中,一些注册会计师片面地理解审计证据充分性和审计工作底稿完整性的含义,认为在审计中取得和编制的审计工作底稿越多越好,于是,大量复印被审计单位的记账凭证、原始凭证,对每一个项目都机械地形成多层次的审计工作底稿,使得审计工作底稿装订成册时很厚。但这些审计工作底稿是否取得和编制并不影响审计结论或审计意见的作出,这样不仅使注册会计师在外勤工作中只是忙于取得和编制审计工作底稿,而无暇控制审计风险,而且同时也给被审计单位增添了不必要的麻烦。

五、对特殊问题和事项不追加审计程序

常规的审计程序是在假定审计人员都诚信的基础上,针对常规的会计处理而设置的程序。但在目前信息、技术和金融不断创新的市场经济条件下,经济主体出现的经济行为千差万别,有些是创新事项,有些是法外事项,对于这些事项,常规的审计程序并非有效,必须根据这些创新或法外事项的具体特点,设计追加的审计程序。这就要求注册会计师在形成审计工作底稿时,应当根据经济行为的特殊性,实施追加的审计程序,采用通用格式形成独特的、具有支持力的审计工作底稿。但在审计实务中,有些注册会计师以不变应万变,无论审计中遇到何种事项,都机械地按照常规的审计程序执业,不追加审计程序,不根据经济行为的特殊性,形成针对性的审计工作底稿,千篇一律地按照规定的专用格式填制形成审计工作底稿。这不仅使注册会计师难以按照既定栏目和要求填制审计工作底稿,也不能满足审计目标的要求,无法有效地控制审计风险。

六、外勤作业后才填制审计工作底稿、实施项目经理复核

在审计实务中,我国的会计报表审计业务集中在10月份到次年4月份,时间紧迫、业务量大,而注册会计师数量相对较少。因此,在外勤工作中,注册会计师只把一些主要的审计工作底稿填制完毕,其余的只好留在外勤工作后填制,项目经理的一级复核也在外勤作业后实施。审计工作底稿是记录收集和获取审计证据的载体,是为了支持审计意见而形成的,如果审计工作底稿不能在外勤作业时形成,而依靠外勤作业后闭门造车般地形成,我们可以想像其审计质量的高低。项目经理的一级复核要求项目经理对下属审计人员形成的审计工作底稿逐张复核,发现问题及时指出,并督促审计人员及时修改完善。试想一下,如果外勤作业以后,项目经理才实施详细审核,发现问题后如何要求并督促审计人员修改完善工作底稿呢?是要求审计人员重新回到被审计单位取证还是闭门造车地编造呢?这两个方面都严重影响审计的效率和效果。

第四节 编制审计工作底稿的技巧

一、提高审计工作底稿的相关性,使其既与会计报表相关又与审计报告相关

审计工作底稿的相关性表现在两个方面:一是审计工作底稿必须真实地反映被审计单位的经济活动,与会计报表相关;二是审计工作底稿必须能够支持审计意见,与审计报告相关。如果注册会计师在审计中取得的审计证据仅与被审计单位的经济活动相关,而与注册会计师发表的审计意见无关,可以不必形成审计工作底稿。如果注册会计师对某一会计科目或某一会计事项的再认定需要从不同的方面取得证据,才能支持审计意见的发表,注册会计师会形成很多相互佐证的审计工作底稿。

为提高审计工作底稿的相关性,注册会计师在形成审计工作底稿时须把握以下几点:

(1) 必须围绕审计目标实施审计程序,并把审计实施的全过程记录在审计工作底稿中。值得注意的是,注册会计师在记录审计过程及结论时,既要保证轨迹记录,把实施的审计程序都记录下来,又要按照重要性原则,进行专业判断,简明扼要地记录重要事项,不要把审计工作底稿记录成流水账。

(2) 获取的审计证据必须能支持审计意见。审计不是会计,注册会计师没有必要在复印会计处理的相关凭证以及算账上花更多的时间和精力,而应该把更多的精力放在对会计资料及其相关经济活动的综合分析上。因此,审计工作底稿不能是通过抄写会计账簿或复印原始凭证而形成的,而应当把注册会计师如何抽查原始凭证、如何取得审计证据及其整理、分析审计证据的结果记录在审计工作底稿中。确有必要时,才复印相应的原始凭证和会计账簿,作为支持审计工作底稿中审计结论的依据。

二、提高审计工作底稿的使用效能,实现其实施和实质的协调统一

从形式上讲,具有较高使用效能的审计工作底稿,应同时包括以下基本内容:

(1) 被审计单位名称。每张审计工作底稿都应写上被审计单位的名称,以防混淆。如果被审计单位下面有子(分)公司,或内部的车间、部门,则应同时注明子(分)公司或车间、部门名称。

(2) 审计项目名称。每张审计工作底稿都应写明审计项目的名称,若审计的是某一会计报表项目,如存货或某一业务循环,如销售与收款符合性的测试。

(3) 审计项目时点或期间。在审计工作底稿上应写明审计内容的时点(指资产负债类项目)或期间(指损益类项目)。

(4) 审计过程及其结果的记录。审计过程的记录,包括注册会计师实施的审计测试、

审计测试项目、抽取的样本及检查的重要凭证、审计标识及其说明、审计调整及重分类事项等。审计结论包括注册会计师对被审计单位内部控制情况的研究与评价结果、有关会计账项的审定发生额及期末余额等。

(5) 审计标识及其说明。在审计工作底稿上可以用审计标识。如果在整套审计工作底稿前有一张审计标识表,在每张审计工作底稿上运用这些标识时,一般不必注明所用标识的含义。但如果在审计工作底稿上运用某些特殊标识时,则必须对标识的含义做出说明。

(6) 索引号及页次。为了便于整理和查阅,在每张审计工作底稿上要注明索引号及页次。索引号应当能在审计工作底稿的目录表中查到。页次是指在同一索引号下不同的审计工作底稿的编号。

(7) 编制者的姓名及编制日期。审计工作底稿的编制者必须在其编制的审计工作底稿上签名并注明编制日期。签名如果用印鉴,则应在审计计划中参加审计人员名单后附有签名样式。

(8) 复核者姓名及复核日期。审计工作底稿的复核者应当在复核过的审计工作底稿上签名并注明复核日期。

(9) 其他应说明的事项。注册会计师根据其专业判断,认为应在审计工作底稿中予以记录的其他相关事项。

从实质上讲,审计工作底稿的完善与否,不是单以审计工作底稿的多少和要素的完善与否为判断标准,还应以是否能够支持审计意见为判断标准,因此,要实现审计工作底稿实质和形式上的协调和统一。

(1) 不能生搬硬套审计程序,不能机械地运用固定的审计工作底稿格式,而应根据具体情况,分析审计线索,沿着审计线索实施相应的审计程序。必要时,追加审计程序,取得充分、适当的审计证据,形成简繁得当的审计工作底稿。

(2) 真实完整地记录审计全过程,并使记录的内容可以核实,不存在虚假的陈述。

(3) 慎用签名权。如果注册会计师没有亲自实施审计和复核审计工作底稿,千万不要由于某种原因而随意签名。即使对于由被审计单位提供或由第三者代为编制的审计工作底稿,注册会计师也应当对其实施必要的审计程序,并把审计结果及其资料的来源记录在审计工作底稿上后,才能签署注册会计师的名字。

(4) 认真复核审计工作底稿。审计工作底稿的复核不是再次审计,复核人员不可能按照审计程序重新审计一遍,但复核人员应当对审计工作底稿所引用的有关资料是否翔实可靠、所获取的审计证据是否适当、审计判断是否有理有据、审计结论是否适当等做出专业判断,并把复核审计意见记录于审计工作底稿中,同时,督促编制者及时修正审计工作底稿中存在的问题,并把修正的情况及其结论记录在审计工作底稿中。

三、提高审计工作底稿编制的科学性,使其勾稽关系明确,能够相互印证

科学编制审计工作底稿,必须明确审计工作底稿之间的勾稽关系,使其形成层次分明、相互支持的统一体,共同支持审计意见。在审计实务中,审计工作底稿的勾稽关系主要包括三个方面。

1. 同一会计科目的不同层次审计工作底稿的勾稽关系

同一会计科目可能形成以下三个层次的审计工作底稿:一是对报表余额或发生总额进行确认的底稿,如审定表等,是在追查基础证据、分析核对基础证据后,获取对某一报表项目认定的再认定的证据所形成的审计工作底稿。这一层次的审计工作底稿直接支持审计差异汇总表、与客户交换意见以及试算平衡表等综合类审计工作底稿,并引导、汇总以下层次的审计工作底稿。二是余额或发生额的明细化的底稿,如明细表、计算表等,是对各种基础证据的分析、检查后所形成的审计工作底稿。这一层次的审计工作底稿直接支持对报表余额或发生总额进行确认的底稿,同时汇总了查证核实该会计报表项目时形成的最基层的审计工作底稿。三是查证核实的底稿,如抽查表、盘点表、检查表等,是追查原始凭证、原始单据等形成的审计工作底稿。这一层次的审计工作底稿直接取证于被审计单位的经济活动及其相应的原始凭证,用来支持和进一步说明余额或发生额的明细化的底稿。

2. 相关会计报表项目审计工作底稿之间的勾稽关系

由于被审计单位同一经济业务的发生,往往需要通过不同的会计科目予以核算与反映,因此,相关会计报表的审计工作底稿之间存在密切的关系。注册会计师必须通过交叉索引及备注说明等形式反映相关审计工作底稿之间的勾稽关系。

交叉索引是指注册会计师在某一审计工作底稿中引用其他审计工作底稿的资料和数据时,在两张工作底稿上同时注明对方工作底稿索引号的一种方法。即在引用其他工作底稿数据的工作底稿上,注明被引用工作底稿的索引号(表示来源)。交叉索引可以帮助注册会计师清晰地反映某些审计数据或资料的来源和去向,以方便审计工作底稿的检查和复核,并且有利于简化审计工作底稿和节省审计工时,增强审计工作底稿的严谨性和可理解性。

3. 各会计报表项目审计工作底稿与试算平衡表之间的勾稽关系

当注册会计师按照审计计划完成审计业务约定书约定的全部审计事项后,应将具体审计项目审计工作底稿中的相关数据和内容分类汇总,编制审计差异汇总表和试算平衡表。只有试算平衡表与审计差异汇总表和各个会计报表项目审计工作底稿勾稽相符后,才能编制审计报告。

一、复习思考题

1. 如何理解审计证据的两个特征?

2. 审计证据有哪几种类型？

3. 审计工作底稿的基本要素有哪几项？作用有哪些？

4. 编制审计工作底稿的技巧有哪些？

5. 审计证据与审计工作底稿的关系如何？

二、案例分析

指出下列情况下表格中审计人员分别执行了哪些主要的审计程序？实现了哪些审计的具体目标？获得的审计证据的类型有哪些？需要填制哪些审计工作底稿？并填制下表。

情况序号	审计程序	审计目标	审计证据类型	审计工作底稿名称
一	存货监盘			
二	期初余额审计			
三	对存货计价采用重算法			
四	查询及函证			
五	函证B公司			

第二章 综合类审计工作底稿的编制

综合类审计工作底稿是注册会计师在审计计划阶段和审计报告阶段为规划、控制和总结整个审计工作,并为最终发表审计意见所形成的审计工作底稿。主要包括审计业务约定书、审计计划、审计总结、未审计会计报表、试算平衡表、审计差异调整表、审计报告底稿、管理建议书、被审计单位管理当局声明书以及注册会计师对整个审计工作进行组织管理的所有记录和资料。一般来讲,综合类审计工作底稿比较多的是在会计师事务所办公地点完成的。

第一节 承接业务相关审计工作底稿的编制

会计师事务所应当谨慎承接业务,这需要从以下四个方面来进行控制:一是会计师事务所应当委派有经验的注册会计师与客户洽谈业务,并由风险控制专家小组讨论是否承接业务,以避免注册会计师个人私自承接业务,同时也能有效地防止将企业经营风险转移给会计师事务所。二是重视对客户及其项目的了解。对于重大项目,会计师事务所应当专门委派注册会计师做前期的审慎调查,以确定是否承接业务,也为制定审计计划做准备;对于一般项目,注册会计师也应当广泛地收集相关资料和信息,初步了解客户的诚信程度及其审计风险。三是相关客户的一些特殊事项,如更换会计师事务所、审计委托的特殊要求以及客户及其管理层面临的压力等。四是不与不诚信或面临较大经营困难的客户打交道。

一、了解被审计单位基本情况

1. 被审计单位基本情况表

会计师事务所与客户洽谈业务时,无论是否承接业务,都应当了解客户的基本情况,形成客户的基本情况表,不仅为承接业务提供依据,也可以为会计师事务所建立客户档案、进行客户管理和业务发展服务。被审计单位基本情况表,如表2-1所示。

对于长年客户来说,审计人员不一定每次接受委托前都要形成基本情况表,但需要了解客户的基本情况是否有变化,如果有变化,应及时补充更改相应内容,同时注意该变化对客户经营情况的影响及其对会计报表的影响。

表 2-1

被审计单位基本情况表

索引号：G01—1

客户名称：(中文)AB有限公司　(英文)AB CO,LTD			法人代表：王江城	
法定地址：北京海淀区增光路8号			电话：010-62288769	
经营性质：中外合资	所属行业：轻工业	开业时间：2006年10月5日	邮编：100081	
经营范围：服装生产、贸易			经营期限：20年	
总资产额：78 098万元	净资产额：55 926万元	主营业务收入：27 576万元	税后利润：7 510万元	
投资者名称	注 册 资 本		实 收 资 本	
	金　额	出资比例%	金　额	占注册资本%
A公司	8 100万元	60	8 100万元	60
B公司	5 400万元	40	5 400万元	40
合　计	13 500万元	100	13 500万元	100
批准机关及证书号码：市计划委员会(06)××号			营业执照号码：302344	
注册日期：2007年1月2日	主管工商机关：市工商行政管理局		主管税务机关：税务局第二税务所	
主要负责人	董事长：王非	总经理：张江	财务负责人：李效法	
办公地址：北京海淀区增光路8号		休假日：星期六、日	联系人：江华	
备注：				

在了解客户基本情况时，如果从广告性资料或报纸杂志中能够获取有关客户的情况，可以把广告性资料或报纸杂志的评论一起复印归档。

2. 业务风险和控制风险环境调查问卷

如果会计师事务所有基本意向承接业务，可以进一步对客户的业务风险和控制风险进行了解。会计师事务所将委派与客户洽谈业务的审计人员可以根据具体情况再增加或减少一些项目。业务风险和控制风险环境调查问卷，如表2-2所示。

表 2-2

业务风险和控制风险环境调查问卷

客户：		签名	日期	索引号	G01—2
项目：业务风险和控制风险环境调查问卷	编制人			页次	
会计期间：	复核人				
调查内容：		是	否	不适用	
1. 关于约定审计业务					
1.1 管理当局是否在过去与注册会计师缺乏充分合作？			✓		
1.2 管理当局是否对审计人员或签发审计报告的时间期限提出不合理要求？		✓			
1.3 是否存在有意或无意限制审计人员与高层管理人员、董事会交流的情况？		✓			
1.4 管理当局是否未能主动提供重大或非正常交易的相关信息？		✓			
1.5 此次审计是不是客户第一次接受审计？			✓		
1.6 更换会计师事务所的原因是否存在不正常或有争议的问题？		✓			
2. 关于经营活动					
2.1 经营主体是否存在较长的经营周期？				✓	
2.2 经营主体是否使用复杂或新型的金融工具？		✓			
2.3 经营主体是不是处在变动频繁的行业或市场中？		✓			
2.4 所做的重大财务预测是否存在主观性、复杂性或不确定性？		✓			
2.5 经营主体所处的行业中非法活动的频率是否较高？		✓			
2.6 在过去的几年中，经营主体是否收购其他行业的企业，而对于那些行业管理方面可能缺乏经验？			✓		
2.7 经营主体的产品技术更新换代是否很快？		✓			
2.8 经营主体的环保要求是否很高？		✓			
3. 关于经营环境					
3.1 经营主体是否公开发行证券？		✓			
3.2 会计报表是否具有不同寻常的重要性？		✓			
3.3 经营主体的经营业绩比起同行业的其他企业，是否差距较大（特别好或特别差）？		✓			
3.4 是否存在来自政府各有关部门的压力，而使管理当局歪曲财务报告？		✓			
3.5 经营主体是否陷入利益冲突或控制权之争？			✓		

(续表)

调查内容:	是	否	不适用
3.6 就经营主体的财务状况而言,履行债务协议是否有难度?	√		
3.7 经营主体是否被指控违反证券法、反不正当竞争法或其他类似的法规而在过去或现在卷入法律诉讼、资金补偿或受到制裁?			√
3.8 在最近的年检报告中,是否包含政府各有关部门对管理当局的批评而管理当局因为意见相左不愿意执行的情况,或是否存在其他因素,或能够表明经营主体与主管部门关系恶化?	√		
3.9 经营主体是否容易受到经济事件(如利率、商品价格或外汇汇率的剧烈变动等)的影响?	√		
3.10 经营主体是否容易受到行业状况(如供过于求、技术革新、产品过时等)的重大影响?	√		
3.11 经营主体是否容易受到政府行为变化(如主营业务是政府项目等)的影响?	√		
3.12 经营主体是否容易受到法规变化(如加大对外报告要求等)的影响?	√		
3.13 经营主体是否容易受到消费者或社会问题(如遵守环保法规、解决产品质量及服务问题等)的影响?	√		
4. 关于财务状况			
4.1 经营主体或经营主体的重要组成部分是否要被出售?		√	
4.2 管理当局是否有调整公司股票结构的意图和动机?		√	
4.3 管理当局的薪酬是否与公司的经营成果挂钩?	√		
4.4 所有者或管理当局是否有强烈的降低税负的愿望?	√		
4.5 经营主体对外提供的信息是否过于乐观而导致外界对其产生不合理的期望?	√		
4.6 经营主体是否持续增长但潜力有限?	√		
4.7 经营主体的业绩是否大幅度下滑?		√	
4.8 经营主体是否缺乏足够的可分配利润或现金以保持其现在的分配水平?		√	
4.9 是否缺乏足够的营运资本或短期借贷使公司无法在盈利状态下经营?	√		
4.10 对于新资本的需求是否大于其供给?	√		
4.11 是否存在大量不正常来源(如关联方)或不正常条款的债务?	√		

(续表)

调查内容：	是	否	不适用
4.12 是否违反或可能违反债务协议限制条款或其他信用行为？	√		
4.13 是否未对公司资本进行严格调查？		√	
4.14 是否无力按时偿还债务？	√		
4.15 是否存在重大的现金周转问题？	√		
4.16 是否已失去或可能失去一批重要的顾客或顾客群？			√
4.17 是否存在表外融资及或有负债？			√
5. 关于控制环境			
5.1 客户是否建立法人治理结构？	√		
5.2 在法人治理机构中,董事会是否控制股东大会？		√	
5.3 在法人治理结构中,管理当局是否控制董事会？	√		
5.4 管理当局是否愿意接受非常大的经营风险？	√		
5.5 管理当局组织结构与客户的规模和经营特点是否不相适应？	√		
5.6 董事会成员是否缺乏足够的经验和有效的工作能力？	√		
5.7 管理当局是否建立岗位责任制,以明确其职责？	√		
5.8 是否缺少预算或计划过程(预测损益或现金流量)？	√		
5.9 管理当局、会计及信息处理人员是否缺乏足够的能力履行其职责？		√	
5.10 内部审计部门是否不存在或存在但工作无效？		√	
6. 关于管理当局的诚信度			
6.1 管理当局是否有因非法行为而蓄意歪曲会计报表、干扰主管部门监管的行为及有组织犯罪而涉及诉讼案件的问题？			√
6.2 管理当局从事的一些活动尽管没被指控为非法,但却很可疑或因其使企业陷入困境？	√		
6.3 管理当局是否频繁地更换开户银行、律师或会计师事务所？		√	
6.4 管理当局在需要专业机构为其服务时,是否聘请声誉良好、讲求质量的机构？	√		
6.5 在管理当局成员中是否有人在个人生活中出现重大财务困难？	√		

(续表)

调查内容：	是	否	不适用
6.6 管理当局的权限是否集中于某一强权人物或某一小团体？	√		
6.7 是否存在某人对公司既没有所有权也不担任公司职务，却对公司事务实施重大影响的情况？			√
6.8 管理当局是否在近期发生过重大的或不可预料的人事变动？		√	
6.9 管理人员是否缺乏丰富的经验？		√	
7. 关于有意歪曲陈述的可能性			
7.1 管理当局对于我们接触经营主体的人员和所取各种信息是否试图加以限制？		√	
7.2 是否存在缺乏支持性证据的付款？		√	
7.3 我们是否难以确定谁是真正控制主体的人？		√	
7.4 高层管理人员是否变动频繁，特别是财务部门？		√	
7.5 客户是否采用有争议的会计政策？		√	
7.6 管理当局是否不愿意采纳审计人员的调整分录？		√	
7.7 是否存在明显有失公平的经济交易？		√	
7.8 是否存在大量的关联方交易？		√	
7.9 管理当局包括生产部门的管理人员是否过分强调实现计划的盈利额或增长目标？		√	
8. 管理当局对设计和保持可靠会计信息系统及有效内部控制的承诺			
8.1 经营主体是否未能制定出有关管理的操作流程、利益冲突的解决办法等，或是否让员工充分了解这些政策？		√	
8.2 经营单位是否缺少防止非法行为的程序(包括指令的合理应用)？	√		
8.3 管理当局是否对财务问题和预算差异有效地进行调查处理？		√	
8.4 会计或信息处理部门是否缺乏足够的人员？	√		
8.5 在过去的审计中是否发现客户有大量的差错项目和调整分录，特别是在年底或接近年尾时？		√	
8.6 客户会计记录的总体情况是否很差？		√	
8.7 客户是否经常无法及时结算、提供报表(内部和外部的)？		√	

(续表)

调查内容：		是	否	不适用
9. 影响审计风险控制的重大会计问题				
9.1 经营主体是否参与特定的非常复杂和重大的"实质重于形式"的交易？		√		
9.2 是否存在重大的关联方交易？		√		
9.3 近期经营主体原有的会计政策是否已被改变或经营主体正在考虑改变它？		√		
9.4 是否存在重大的非货币交易性事项？		√		
9.5 是否存在重新编制财务报表(包括中期财务报表)的异常情况？			√	
调查说明：通过了解、询问、查阅等方法，由注册会计师获取证据，独立判断和评价九个方面问题。				
调查结论：最好不要承接该项业务，但如果承接，需要： 　　　　1. 取得更多的证据。 　　　　2. 配备更多的富有经验的注册会计师。 　　　　3. 比一般业务进行更为仔细的细节测试。				

3. 承接业务的风险初步评价表

审计人员除应对被审计单位经营状况、经营环境进行初步了解外，还应对上年度审计报告的类型及意见以及财务状况、内部控制制度进行分析研究，以全面评价承接业务的风险程度。

会计师事务所承接业务的风险初步评价表，如表 2-3 所示。

表 2-3

承接业务的风险初步评价表

被审计单位名称：AB 公司　　　　　　编制者：李　丽　　日期：2007/2/3　　页　次：1/1
会计期间及截止日：2006 年 12 月 31 日　复核者：张　磊　　日期：2007/2/3　　索引号：G01—4

项 目		说　　　　明	风险评估
委托人	委托原因	法规规定	一般
	审计内容	AB 公司 2006 年 12 月 31 日资产负债表及该年度的利润表和现金流量表	一般
	委托人动机	向财政部门报送审计的会计报表，向银行申请贷款	高

(续表)

项　　　目		说　　　明	风险评估
被审计单位	行业环境	同行业竞争激烈，AB公司的竞争优势不明显	高
	产品销售情况	主要销售彩电、VCD等家电产品，销售率为89%	一般
	企业背景	1979年成立的大型国有企业，下设D、F、W、R四个控股子公司	一般
	上一会计期间是否经过审计	自2004年起，一直委托我所连续审计。2006年发表了无保留意见的审计报告	一般
	是否连续亏损	近3年经审计确认的利润分别为：90万元、108万元、-32万元	高
	资产负债率	76%	一般
	内部管理制度	健全	一般
	有无潜亏因素	AB公司对W公司的长期股权（或债权）投资为1 000万元，W公司已连续3年严重亏损	高
	是否限制范围	无	一般
如果变更事务所	变更原因	—	—
	是否与前任注册会计师沟通	—	
	是否得到回复并评价回复	—	
事务所及其注册会计师	独立性	会计师事务所和审计小组在实质和形式上独立于客户	一般
	胜任能力	有专业胜任能力，经常受到业务培训	一般
	是否向客户提供其他专业服务	编制了2006年AB公司的纳税申报表	一般
	是否具有充足的时间和人力执行该业务	有审计人员及其时间的保证	一般
审计结论：审计风险较高			

其主要内容包括以下几方面：

（1）"委托原因"，应根据具体情况填写：① 法规规定；② 股东或合伙人协议；③ 融资协议；④ 企业并购、重组；⑤ 政府；⑥ 合同要求；⑦ 其他特殊目的。

（2）"审计内容"，应填写××××会计期间的会计报表，其时点、期间应与业务约定书相一致。

(3)"委托人动机",应填写委托人委托事务所对其会计报表进行审计的用意及其所期望达到的效果。

(4)"行业环境",应填写被审计单位主要产品销售状况,可以用主要产品市场占有率表示。

(5)"产品销售情况",应填写被审计单位主要产品销售状况,可以用主要产品销售率表示。

(6)"企业背景",对被审计单位的历史背景进行简单的描述,并填写关联关系及其交易情况。

(7)"上一会计期间是否经过审计",应填写被审计单位上一会计期间会计报表是否经过独立审计及审计情况(审计机构、报告类型及主要审计意见内容)。

(8)"是否连续亏损",应填写被审计单位经审计确认的最近几年的盈亏状况。

(9)"资产负债率",应填写审计年度的资产负债率。

(10)"内部管理制度",应填写被审计单位内部管理制度的建立和执行情况。

(11)"有无潜亏因素",应填写被审计单位现有主要潜亏事项内容及数额,并解释潜亏的原因。

(12)"是否限制范围",具体填写被审计单位限制审计的范围。

(13)"变更原因",应填写被审计单位变更会计师事务所的真正原因,如:① 意见分歧;② 前任会计师事务所取消资格;③ 前任会计师事务所不能胜任等。

(14)"是否与前任注册会计师沟通",应填写与前任会计师事务所联系的具体时间及其能够索引的审计工作底稿编号或者无法沟通的原因。

(15)"是否得到回复并评价回复",应填写对前任注册会计师回函的评价意见。

(16)"独立性",应填写本所及注册会计师在执业过程中能否从实质上和形式上保持独立、客观、公正,有无可能受到被审计单位和外界第三者的影响。

(17)"审计结论栏",应填写注册会计师对各个项目风险的初步评价结果,可以用"高"、"中"、"低"表示。

审计人员填写本表后,应交送部门经理审批,如部门经理认为承接审计风险较大应提出意见,送主任会计师审批。

二、业务约定书

审计人员在了解客户的基本情况、初步评价接受该项业务的审计风险、考虑事务所自身能力以及能否保持独立性的基础上,如果初步同意承接业务,就应当进一步就审计目的、要求、范围、时间和收费等约定事项与委托人进行洽谈,根据洽谈情况,做出是否接受委托的判断。如果能接受委托,会计师事务所应与委托人签订审计业务约定书,如参考格式2-1所示。

【参考格式 2-1】

审计业务约定书

甲方：
乙方：
兹有甲方委托乙方进行_____年度会计报表审计，委托的目的是上市公司年报结算审计，经双方协商，就有关事项约定如下：

一、审计范围和目的

乙方接受甲方委托，对甲方_____年12月31日的资产负债表与_____年度的利润表和现金流量表进行审计。

乙方的审计根据《独立审计准则》实施，包括对甲方的内部控制制度进行研究和评价，对会计记录进行必要的抽查，以及在当时情况下乙方认为有必要实施的其他审计程序，并在此基础上对上述会计报表发表审计意见。

二、甲方的责任和义务

甲方的责任：建立健全内部控制制度，保护资产的安全完整，保证会计资料的真实、合法、完整，保证会计报表充分披露有关信息。

甲方的义务：

1. 及时为乙方的审计工作提供其所要求的全部会计资料和其他资料，以及对某些会计事项做出书面的陈述。

2. 为乙方派出的有关人员提供必要的工作条件及合作，具体事项将由乙方的审计工作人员于工作开始前提供清单。

3. 按本约定书的规定及时足额支付审计费用。

4. 在_____年____月____日前提供审计所需的全部资料。

三、乙方的责任和义务

乙方的责任：按照《中国注册会计师独立审计准则》的要求进行审计，出具审计报告，但对于审计报告的使用责任，仍由甲方负责。

乙方的义务：

1. 在_____年____月____日之前出具审计报告。

2. 对在执行审计业务过程中知悉的甲方商业秘密保密。

3. 审计结束后，乙方将根据情况对甲方会计处理、内部控制及其他事项等提出改进建议。

四、审计收费

根据《××收费标准》，乙方执行本次业务收取人民币×元。在本业务约定书签订后

×个工作日内,甲方向乙方预付业务费用×%,计人民币×元;其余×%,计人民币×元,于乙方向甲方提供报告时支付。

甲方承担乙方在执行本次业务时发生的必要支出,包括交通费、食宿费等。

五、审计报告的用途及分发和使用的限制

乙方向甲方出具审计报告一式×份,供甲方为上述委托目的使用,不得用于其他目的。

甲方及其他第三方因使用报告不当所造成的后果,乙方不承担任何责任。

六、约定书的有效期间

本业务约定书一式两份,甲乙双方各执一份,具有同等法律效力。本业务约定书自双方签章之日起生效,在约定事项全部完成后失效。

七、约定事项的变更

一方因特殊情况需要变更本业务约定书中的工作范围、时间要求、业务收费等事项,应及时通知另一方,并由双方商定确定。

八、违约责任

甲乙双方应当严格遵守上述约定事项。任何一方违约,致使另一方不能履行约定事项时,另一方可以解除本约定,并要求违约方赔偿经济损失,依据《中华人民共和国合同法》承担相应的法律责任。

甲方:××股份有限公司　　　　　　乙方:××会计师事务所
　　　（公章）　　　　　　　　　　　　　（公章）
法定代表人或授权代表:（签章）　　法定代表人或授权代表:（签章）
　　　年　月　日　　　　　　　　　　　年　月　日

第二节　审计计划阶段审计工作底稿的编制

审计计划阶段的审计工作底稿是指注册会计师为了完成预定的审计任务,达到预期的审计目的,根据审计的预期性质、时间和范围而制定的总体战略或详细方案。由于审计计划是对审计工作的总体规划,通过编制科学、严密的审计计划,可以使审计人员准确地收集到充分、适当的审计证据,提高审计效率;尤其在以风险为导向的现代审计中,审计计划的编制和实施,可以使审计人员事先根据审计风险大小确定重点审计区域,降低审计成本,减少审计工作的盲目性,使审计各环节得到有效控制。因此,形成审计计划阶段的审计工作底稿是至关重要的。

一、分析性测试工作底稿

在审计计划阶段采用分析程序,可以帮助审计人员了解被审计单位的业务情况,确认潜在风险领域、发现异常事项、确认重要审计区域,以便确认审计程序的性质、时间和范围。因此,审计人员应通过对会计报表项目的横向、纵向和比率分析,综合观察与对比,经过审慎的职业判断,形成分析性测试工作底稿。这主要包括:横向趋势分析表、资产负债表纵向趋势分析表、利润表纵向趋势分析表或比率趋势分析表和分析性测试情况汇总表。

1. 横向趋势分析表

横向趋势分析是指将每一会计报表当年数与上年数进行比较,求出其增减额及比率,以观察变化动态,研究分析其变化原因的分析方法。横向趋势分析表一般应对变动幅度较大的项目做扼要说明,如表2-4所示。

表2-4

横向趋势分析表

被审计单位:AB公司　　　　编制人:李　丽　　日期:2007/2/3　索引号:G02—1
会计期间及截止日:2006年　　复核者:张　磊　　日期:2007/2/3　页　次:1/1

会计报表项目	2005年 已审数 ①	2006年 未审数 ②	2006年比2005年增长 金额 ③=②-①	2006年比2005年增长 % ④=③/①	说　明
营业收入	76 038	56 798	-19 240	-25.3	2006年度未审计会计报表项目与2005年度已审计会计报表项目的比较分析:
营业成本	59 684	43 524	-16 160	-27.1	1. 营业收入、营业成本同比分别减少了25.3%、27.1%,致使营业利润也减少了19.9%,说明本年度AB公司产品销售情况不良,审计时应关注影响销售的因素,如何影响本年度的利润情况。
营业利润	15 370	12 318	-3 052	-19.9	
利润总额	620	-2 034	-2 654	-428	
净利润	554	-2 034	-2 588	-467	
存货	46 068	38 412	-7 656	-16.6	
应收账款	43 694	50 976	7 282	16.7	2. 利润总额、净利润同比分别减少了428%、467%,说明除由于本年销售的影响外,还要关注其他业务利润、费用、营业外支出对本年利润的影响。
速动资产	45 322	53 814	8 492	18.7	
流动资产	104 250	110 046	5 796	5.6	
流动负债	100 176	103 958	3 782	3.8	
流动资产净额	165 674	170 734	5 060	3.1	3. 存货同比减少了16.6%,同营业收入减少相比,不合理,审计时要关注应收账款是否包含不属于货物交易债权的事项。
固定资产	90 708	93 622	2 914	3.2	
在建工程	3 644	2 072	-1 572	-43.1	
资产总额	165 674	170 734	5 060	3.1	4. 速动资产同比增加18.7%,与应收账款增加基本同步,合理。
负债总额	126 702	132 552	5 850	4.7	5. 在建工程同比减少43.1%,审计时要关注在建工程的减少对利润的影响。
实收资本	26 842	28 106	1 264	4.7	
净资产额	38 972	38 182	-790	-2.0	

注:"说明"栏仅分析增减比例超过10%以上的项目。

2. 资产负债表纵向趋势分析或利润表纵向趋势分析表

纵向分析是指按性质分别计算每一会计报表项目占资产总额、负债及所有者权益总额或主营业务收入额的百分比,并与上年同口径百分比比较,通过计算结构变化,计算、观察和分析所占结构比例的动态变化的分析方法。资产负债表纵向趋势分析表,如表2-5所示。

表2-5

资产负债表纵向趋势分析表

被审计单位:AB公司　　　　　编制人:李　丽　　日期:2007/2/3　　索引号:G02—2
会计期间及截止日:2006年　　复核者:张　磊　　日期:2007/2/3　　页　次:1/1

会计报表项目	2005年		2006年		增减数(%)	说　明
	已审数	%	未审数	%		
	①	②	③	④	⑤=④-②	
流动资产	104 250	62.9	110 046	64.4	1.5	2006年度未审计会计报表项目与2005年度已审会计报表项目的比较分析:资产、负债及权益各项目前后各期变动不大,无重大异常变动。
长期股权投资	1 108	0.7	1 108	0.7		
固定资产净额	55 714	33.6	54 716	32.1	1.5	
在建工程	3 644	2.1	2 072	1.2	-0.9	
投资性房地产	958	0.7	2 570	1.5	0.8	
无形资产	0		222	0.1	0.1	
资产合计	165 674	100	170 734	100		
流动负债	100 176	79.1	103 958	78.4	-0.7	
长期借款	26 526	20.9	28 594	21.6	0.7	
负债合计	126 702	100	132 552	100		
实收资本	26 842	68.9	28 106	76.1	7.2	
其他权益	12 130	31.1	10 076	23.9	-7.2	
权益合计	38 972	100	38 182	100		

注:"说明"栏仅分析增减比例超过10%以上的项目。

3. 比率趋势分析表

比率趋势分析是指利用会计报表有关项目的数额,计算具有依存关系的项目之间的比率,反映被审计单位偿债能力、营运能力、权益比率和盈利能力比率指标的动态变化的分析方法。比率趋势分析表,如表2-6所示。

表 2-6

比率趋势分析表

被审计单位：AB公司　　　　编制人：李丽　　日期：2007/2/3　　索引号：G02—3
会计期间及截止日：2006年　　复核者：张磊　　日期：2007/2/3　　页　次：1/1

比率指标	计算公式	2005年 ①	2006年 ②	增减数(%) ③=②-①	说　明
偿债能力比率					2006年度未审计报表项目与2005年度已审计报表项目的比较分析：
1. 流动比率	流动资产/流动负债	1.04	1.06	2	1. 经过比较，应收账款周转率减低了67%。有两方面的原因：一是销售收入同比有较大幅度减少，二是平均应收账款余额有较大增加，审计时要关注销售收入和应收账款变动对企业经营的影响。
2. 速动比率	速动资产/流动负债	0.52	0.62	10	
财务杠杆比率					
1. 负债比率	负债总额/资产总额	0.76	0.78	2	
2. 资本对负债比率	资本额/负债总额	0.2119	0.2120	0.01	
3. 利息保障系数	(税前利润+利息支出)/利息支出	1.11	0.62	-49	2. 经过比较，利息保障系数减少了49%。经分析，主要是利润盈亏逆转所致，要关注这些指标的变动影响亏损的因素。
经营效率比率					
1. 存货周转率	销售成本/平均存货	1.30	1.03	-27	
2. 应收账款周转率	销售成本/平均应收账款	1.87	1.2	-67	
3. 总资产周转率		0.47	0.34	-13	3. 经过比较，存货、应收账款和总资产的周转率均有大幅度下降。审计时要关注这些指标的变动影响存货、应收账款的变动，近而造成对企业的影响。
获利能力比率					
1. 销售利润比率	利润总额/营业收入	0.008	-0.036	-4.4	
2. 资产报酬率	净利润/平均净资产	0.014	-0.053	-6.7	
3. 总资产报酬率	净利润/平均总资产	0.003	-0.012	-1.5	

注：1. 速动资产=流动资产-存货-预付货款。
　　2. 平均存货、平均应收账款、平均净资产，按年初、年末余额平均计算。
　　3. "说明"栏仅分析增减数超过50%以上的指标。

4. 分析性测试情况汇总表

审计人员在编制纵向分析、横向分析、比率分析工作底稿之后，综合观察分析这几个分析表中的项目变化动态和比率变化动态的分析方法，对其中影响财务状况和经营成果变动幅度较大或具有异常动态的项目，应根据被审计单位的情况，通过初步职业判断综合评价列出的审计计划中应安排的审计重点领域和项目。分析性测试情况汇总表，如表2-7所示。

表 2-7

分析性测试情况汇总表

被审计单位：AB公司　　　　　　编制人：李丽　　日期：2007/2/3　　索引号：G02—4
会计期间及截止日：2006年　　　复核者：张磊　　日期：2007/2/3　　页　次：1/1

测 试 项 目	重 要 事 项 说 明
1. 横向趋势分析表	1. 营业收入、营业成本同比分别减少了 25.3%、27.1%，致使营业利润也减少了 19.9%，说明本年度 AB 公司产品销售情况不良，审计时应关注影响销售的因素，如何影响本年度的利润情况。 2. 利润总额、经利润同比分别减少了 428%、467%，说明除由于本年销售的影响外，还要关注其他业务利润、费用、营业外支出对本年利润的影响。 3. 应收账款同比增长 16.7%，同营业收入减少相比，不合理，审计时应关注应收账款是否包括不属于货物交易债权的事项。 4. 在建工程同比减少 43.1%，审计时要关注在建工程的减少对利润的影响。
2. 资产负债表纵向趋势分析表	无重大异常变动。
3. 利润表趋势分析表	盈亏发生逆转的，审计时要关注影响 AB 公司由盈利转向亏损的原因。
4. 比率趋势分析表	存货、应收账款和总资产的周转率均有大幅度下降，审计时要关注影响存货、应收账款变动对企业经营的影响。
项目经理对测试结果的综合分析或初步确定的审计重点	初步确定审计的重点领域有： 1. 营业收入、营业成本项目。 2. 影响利润的其他业务利润、费用、营业外支出项目。 3. 应收账款项目。 4. 存货项目。 5. 在建工程项目。

横向趋势分析表、资产负债表纵向趋势分析或利润表纵向趋势分析表和比率趋势分析表共同支持分析性测试情况汇总表。

在实务中，审计人员进行分析性复核形成工作底稿时，应当注意：

（1）审计人员应根据客户特点，选择合适的财务指标进行测试，同时注意对比数据的可靠性和一致性，以及相关数据间的内在逻辑关系，否则，分析结果可能会出现错误。

（2）对于分析性复核中发现的重大变化或异常事项，审计人员应当询问客户管理层，并将管理层的解释与审计人员了解的信息以及在审计过程中获取的其他证据进行比较核实，形成专业判断，记录在工作底稿中。

二、审计风险初步评估表

审计计划阶段,审计人员应当对会计报表整体的固有风险和控制风险进行评估。我们以固有风险评估为例,审计人员根据客户具体情况选择重要的项目进行评估,任何一个重要账户如果有一到多个"Y"的回答,应考虑评估为较高风险,并解释原因。审计风险初步评估表,如表2-8所示。

表2-8

审计风险初步评估表

被审计单位:AB公司　　　　　编制人:李　丽　　日期:2007/2/3　　索引号:G02—5
会计期间及截止日:2006年　　复核者:张　磊　　日期:2007/2/3　　页　次:1/1

项 目	是(Y)或否(N)			
	需要估计的账户	易被错误使用的账户	复杂的交易或计算	异常的交易或偶然交易
货币资金	N	N	N	N
交易性金融资产	N	N	N	N
应收账款	Y 坏账损失	N	N	N
存货	N	Y	N	N
长期待摊费用	N	Y	N	N
固定资产	Y 累计折旧	N	N	N
应付账款	N	N	N	N
应交税费	N	N	Y 没有异常	N
预计负债				
长期借款	N	N	N	N
股本(实收资本)	N	N	N	N
收入	N	N	N	N
费用	Y 坏账损失摊销费用	N	N	N
关联方交易	N	N	N	N
审计结论:与总体评估水平相比,应收账款、存货、固定资产、应交税费、费用和关联方交易的错误风险均为中等水平。				

在实务中,对审计风险的评估是个动态过程,在完成每个阶段的审计工作后,审计人员都应对固有风险进行重新评估并与初步评估结果进行比较,以修正或补充相关审计程序。

三、重要性水平估计

重要性是指被审计单位会计报表中错报或漏报的严重程度。这一程度在特定环境下可能会影响会计报表使用者的判断和决策。重要性水平是审计人员从会计报告使用者的角度进行专业判断的结果,其目的是保证审计质量。重要性水平过高,会导致审计不足,增加错报的风险;重要性水平过低,会导致审计过量,增加审计成本。

1. 重要性水平初步评估表

在审计实务中,重要性水平评估绝不是机械的数学计算,而是审计人员从性质和金额上综合考虑客户的具体情况、会计报表项目的性质等因素后做出的专业判断。

从性质上讲,审计人员确定重要性水平需要考虑的因素有:

(1) 会计报表的使用者及其所关注的财务信息。

(2) 有关法规的特殊规定,如是否存在对数据披露的精确程度或其他特殊披露项目的规定。

(3) 设计合同履行的条款。

(4) 影响盈亏逆转的因素。

(5) 不期望出现误差。

(6) 违反法规或敏感的事件。

从金额上讲,审计人员一般选择资产总额、净资产、主营业务收入、净利润、税前利润等为基础计算重要性水平。具体来讲:

第一,对于营利性组织,计算重要性水平的方法及参考数值一般为:① 税前利润的 5%～10%;② 毛利的 1%～5%(尤其适用于税前亏损或税前利润较小而营业收入较大、毛利率过低的企业);③ 营业收入的 0.5%～1%;④ 净资产的 1%～5%。

第二,对于非营利性组织,一般资产规模较小,主要项目是费用支出,而投资者也关注费用开支的总额及合理性,所以重要性水平一般根据总费用的 0.5%～1%确定。

重要性水平的初步评估表,如表 2-9 所示。

其重要内容包括以下几个方面:

(1)"年份或项目"栏中年份,分别为被审计年份的前 3 年。

(2)"税前利润法"栏,分别为前 3 年、前 3 年平均、当年的税前利润数额。

(3)"总资产法"栏,分别填写前 3 年、前 3 年平均、当年的总资产额。

(4)"重要性水平(绝对值)"行,分别填写按其选用的三种方法之一计算得出的数额(或修订后数额)。

表 2-9

重要性水平初步评估表

被审计单位：AB 公司　　　　编制人：李 丽　　日期：2007/2/3　　索引号：G02—6
会计期间及截止日：2006 年　　复核者：张 磊　　日期：2007/2/3　　页　次：1/1

年份或项目	税前利润法	总收入法	总资产法
2004 年		30 455	
2005 年		32 458	
2006 年		38 019	
前 3 年平均		33 644	
当年未审数		28 399	
重要性比例	3‰～5‰	0.5‰～1‰	0.5‰～1‰
重要性水平(绝对值)	100		
审计说明	由于 AB 公司本年度盈亏逆转,不适应税前利润法,采用总收入法。33 644×0.5‰=168.22(万元) 28 399×0.5‰=141.995(万元) 以当年未审数为计算基础,参照 3 年平均数,选择报表层次重要性水平为 120 万元。		
部门经理对总体审计重要性标准意见	对审计中发现的需要调整的会计事项,在征得被审计单位同意的前提下,能调整的尽量调整而不受 120 万元的影响,但是,未调整不符事项金额和不能超过 120 万元。		

表 2-9 提供的仅为参考的方法和经验数据,审计人员在选择运用时注意与被审计单位的实际情况相结合,全面、谨慎地加以确定,必要时应对计算得出的数据加以修订,在空白栏内列明选用该方法的理由及对计算结果加以修订的判断依据或未做任何修订的理由。

2. 账户(交易)重要性水平的确定及分配

审计人员根据客户基本情况了解和分析测试的结果,以资产负债表为基础,采用分配的方法确定交易或账户层次的重要性水平形成账户(交易)重要性水平分配表,如表 2-10 所示。

在实务中,审计人员决定是否采用分配方式确定账户(交易)重要性水平及如何分配时,应当注意：

(1) 无论采用分配的方法还是不采用分配的方法,审计人员都应当对于重要的账户或交易,从严制定重要性水平。

表 2-10

账户(交易)重要性水平分配表

被审计单位：AB公司　　　　　编制人：李 丽　　日 期：2007/2/3　　索引号：A02—7
会计期间及截止日：2006年　　复核者：张 磊　　日 期：2007/2/3　　页 次：1/1

资 产 类	分 配 金 额	负债及所有者权益	分 配 金 额
货币资金	1	应付票据	18
应收账款	30	应付账款	80
坏账准备	14	预收账款	30
预付账款	16	其他应付款	20
其他应收款	16	应付职工薪酬——应付工资	42
存货	40	应付职工薪酬——应付福利费	10
长期待摊费用	4	应交税费	0
长期股权(债权)投资	25	应付股利	6
固定资产原值	50	短期借款	14
累计折旧	14	长期借款	20
在建工程	20	实收资本	0
无形资产	10	资本公积	0
		盈余公积	0
		未分配利润	0
资 产 合 计	240	负债及所有者权益合计	240

(2) 决定采用分配的方法时，一般以资产负债表账户作为分配对象，按照资产类账户、负债类账户、权益类账户和损益类账户的会计属性，分配到资产类账户(或负债类账户或损益类账户)。各科目的重要性水平绝对值之和等于报表层次的重要性水平。由于权益类账户各科目几乎都属于不期望出现误差的项目，为谨慎起见，分配到权益类账户各科目的重要性水平很低，近乎为0(也就是对于权益类各个科目都要详细审计)。

(3) 决定不分配时，可以考虑根据账户或交易的性质及错报的可能性，将各账户或交易的重要性水平确定为会计报表层次重要性水平的20%～50%或1/6～1/3。审计时，只要发现该账户或交易的错报或漏报超过这一水平，就建议被审计单位调整；最后汇总未调整不符事项，同一账户的各个科目的累积错报超过报表层次的重要性水平，也应建议被审计单位调整。

四、审计总体工作计划

【**案例 2-1**】 项目经理对注册会计师了解 AB 公司基本情况、分析性测试过程中形成的审计工作底稿进行复核后，形成审计总体工作计划，如表 2-11 所示。

表 2-11

审计总体工作计划表

被审计单位：AB 公司	编制人：李 丽	日期：2007/2/3	索引号：A02—8
会计期间及截止日：2006 年	复核者：张 磊	日期：2007/2/3	页　次：1/1

一、委托审计的目的、范围：
审计 AB 公司 2006 年 12 月 31 日资产负债表和该年度内利润表和现金流量表。

二、审计策略(是否实施预审，是否进行符合性测试，实质性测试按业务循环还是按报表项目等)。
由于 AB 公司是常年客户，不进行全面符合性测试，但对于变动较大的项目实施双重目的的测试，按业务循环进行实质性测试。

三、评价内部控制和审计风险：
内部控制制度尚健全，但由于本年度企业由盈转亏，可能存在某种程度的财务问题，审计风险较大。

四、重要会计问题及重点审计领域：
1. 营业收入、营业成本项目
2. 影响利润的其他业务利润、费用、营业外支出项目
3. 应收账款项目
4. 存货项目
5. 在建工程项目

五、重要性标准初步估计：
采用总收入法：
按前 3 年平均营业收入(万元)　　33 644×0.5％＝168.22(万元)
按 2005 年营业收入(万元)　　　　28 399×0.5％＝141.995(万元)
综合考虑 AB 公司的审计风险，AB 公司报表层次重要性水平可初步评价为 120 万元。

六、计划审计日期：
外勤工作自 2007 年 1 月 26 日至 2007 年 2 月 2 日，共计 48 人次。
编写报告自 2007 年 2 月 3 日至 2007 年 2 月 10 日。

七、审计小组组成及人员分工：

姓　名	职务或职称	分　　工	备　注
王　一	副主任会计师	审批审计计划、复核底稿、签发报告	
张　强	部门经理	二级复核，参加重大问题讨论	
李　豪	注册会计师	编制审计计划、综合类底稿、复核底稿	项目小组组长
王　景	注册会计师	销售与收款循环项目、生产循环项目	
张　雷	注册会计师	购买预付款循环项目、投资和融资项目	
杨　浩	高级审计人员	货币资金、特殊项目、复核项目经理的底稿	
赵　华	助理人员	参与盘点	
周　文	助理人员	发出函证，协助王景审计销售与收款循环项目	

八、修订计划记录：

（1）"委托审计的目的、范围"，应依据业务约定书的委托和被审计单位的具体情况填写。

（2）"审计策略"，应根据对被审计单位情况的了解和评价，确定是否实施预审及是否进行符合性测试、实质性测试等。

（3）"评价内部控制和审计风险"，应根据对被审计单位内部控制执行情况的了解和进行符合性测试的结果，对内部控制制度执行情况进行评价，同时确定审计风险的程度以及初步确定的重要性水平和分配原则。

（4）"重要会计问题及重点审计领域"，应根据对上年审计情况的了解以及对被审计年度所进行的分析评价所确定的重要会计问题及重点审计领域填写。

（5）"重要性标准初步估计"，应根据总收入法加入计算估计。

（6）"计划审计日期"，应填写对预审、外勤及编写报告等工作做出的人员和时间安排。

（7）"审计小组组成及人员分工"，项目经理在组织讨论分工时应考虑助理人员的业务能力素质进行适当分工，在分工过程中应充分考虑会计项目之间的内在联系及其因果关系，不要简单地按资产、负债、权益和损益划分。

（8）"修订计划记录"，应填写部门经理对计划审查后的意见及在审计过程中根据实际情况所做出的修订内容。

【案例 2-2】 注册会计师李浩在制定 2006 年度华兴公司的审计计划时，根据具体情况确定了时间预算与人员安排，待审计工作结束时，按照审计实施情况完善了时间预算和人员安排审计工作底稿。时间预算与人员安排，如表 2-12 所示。

表 2-12

时间预算与人员安排表

单位：小时

客户：华兴公司			签 名	日 期	索引号	
项目：时间预算与人员安排表		编制人	李 浩		页次	1/1
会计期间：2006 年		复核人	张 磊		执行情况	索引号
项 目	去年实际耗用时间	本年预算	本年实际耗用时间		本年实际与预算的差额	差异说明
			总时数	备 注		
一、管理工作		56.0	59.0		+3.0	对一些问题在复核时反复讨论，属于合理范围的差异。
接受审计委托		1.0	1.0	高级人员：李浩	—	
了解客户		1.0	1.0	高级人员：李浩	—	
会计报表		2.0	2.0	高级人员：李浩	—	

(续表)

项　　目	去年实际耗用时间	本年预算	本年实际耗用时间		本年实际与预算的差额	差异说明
			总时数	备　注		
试算平衡表		2.0	3.0	高级人员:李浩	+1.0	
重要性水平		2.0	2.0	高级人员:李浩	—	
控制测试		1.0	1.0	高级人员:张帆	—	
时间预算与控制		14.0	14.0	高级人员:李浩	—	
设计交易测试		1.0	1.0	高级人员:李浩	—	
设计余额测试		1.0	1.0	高级人员:李浩	—	
分析性程序		9.0	11.0	高级人员:李浩5.0、张磊2.0、王芳2.0。	+2.0	
管理建议书		12.0	12.0	高级人员:李浩	—	
复核与修改			10.0	高级人员:李浩3.0、张磊2.0、王芳5.0。	—	
二、外勤工作		614.0	618.0		+4.0	主要由于函证耽搁了时间,属于合理范围内的差异。
销售和收款循环控制测试		4.0	4.0	助理人员:朱启	—	
应收账款		14.0	20.0	助理人员:张凤8.0、朱启6.0。	+6.0	
主营业务收入		4.0	4.0	助理人员:朱启	—	
……						
购货与付款循环控制测试		4.0	4.0	助理人员:任华	—	
固定资产		14.0	12.0	助理人员:任华	−2.0	
应付账款		6.0	6.0	助理人员:赵县	—	
……						
生产循环控制测试		4.0	4.0	助理人员:任华	—	
存货		18.0	16.0	助理人员:任华	−2.0	

(续表)

项　　目	去年实际耗用时间	本年预算	本年实际耗用时间		本年实际与预算的差额	差异说明
			总时数	备　注		
应付职工薪酬		2.0	2.0	助理人员:任华	—	
主营业务成本		2.0	2.0	助理人员:朱启	—	
……						
筹资与投资循环控制测试		4.0	4.0	助理人员:魏明	—	
长期股权投资		1.0	1.0	助理人员:魏明	—	
短期借款		1.0	1.0	助理人员:魏明	—	
股本		2.0	2.0	助理人员:魏明	—	
……						
货币资金		4.0	4.0	助理人员:张凤	—	
关联方交易		6.0	5.0	助理人员:张凤	−1.0	
或有事项		2.0	2.0	助理人员:魏明	—	
期后事项		2.0	2.0	助理人员:魏明	—	
……						
复核		12.0	12.0	高级人员:李浩	—	
三、后勤工作		18.0	18.0		—	
打字/校正		12.0	12.0	助理人员:万达、赵华	—	
复印		4.0	4.0	助理人员:赵华	—	
归档		2.0	2.0	助理人员:张凤	—	
总计		688.0	695.0		+7.0	

第三节　汇总审计工作底稿的编制

项目经理在复核所有审计人员形成的审计工作底稿和索要被审计单位管理声明书

后,把审计过程中发现的所有会计问题进行汇总、归类,并做出处理,形成审计差异调整表(包括调整分录汇总表、未调整不符事项汇总表和重分类分录汇总表)、与客户交换意见书和试算平衡表。

一、管理当局声明书

被审计单位管理当局的声明书是被审计单位管理当局在审计期间向注册会计师提供的各种重要口头声明的书面陈述。审计人员获取管理当局声明书,以明确会计责任与审计责任,但不能代替能够获取的其他审计证据,来支持发表审计意见。

从形式上看,管理当局声明书出自被审计单位管理当局,但实际上往往由注册会计师准备好内容,要求被审计单位管理当局签名;如果被审计单位管理当局拒绝签名,审计人员应考虑发表保留意见或无法表示意见的审计报告。管理当局声明书,如参考格式 2-2 所示。

【参考格式 2-2】

管理当局声明书

索引号:G03—1

致××会计师事务所:

鉴于贵所审计本公司 20××年 12 月 31 日的资产负债表和 20××年度的利润表以及现金流量表的需要,兹对于有关事项做出如下声明:

1. 已按照企业会计准则和《企业会计制度》的要求编制 20××年度会计报表,并对会计报表的真实性、合法性和完整性负责。

2. 已提供了与年度会计报表有关的所有会计资料和其他资料。

3. 已提供股东大会、董事会下设的各专业委员会的会议纪要,或近期会议已决议但尚未编制成会议纪要的摘要汇总。

4. 已经建立健全了内部控制制度,并得到有效的执行。

5. 会计期间发生的所有交易或事项均已入账,并在会计报表中予以披露,不存在任何以下情况:

(1)尚未披露的因违反《企业会计准则》和《企业会计制度》或其他法律法规而须与监管机构进行沟通的情况;

(2)尚未披露的管理当局舞弊行为或对内部控制、会计报表产生重大影响的员工舞弊行为;

(3)尚未披露的需要披露或应当作为或有损失加以记录的违反法规行为;

(4) 尚未披露的任何被限制、质押或抵押的资产；

(5) 尚未披露的任何可能为企业带来重大损失的补充协议；

(6) 尚未披露的不能履行的可能对会计报表产生重大影响的合约条款。

6. 已经计提了合理的减值准备。

7. 已如实说明可能对资产或负债的账面价值或分类产生重大影响的计划或意图。

8. 已在会计报表中做出适当记录或披露关联方及关联交易、或有负债、期后事项以及其他重大风险和重大不确定性事项。

9. 已在会计报表中适当披露可能导致对持续经营能力产生重大疑虑的事项或情况以及拟采取的改善措施。

企业名称(盖章)　　　　　　　　　　法定代表人：(盖章)

　　　　　　　　　　　　　　　　　　会计机构负责人：(盖章)

　　　　　　　　　　　　　　　　　　日期：

二、审计差异调整表

审计差异调整表是审计结果的具体处理，也是审计人员据以编制试算平衡表及提出初步审计意见的基础。审计人员要通过此类底稿的编制，客观、全面地反映需要调整事项，避免遗漏重大问题，确保审计报告的质量。审计差异调整表一般有调整分录汇总表、未调整不符事项汇总表和重分类分录汇总表等审计工作底稿。调整分录汇总表用于汇总审计人员对所有会计报表项目经审验确认后，要求被审计单位应予以调整的所有经济事项，通过本表可以综合反映资产负债表和利润表项目应调整的数额及总额。未调整不符事项汇总表用于汇总审计人员对所有会计报表项目经审验确认后，被审计单位可以不调整、审计人员能够容忍的差异。重分类分录汇总表用于汇总审计人员对所有会计报表项目经审验确认后，要求被审计单位应予以调整的所有重分类分录，通过本表可以综合反映资产负债表和利润表项目应重分类调整的数额及总额。

【案例 2-3】　项目经理在分析汇总审计小组中审计人员形成的相关审计工作底稿时，发现审计工作中的记录如下：

1. 需要调整的会计分录

(1) 借：管理费用　　　　　　　　　　　　　　　　　　　700 000

　　　　营业外支出——非常损失　　　　　　　　　　　　100 000

　　　　　　贷：待处理财产损溢——×××损溢　　　　　　　　800 000

(2) 借：长期待摊费用　　　　　　　　　　　　　　　　2 400 000

　　　　　　贷：销售费用　　　　　　　　　　　　　　　　　2 400 000

(3) 借：资产减值损失——提取坏账准备　　　　　　　　1 000 000

　　　　　　贷：坏账准备——提取坏账准备　　　　　　　　　1 000 000

(4) 借：固定资产　　　　　　　　　　　　　　　　　80 160 000
　　　贷：在建工程　　　　　　　　　　　　　　　　　80 160 000

(5) 借：管理费用——折旧费　　　　　　　　　　　　　283 600
　　　贷：累计折旧　　　　　　　　　　　　　　　　　　283 600

(6) 借：本年利润(156 400×33％)　　　　　　　　　　　51 612
　　　贷：应交税费——应交所得税　　　　　　　　　　　51 612

(7) 借：本年利润(156 400－51 612)　　　　　　　　　104 788
　　　贷：利润分配——未分配利润　　　　　　　　　　104 788

(8) 借：利润分配——未分配利润(104 788×15％)　　　　15 718.20
　　　贷：盈余公积　　　　　　　　　　　　　　　　　　15 718.20

2. 不需要调整但是不符事项的会计分录
　　借：应收票据　　　　　　　　　　　　　　　　　　100 000
　　　贷：销售收入　　　　　　　　　　　　　　　　　　100 000
同时，
　　借：销售成本　　　　　　　　　　　　　　　　　　　70 000
　　　贷：产成品　　　　　　　　　　　　　　　　　　　　70 000

3. 需要重分类会计分录
　　借：应收账款　　　　　　　　　　　　　　　　　40 000 000
　　　贷：预付账款　　　　　　　　　　　　　　　　　40 000 000

于是，项目经理把以上核算差异分别汇总到调整分录汇总表、未调整不符事项汇总表和重分类分录汇总表，如表 2-13～2-15 所示。并对未调整不符事项进行汇总评价，记录在审计工作底稿上。

表 2-13

调整分录汇总表

被审计单位名称：AB公司　　　编制人：张　雷　　　日期：2007/2/5　　索引号：G03—2
会计期间及截止日：2006 年 12 月 31 日　复核者：李　豪　　日期：2007/2/5　　页　次：1/1

序号	调整内容	索引号	调整金额		影响利润 +(－)	备注
			借方	贷方		
1	管理费用	E2	700 000		(－) 700 000	√仅调表
	营业外支出——非常损失		100 000		(－) 100 000	
	待处理财产损溢			800 000		
2	长期待摊费用	A8	2 400 000			√

(续表)

序号	调整内容	索引号	调整金额		影响利润 +(一)	备注
			借方	贷方		
	销售费用			2 400 000	(+) 2 400 000	√
3	固定资产	A11	80 160 000			√
	在建工程			80 160 000		
4	管理费用——折旧费	A10	283 600		(一) 283 600	√
	累计折旧			283 600		
5	资产减值损失——提取坏账准备	A15	1 000 000		(一) 1 000 000	√
	坏账准备			1 000 000		
6	本年利润				(一) 51 612	√
	应交税费——应交所得税			51 612		
7	本年利润		104 788			√
	利润分配——未分配利润			104 788		
8	利润分配——未分配利润		15 718.2			√
	盈余公积			15 718.2		

被审计单位代表：张一均　　　　　　　　参加人员：王尚、纪玲
项目负责人：李豪　　　　　　　　　　　审计人员：王一、张雷、李杰
双方签字：张一军、李豪
√：被审计单位接受调整建议。　　　　　签字日期：2007/2/5

表2-14

未调整不符事项汇总表

被审计单位名称：AB公司　　　编制人：张 雷　　日期：2007/2/5　　索引号：G03—3
会计期间及截止日：2006年12月31日　复核者：李 豪　日期：2007/2/5　　页 次：1/1

序号	调整内容	索引号	调整金额		备注
			借方	贷方	
1	应收票据	D1	100 000		×
	主营业务收入			100 000	
2	主营业务成本		70 000		×
	产成品			70 000	

(续表)

序　号	调整内容	索引号	调整金额		备　注
			借　方	贷　方	
未予调整的影响		金　额		百　分　比	
1. 净利润		170 000		0.1％	
2. 净资产		—		—	
3. 总资产		170 000		0.05％	
审计结论：汇总的不做调整的核算误差没有超过重要性水平,可以不做调整。					
被审计单位代表：张一均　　　　　　　　　　　参加人员：王尚、纪玲 项目负责人：李豪　　　　　　　　　　　　　审计人员：王一、张雷、李杰 双方签字：张一军、李豪　　　　　　　　　　签字日期：2007/2/5 ×：被审计单位可以不接受调整建议。					

表 2-15

重分类分录汇总表

被审计单位名称：AB公司　　　　　编制人：张　雷　　日期：2007/2/5　　索引号：G03—4
会计期间及截止日：2006 年 12 月 31 日　复核者：李　豪　日期：2007/2/5　　页　次：1/1

序　号	调整内容及项目	索引号	调整金额		备　注
			借　方	贷　方	
1	应收账款	A5	40 000 000		应收账款贷方余额,调表不调账√
	预付账款			40 000 000	
被审计单位代表：张一均　　　　　　　　　　　参加人员：王尚、纪玲 项目负责人：李豪　　　　　　　　　　　　　审计人员：王一、张雷、李杰 双方签字：张一军、李豪　　　　　　　　　　签字日期：2007/2/5 √：被审计单位接受调整建议。					

三、与客户交换意见书

与客户沟通,主要是指与被审计单位的管理当局沟通,这贯穿于审计的整个过程。在完成审计工作时,审计人员把与被审计单位管理当局就以下事项沟通的情况及其结果记录下来,形成与客户交换意见书,如表 2-16 所示。

表 2-16

与客户交换意见书

客户：			签名	日期	索引号	G03—5
项目：		编制人			页次	
会计期间：		复核人				
委托方参加人员： 姓名　职务			受托方参加人员： 姓名　职务			
检查中发现的问题及处理意见			与委托方交换意见后的处理意见			

委托方代表签名：＿＿＿＿＿＿＿＿　　　　　　受托方代表签名：＿＿＿＿＿＿＿＿
20××年　月　日　　　　　　　　　　　　20××年　月　日

（1）有关会计报表的分歧,主要是指审计人员与管理当局就会计报表编制与披露方面存在的不同意见。

（2）重大审计调整事项。审计人员可以把调整分录汇总表、未调整不符事项汇总表和重分类分录汇总表的复印件提交给被审计单位管理当局,同时,也要在审计差异调整表中记录与被审计单位沟通的结果,并做交叉索引。

（3）会计信息披露中存在的可能导致修改审计报告的重大问题,如或有事项、期后事项、关联方交易、持续经营能力等方面的披露及各期会计政策或会计方法变更的披露中存在的对审计报告有影响的问题。

（4）被审计单位面临的可能危及其持续经营能力等的重大风险。

（5）审计意见的类型及审计报告的措辞。

（6）审计人员拟提出的关于内部控制方面的建议。

（7）与已审计会计报表一同披露的其他信息的沟通。

四、试算平衡表

试算平衡表是指在被审计单位提供的会计报表草稿的基础上,过入审计差异调整金额,用以试算被审计单位将要对外报出的,也就是审计人员要对此发表意见的会计报表是否平衡的表格。

【案例 2-4】 注册会计师针对审计中发现的以下需要调整的事项,形成资产负债表试算平衡表和利润表试算平衡表工作底稿。

1. AB公司采用备抵法核算坏账,坏账准备按期末应收款项余额的6%计提。2006年年末,未经审计的资产负债表反映的应收账款项目为借方余额42 000万元,其他应收款项目为借方余额3 384万元,应付账款项目为贷方余额16 160万元,预收账款项目为贷方余额2 700万元,坏账准备项目为贷方余额2 520万元。其中,应付账款项目和预收账款项目的明细组成列示如下:

应付账款——A公司	12 000万元	预收账款——F公司	4 200万元
应付账款——B公司	-3 000万元	预收账款——G公司	2 000万元
应付账款——C公司	4 160万元	预收账款——H公司	-4 000万元
应付账款——D公司	2 000万元	预收账款——I公司	380万元
应付账款——E公司	1 000万元	预收账款——J公司	120万元
合　　计	16 160万元	合　　计	2 700万元

应付账款中的借方余额部分通过会计报表重分类调整至预付账款项目:

借:预付账款——B公司　　　　　　　　　　　　　　　　　　30 000 000
　　贷:应付账款——B公司　　　　　　　　　　　　　　　　30 000 000

将预收账款中的借方余额部分通过会计报表重分类调整至应收账款项目:

借:应收账款——H公司　　　　　　　　　　　　　　　　　　40 000 000
　　贷:预收账款——H公司　　　　　　　　　　　　　　　　40 000 000

按期末应收账款余额的6%补提坏账准备:

$$(42\ 000+3\ 384+4\ 000)\times 6\%-2\ 520=443.04(万元)$$

借:资产减值损失——坏账准备　　　　　　　　　　　　　　　4 430 400
　　贷:坏账准备　　　　　　　　　　　　　　　　　　　　　4 430 400

2. 2006年12月31日,AB公司清查盘点库存原材料,发现短缺600万元,借记"待处理财产损溢——待处理流动资产"账户600万元,属于非常损失部分为500万元,属于一般经营损失部分为90万元,属于原材料仓库管理员张三过失而应由其赔偿的部分10万元,分别贷记"营业外支出"、"管理费用"、"其他应收款"账户。AB公司于2007年2月,在会计记录中对此做了相应的会计处理,冲减了 2006 年 12 月 31 日资产负债表中"待处理流动资产净损失"项目金额 600 万元。

库存原材料短缺属于 2006 年度发生的事项,应建议 AB 公司区分不同原因调整 2006 年度相应的会计报表项目,做如下调整分录:

借:营业外支出——非常损失	5 000 000
管理费用——物资消耗	900 000
其他应收款——张三	100 000
贷:待处理财产损溢——待处理流动资产损溢	6 000 000

对 10 万元其他应收款余额,按 6% 的比例计提坏账准备 0.6 万元(10×6%)。

借:资产减值损失	6 000
贷:坏账准备	6 000

3. AB 公司于 2006 年 1 月 1 日按面值购入三年期、年利率为 3%、到期还本付息的国库券 1 000 万元,按规定对该笔投资业务做了相应的会计处理。但至 2006 年 12 月 31 日对该笔投资 2006 年度的收益未予计提。

AB 公司按权责发生制补记 2006 年的国库券投资收益 30 万元(1 000×3%):

借:长期债权投资——应计利息	300 000
贷:投资收益——债权利息收入	300 000

4. AB 公司为 K 公司向银行借款 200 万元提供担保。2006 年 10 月,K 公司因经营严重亏损,进行破产清算,无力偿还已到期的该笔银行借款。贷款银行因此向法院起诉,要求 AB 公司承担连带偿还责任,支付借款本息 240 万元。2006 年 2 月 20 日,法院终审判决贷款银行胜诉,由 AB 公司支付借款本息 240 万元,并于 2006 年 2 月 28 日执行完毕。AB 公司在 2006 年度未对该诉讼案件做相应的会计处理。

根据以上业务所做的会计处理为:

借:营业外支出——赔偿损失	2 400 000
贷:其他应付款——贷款银行	2 400 000

5. 2006 年 3 月 20 日,AB 公司董事会根据 2006 年年初未分配利润余额和 2006 年度审计后的净利润(AB 公司的所得税税率为 33%),通过如下分红方案:按 2006 年度审计后净利润的 10% 和 5% 分别提取法定盈余公积和任意盈余公积;以 2006 年 12 月 31 日总股本 40 000 万股(每股面值 1 元)为基数,每 10 股送 2 股、派现金 0.6 元,剩余未分配利润滚至下年度;资本公积每 10 股转增 1 股。

综合上述影响损益的审计调整分录,调减企业所得税 420.30 万元[(443.04+500+90+0.6+240)×33%],做如下调整分录:

借：应交税费——企业所得税　　　　　　　　　　　　　　4 203 000
　　　贷：所得税费用　　　　　　　　　　　　　　　　　　　　4 203 000

经上述审计调整后，AB公司2006年度实现利润为5 260.66万元（6 084－443.04－500－90－0.6－240＋420.30＋30），故应提取法定盈余公积526.06万元（5 260.66×10%），应提取任意盈余公积263.04万元（5 260.66×5%），建议做如下审计调整分录：

借：利润分配——提取法定盈余公积　　　　　　　　　　5 260 600
　　　　　　　——提取任意盈余公积　　　　　　　　　　2 630 400
　　贷：盈余公积——法定盈余公积　　　　　　　　　　　5 260 600
　　　　　　　　——任意盈余公积　　　　　　　　　　　2 630 400

根据AB公司董事会股利分配方案，以2006年12月31日总股本40 000万股（每股面值1元）为基数，每10股送2股、派现金0.6元。对送股不做调整分录，对拟派发的现金股利2 400万元 $\left(40\,000\times\dfrac{0.6}{10}\right)$，建议做如下调整分录：

借：利润分配——应付普通股股利　　　　　　　　　　　24 000 000
　　贷：应付股利　　　　　　　　　　　　　　　　　　　24 000 000

根据AB公司董事会股利分配方案，资本公积每10股转增1股。则公积金转股本4 000万元 $\left(40\,000\times\dfrac{1}{10}\right)$，建议作如下审计调整分录：

借：资本公积——其他资本公积转入　　　　　　　　　　40 000 000
　　贷：股本　　　　　　　　　　　　　　　　　　　　　40 000 000

AB公司资产负债表的资产和权益试算平衡工作底稿、利润表试算平衡工作底稿，分别如表2-17～2-19所示。

表2-17

试算平衡表工作底稿——AB公司
2006年12月31日资产负债表

金额单位：人民币万元

项　目	审计前金额	调整金额		重分类调整		报表反映数
		借　方	贷　方	借　方	贷　方	贷　方
货币资金	17 200.00					17 200.00
交易性金融资产						
应收票据						

(续表)

项　目	审计前金额	调整金额 借方	调整金额 贷方	重分类调整 借方	重分类调整 贷方	报表反映数 贷方
应收股利						
应收利息						
应收账款	39 480.00		443.04	4 000.00		43 036.96
其他应收款	3 384.00	10.00	0.60			3 393.40
预付账款	2 060.00			3 000.00		5 060.00
应收补贴款						
存货	32 600.00					32 600.00
待处理流动资产净损失	600.00		600.00			0
一年内到期的长期债权投资						
其他流动资产						
长期股权投资	4 360.00					4 360.00
长期债权投资	1 000.00	30.00				1 030.00
固定资产	86 000.00					86 000.00
减：累计折旧	17 080.00					17 080.00
固定资产净值	68 920.00					68 920.00
固定资产减值准备						
工程物资						
在建工程	23 000.00					23 000.00
固定资产清理						
无形资产						
长期待摊费用						
递延税款借项						
合　　计	192 604.00	40.00	1 043.64	7 000.00	0	198 600.36

表 2-18

试算平衡表工作底稿——AB 公司

2006 年 12 月 31 日资产负债表

金额单位：人民币万元

项 目	审计前金额	调整金额		重分类调整		报表反映数
		借 方	贷 方	借 方	贷 方	贷 方
短期借款	52 000.00					52 000.00
应付票据						
应付账款	16 160.00				3 000.00	19 160.00
预收账款	2 700.00				4 000.00	6 700.00
代销商品款						
应付职工薪酬——应付工资						
应付职工薪酬——应付福利费	960.00					960.00
应付股利			2 400.00			2 400.00
应交税费	2 800.00	420.30				2 379.70
其他应交款						
其他应付款	4 560.00		240.00			4 800.00
应付利息	1 900.00					1 900.00
预计负债						
一年内到期的长期负债						
其他长期流动负债						
长期借款	22 800.00					22 800.00
应付债券						
长期应付款						
递延税款						
递延税款的贷项						
股本	40 000.00		4 000.00			44 000.00
资本公积	23 740.00	4 000.00				19 740.00
盈余公积	10 800.00		789.10			11 589.10
其中：任意盈余公积	5 400.00		263.04			5 663.04
未分配利润	14 184.00	4 462.74	450.30			10 171.56
合 计	192 604.00	8 883.04	7 879.40		7 000.00	198 600.36

表 2-19

试算平衡表工作底稿——AB 公司

2006 年利润表

金额单位：人民币万元

项 目	审计前金额	调整金额 借方	调整金额 贷方	审定金额 报表反映数
一、主营业务收入	104 332.00			104 332.00
减：主营业务成本	78 922.00			78 922.00
营业税金及附加	1 546.00			1 546.00
二、主营业务利润	23 864.00			23 864.00
加：其他业务利润	720.00			720.00
减：销售费用	4 800.00			4 800.00
管理费用	4 610.00	90.00		4 700.00
财务费用	3 064.00			3 064.00
资产减值损失	4 000.00	443.64		4 443.64
三、营业利润	8 110.00	533.64		7 576.36
加：投资收益	464.00		30.00	494.00
补贴收入	54.00			54.00
营业外收入	312.00			312.00
减：营业外支出	96.00	740.00		836.00
四、利润总额	8 844.00	1 273.64	30.00	7 600.36
减：所得税费用	2 760.00		420.30	2 339.70
五、净利润	6 084.00	1 273.64	450.30	5 260.66
加：年初净分配利润	8 100.00			8 100.00
盈余公积转入				
六、可供分配利润	14 184.00	1 273.64	450.30	13 360.66
减：提取法定盈余公积		526.06		526.06
提取任意盈余公积		263.04		263.04

（续表）

项　　目	审计前金额	调整金额 借方	调整金额 贷方	审定金额 报表反映数
七、可供股东分配的利润	14 184.00	2 062.74	450.30	12 571.56
减：应付优先股股利				
提取任意盈余公积				
应付普通股股利		2 400.00		2 400.00
转作股本的普通股股利				
八、未分配利润	14 184.00	4 462.74	450.30	10 171.56

第四节　审计报告工作底稿的编制

项目负责人形成审计差异调整表、与客户交换意见书和试算平衡表后，可以编制审计工作总结和审计报告（草稿）。在签发报告之前，审计人员还应当形成质量控制复核和主任会计师（合伙人）最终复核等审计工作底稿来控制审计风险。

一、审计工作小结

项目负责人在全面复核确认审计工作底稿，并对审计中重大事项进行核对的基础上撰写审计小结。通过撰写审计小结，项目负责人可以及时发现审计过程中的疏忽，并采取补救措施，确保审计质量；同时也可对已做出的专业判断进行一次全面的再鉴定，便于正确地表达审计意见。

审计人员编写审计工作小结应力求简明扼要，充分反映采用审计策略的依据、对审计主要风险的评价和审计计划的执行过程、被审计会计报表项目存在的主要和重大问题以及与客户的沟通情况和审计意见的类型。

【案例2-5】　项目经理李丽担任A公司2006年度会计报表审计工作，她全面复核了审计工作底稿后，撰写的审计小结，如参考格式2-3所示。

【参考格式2-3】

审　计　小　结

（一）企业概况

A公司是1999年改制成立的股份有限公司，从事家用电器的生产和销售，近年来，家用电器产销量在全国保持稳定状况。国家对家用电器没有优惠政策。由于A公司设备较新、技术较先进,与同类企业相比,人员相应较少,成本较低,有竞争力。A公司主要生产健身机、VCD机、保健机,市场占有率约为60%,产品主要内销,价格比较稳定,销售逐年增长。A公司下属有4个全资子公司:B公司、C公司、D公司、E公司,3个控股子公司:J公司(64%控股)、K经营部(60%控股)、L厂(55%控股),1个非控股子公司:N电器公司(25%控股)。子公司单独出具审计报告。

(二)审计目的

该项目审计的目的是对2006年度A公司的合并会计报表发表审计意见,审计对象范围包括合并会计报表及其B公司、C公司、D公司、E公司、J公司5个子公司的会计报表及相关资料。

审计小组成员10人,从2007年2月7日至3月31日,历时52天。审计进程按审计计划执行,2006年对A公司4个全资子公司进行了预查,2006年年底后参与了4个全资子公司的存货监盘工作,2007年2月7日至3月24日,对A公司本部、B公司、C公司、D公司、E公司、J公司实施了符合性测试和实质性测试。2007年3月24~31日,编制审计报告,并协助调整会计报表及代编写附注。目前请华强会计师事务所进行审计的K经营部审计业务已完成,L厂的报表已经审阅,均已纳入合并报表范围。

总的来说,公司对财务工作比较重视,公司本部财会人员的业务素质、业务水平比较高,会计核算也比上年更加规范,本次审计的进展是比较顺利的。

因该公司2006年新投资的控股公司J公司的内部控制制度尚较薄弱,又因J公司资产总额和净资产分别占股份公司的52%、43%,控制风险加大,故直接进行实质性测试,并增加测试量。由于该项工作量比预期增加,因此,从3月10日起新增了助理审计人员张华,配合李丽开展工作。

A公司审计前后的主要财务指标,如下表所示。

单位:元

项 目	审 计 前	审 计 后	差 额
1. 资产总额	857 818 825.60	854 760 021.74	3 058 803.86
2. 主营业务收入	340 198 803.86	338 600 000.00	1 598 803.86
3. 净利润	80 058 200.36	76 999 396.50	3 058 803.86
4. 净资产	14 006 482.84	15 015 888.13	1 009 405.26

(1)主营业务收入提前进账虚增1 598 803.86元,多计利润1 598 803.86元。

(2)在建工程19 080 000元未及时转至固定资产,少计提折旧、多计利润600 000元。

(3) 无形资产、长期待摊费用少摊,影响利润 500 000 元。
(4) 生产成本计算错误,造成销售成本少计 360 000 元,虚增利润 360 000 元。

(三) 审计中发现的主要问题及情况

1. 会计核算方面

(1) 主营业务收入提前入账。在审计计划阶段,通过分析性复核测试发现 A 公司本部 11～12 月主营业务收入增长幅度较大。经核对销售合同、销售发票和产成品仓库账,发现存在当期实现销售量超过实际库存的情况,2006 年多转了主营业务收入 1 598 803.86 元。

(2) 少计提折旧 600 000 元。C 公司在建办公大楼项目,已发生实际支出 19 080 000 元。经核查该项目已竣工决算,并交付使用,但至今仍未结转至固定资产,少计提折旧 600 000 元。

(3) 少计费用 500 000 元。C 公司除了上面所说的折旧少提外,无形资产、长期待摊费用均没有摊销,少提管理费用 300 000 元,长期待摊费用广告费亦未按规定正确摊销,少计销售费用 200 000 元。

(4) 产成品发出计价有一定的随意性。股份公司会计政策规定,产成品发出计价采用加权平均法,而实际上,A 公司本部在核算时,有按加权平均法,也有按先进先出法和个别计价法的。经按加权平均法测算,A 公司本部 2006 年度少结转产品销售成本 360 000 元。

(5) 关联方交易。A 厂与 K 经营部业务往来较多,2006 年,A 厂销售给经营部产品 2 400 吨,单价均低于平均市场价。K 经营部正处于免税期,对此应在会计报表附注中予以披露。

2. 经营管理方面

(1) 材料采购长期挂账。B 公司材料采购 2006 年年末结存 4 700 000 元,其中,上年结转 1 880 000 元,系以前年度遗留下来的在途材料,长期挂账,未予转销。

(2) 应收账款催收不力。D 公司未建立应收账款催收责任制,2006 年年末,逾期 3 年以上的应收账款 2 500 000 元,应收账款周转率 21.4%,周转较慢。

(四) 我们的意见

1. 按照《企业会计制度》,应进一步改进会计核算

股份公司 2006 年度的会计核算比上年有较大的改进,但仍有收入提前入账、少提折旧、少提费用、发出产成品计价随意、核算不规范问题发生,建议公司今后严格执行《企业会计制度》及其补充规定,以确保会计核算的真实性和合法性。

2. 采取措施,改进经营管理

(1) 材料采购常年挂账问题。材料采购是过渡性科目,常年挂账不妥,且有潜亏的风险。建议公司查明原因,尽早清账。

(2) 逾期应收账款较多问题。建议公司建立应收账款催收责任制,以加快资金周转,减少银行借款,减少利息支出。

(3) 会计核算不及时问题。公司因业务多、人手相对较少,核算不及时的现象时有发生,这在一定程度上影响了核算准确性,建议公司早日实现电算化,以现代化的手段提高工作效率和会计核算的准确性。

以上意见,我所已分别于1月26日向A股份有限公司总经理王向江、1月24日向财务经理李芳等提出,并已达成共识。

(五) 审计结论

以上所有重要的事项,公司均同意调整。拟出具无保留意见的审计报告。

中国注册会计师　李丽
2007年2月26日

二、审计报告(草稿)

针对会计报表反映公司财务状况、经营成果和现金流量的情况,注册会计师可以发表无保留意见、保留意见、否定意见和无法表示意见的审计报告。社会公众应当在阅读会计报表的同时阅读审计报告,才能获取有用的信息。当注册会计师经过审计,不认可会计报表中的一些重要会计科目的反映,但不影响其对整个会计报表是否公允反映认可时,注册会计师可以发表保留意见的审计报告。当注册会计师不认可会计报表中一些重要会计科目的反映,推定对整个会计报表公允反映不认可时,则可以发表否定意见的审计报告。

1. 无保留意见审计报告

无保留意见审计报告,如参考格式2-4所示。

【参考格式2-4】

审 计 报 告

AB股份有限公司董事会及全体股东:

我们审计了后附的AB股份有限公司(以下简称AB公司)2006年12月31日的资产负债表以及2006年度的利润表和现金流量表。这些会计报表的编制是AB公司管理当局的责任,我们的责任是在实施审计工作的基础上对这些会计报表发表意见。

我们按照《中国注册会计师独立审计准则》计划和实施审计工作,以合理确信会计报表是否不存在重大错报。审计工作包括在抽查的基础上检查支持会计报表金额和披露的证据,评价管理当局在编制会计报表时采用的会计政策和做出的重大会计估计,以及评价会计报表的整体反映。我们相信,我们的审计工作为发表审计意见提供了合理的基础。

我们认为,上述会计报表符合国家颁布的《企业会计准则》和《××会计制度》的规定,在所有重大方面公允地反映了AB公司2006年12月31日的财务状况以及2006年度的经营成果和现金流量。

××会计师事务所(盖章)   中国注册会计师:×××(签名并盖章)

                                      中国注册会计师:×××(签名并盖章)

中国××市   2007年3月1日

2. 保留意见审计报告

保留意见审计报告,如参考格式2-5所示。

【参考格式2-5】

审 计 报 告

AB股份有限公司董事会及全体股东:

我们审计了后附的AB股份有限公司(以下简称AB公司)2006年12月31日的资产负债表以及2006年度的利润表和现金流量表。这些会计报表的编制是AB公司管理当局的责任,我们的责任是在实施审计工作的基础上对这些会计报表发表意见。

除下段所述事项外,我们按照《中国注册会计师独立审计准则》计划和实施审计工作,以合理确信会计报表是否不存在重大错报。审计工作包括在抽查的基础上检查支持会计报表金额和披露的证据,评价管理当局在编制会计报表时采用的会计政策和做出的重大会计估计,以及评价会计报表的整体反映。我们相信,我们的审计工作为发表审计意见提供了合理的基础。

AB公司2006年12月31日的应收账款余额××万元,占资产总额的10%,由于AB公司未能提供债务人地址,我们无法实施函证,且无法实施其他替代审计程序,以获取充分、适当的审计证据。

我们认为,除了未能实施函证可能产生的影响外,上述会计报表符合国家颁布的《企业会计准则》和《××会计制度》的规定,在所有重大方面公允地反映了AB公司2006年12月31日的财务状况以及2006年度的经营成果和现金流量。

××会计师事务所(盖章)   中国注册会计师:×××(签名并盖章)

                                      中国注册会计师:×××(签名并盖章)

中国××市   2007年3月1日

3. 否定意见审计报告

否定意见审计报告,如参考格式2-6所示。

【参考格式 2-6】

审 计 报 告

AB 股份有限公司董事会及全体股东：

  我们审计了后附的 AB 股份有限公司（以下简称 AB 公司）2006 年 12 月 31 日的资产负债表以及 2006 年度的利润表和现金流量表。这些会计报表的编制是 AB 公司管理当局的责任，我们的责任是在实施审计工作的基础上对这些会计报表发表意见。

  我们按照《中国注册会计师独立审计准则》计划和实施审计工作，以合理确信会计报表是否不存在重大错报。审计工作包括在抽查的基础上检查支持会计报表金额和披露的证据，评价管理当局在编制会计报表时采用的会计政策和做出的重大会计估计，以及评价会计报表的整体反映。我们相信，我们的审计工作为发表审计意见提供了合理的基础。

  如会计报表附注××所述，AB 公司的长期股权投资未按企业会计准则的规定采用权益法核算。如果按权益法核算，AB 公司的长期投资账面价值将减少×××万元，净利润将减少×××万元，从而导致 AB 公司从盈利变为亏损。

  我们认为，由于受到前段所述事项的重大影响，上述会计报表不符合国家颁布的《企业会计准则》和《××会计制度》的规定，未能公允地反映 AB 公司 2006 年 12 月 31 日的财务状况以及 2006 年度的经营成果和现金流量。

  ××会计师事务所（盖章）　　　　　　中国注册会计师：×××（签名并盖章）
　　　　　　　　　　　　　　　　　　　　中国注册会计师：×××（签名并盖章）

  中国××市　　　　　　　　　　　　　2007 年 3 月 1 日

  4. 无法表示意见审计报告

无法表示意见审计报告，如参考格式 2-7 所示。

【参考格式 2-7】

审 计 报 告

AB 股份有限公司全体股东：

  我们接受委托，对后附的 AB 股份有限公司（以下简称 AB 公司）2006 年 12 月 31 日的资产负债表以及 2006 年度的利润表和现金流量表进行审计。这些会计报表的编制是 AB 公司管理当局的责任。

  AB 公司未对 2006 年 12 月 31 日的存货进行盘点，金额为×××万元，我们无法实施存货监盘，也无法实施替代审计程序，以对期末存货的数量和状况获取充分、适当的审计证据。

由于上述审计范围受到限制产生的影响非常重大和广泛,我们无法对上述会计报表发表意见。

××会计师事务所(盖章)   中国注册会计师:×××(签名并盖章)

                        中国注册会计师:×××(签名并盖章)

中国××市   2007年3月1日

三、签发报告前质量控制工作底稿

1. 重要审计事项完成核对表

重要审计事项完成核对表是项目经理对已审计的会计报表进行技术复核后形成的审计工作底稿。项目经理编制该表后,应由负责该审计项目的部门经理和主任会计师再加以复核。编制重要审计事项完成核对表,不仅可以对那些容易被忽视的审计方面起到提醒的作用,还有利于检查审计证据的充分性和适当性。重要审计事项完成核对表,如表2-20所示。

表2-20

重要审计事项完成核对表

客户:AB公司   编制人:李 丽   日期:2007/3/2   索引号:G04—2

截止日期:2006年12月31日   复核者:张 磊   日期:2007/3/2   页 次:1/1

项 目	完成情况		说　　　明	索引号
	完成	未完成		G01—5
审计业务约定书	√			A02—8
审计总体计划和具体计划	√			S00—2 B00—2 F00—2
内部控制制度调查	√			
确定的符合性测试项目		√	被审计单位内部控制制度混乱,在了解测试后直接实施实质性测试。	
确定的截止性测试项目	√			S06—3 P03—4
存货监盘或抽查	√		由于AB公司是新客户,2006年12月AB公司存货盘点时,注册会计师没有到现场观察盘点,在审计期间,注册会计师到仓库亲自抽查盘点,盘点比例达60%。	P01—5 P01—6

(续表)

项　目	完成情况		说　明	索引号
	完成	未完成		G01—5
固定资产抽查	√			B02—5
应收账款函证	√		回函率低,采用代替程序验证。	S02—4
上年审计调整事项处理审查	√			G07—1
期后事项财务影响评价	√			G07—2
或有损失财务影响评价	√			G06—2
获取被审计单位的声明书	√			G03—1
审阅重要的董事会记录	√			G03—2
审计工作总结	√			G04—1
审计工作底稿复核	√		实施三级复核,并划清了复核责任。	G04—3

2. 最终质量控制审计工作底稿

在签发审计报告之前,主任会计师(合伙人)应当就整个审计工作进行最终的复核,形成最终质量控制审计工作底稿,如表 2-21 所示。

表 2-21

最终质量控制审计工作底稿

客户:AB 公司　　　　　　　编制人:李　浩　　日期:2007/3/2　索引号:G04—2
截止日期:2006 年 12 月 31 日　复核者:张　磊　　日期:2007/3/2　页　次:1/1

内　　容	是(Y)	否(N)	不适用(N/A)	原　　因
1. 检查会计报表,是否有与以前相比发生重大变化却没有得到充分解释的?		N		存货和应收账款的增加是管理政策变化的结果。
2. 盈利比率或流动性比率是否恶化?如果出现恶化现象,原因何在?	Y			盈利比率或流动性比率下降的直接原因是存货和应收账款的增加。
3. 应收账款周转率、存货周转率或资产周转率是否恶化?如果出现恶化现象,原因何在?	Y			存货周转率和应收账款周转率增加的直接原因是管理当局改善了服务。
4. 是否存在违背债务合同的情况?		N		
5. 是否存在税务纠纷或者应交税费尚未交纳?		N		

(续表)

内　　　容	是 (Y)	否 (N)	不适用 (N/A)	原　　　因
6. 在审计过程中审计信息获取、审计范围受限或其他一些问题是否与客户管理人员的正直或诚实有关？		N		
7. 考虑客户所在行业的性质、管理人员的工作经验和内部控制、财务控制和经营控制的质量，已审计会计报表中存在重要错误的风险是否很高？		N		
8. 是否有监管部门将会使用这些会报表？	Y			财政部门、工商管理部门
9. 是否是因为发生了牵涉到新股东或新债权人的重组业务而要求提供会计报表？		N		
10. 会计师事务所向客户提供的其他任何服务是否影响审计质量或审计人员的独立性？		N		审计会计报表是法定的
11. 是否存在其他可能导致审计人员丧失独立性的原因？		N		
12. 客户是否对某些披露有争议？如果有，是什么问题？		N		
13. 所有的询问记录是否都已处理？	Y			所有的询问记录都由李丽处理
14. 审计小组是否了解客户经营的业务？	Y			已连续审计两年
15. 审计人员是否完成了适当的审计程序以发现可能导致重大错报的差错和舞弊？	Y			
16. 所有审计工作底稿的形成是否履行了独立审计准则？	Y			
17. 审计工作是否符合会计师事务所的质量要求？	Y			
18. 根据会计师事务所负责最终审核的主任会计师(合伙人)的意见，审计报告是否正确陈述了审计小组得出的审计结论？如果没有，审计报告中应当说明什么？	Y			

第二章 综合类审计工作底稿的编制

3. 复核及批准汇总表

在签发审计报告前,会计师事务所要落实三级复核工作,并能够区分不同责任人对审计工作底稿的责任,形成复核及批准汇总表,如表2-22所示。

表2-22

复核及批准汇总表

客户:AB公司		签名	日期	索引号	G04-3
项目:复核及批准总表	编制人			页次	1/1
会计期间:2006年	复核人				
由项目经理完成:				是(Y)/否(N)	
1. 公司(包括子公司、合营企业及联营公司)的审计范围是否完全没有受到限制?				Y	
2. 审计工作是否按照执业规程执行?				Y	
3. 对所有重要项目是否实施了适当的测试,支持在报告书中对会计报表提出的意见?				Y	
4. 审计工作底稿内是否包括所有已完工作的详细说明并做出结论?				Y	
5. 在执行审计工作时,对重大的或未决的会计及审计事项的备忘录(包括子公司、合营企业及联营公司)是否已在重大事项请示报告工作底稿上列示?				Y	
6. 是否撰拟了审计小结?				Y	
如果回答"否"应在重大事项请示报告工作底稿中予以说明。 签名:李 丽 级别:高级审计人员 日期:2007年1月19日					
由部门经理完成:					
7. 审计报告未定稿是否合乎标准格式?				Y	
8. 已审计会计报表是否:					
8.1 符合《企业会计准则》和相关的会计制度的规定?				Y	
8.2 在所有重大方面公允地反映了财务状况、经营成果及现金流量?				Y	
如果回答"否"应在重大事项请示报告工作底稿中予以说明。 签名: 日期:					
部门经理声明:					
1. 我已复核了当年及永久性审计档案,审计工作也已经适当地执行完毕,因此能对会计报表提出审计报告未定稿中的意见,对此我表示满意。				Y	
2. 除受到我在重大事项请示报告工作底稿中说明的需要主任会计师(合伙人)注意进一步采取行动的事项的影响外,我建议发出审计报告。				Y	

	(续表)
签名：张 磊　　　　　　　　　　　　　　　　　日期：2007/2/3	
主任会计师（合伙人）声明： 　　我已仔细阅读了审计报告未定稿及已审会计报表未定稿、审计计划、审计小结、重大问题请示报告，并且对本次审计工作中我认为必要的其他问题进行了检查和讨论。根据以上复核，除被我在重大事项请示报告工作底稿中说明的事项的影响外，我支持发出审计报告。 签名：李 浩　　　　　　　　　　　　　　　　　日期：2002/2/5	
发出审计报告的最后批准： 　　董事会或管理当局已采纳已审会计报表，适当的声明书已收到，期后事项的检查也已执行，其他未决事项也已全部澄清，对此我表示满意。 签名：李 浩　　　　　　　　　　　　　　　　　日期：2007/2/5	

一、复习思考题

1. 最终质量控制审计工作底稿的特征有哪些？
2. 审计报告工作底稿的编制有哪些要求？
3. 审计报告的格式有哪些要求？
4. 在实务中，审计人员决定是否将报表层次的重要性水平分配到账户（交易）层次的重要性水平时，应当注意哪些？

二、案例分析

内部控制审计工作底稿的填制

调查表就是将那些与保证会计记录的正确性、可靠性以及与保证资产完整性有密切关系的事项列做调查对象，由会计师事务所自行设计成标准化的调查表，交由企业有关人员填写或由注册会计师根据调查的结果自行填写。调查表大多采用问答式，一般要按调查对象分别设计。调查表的优点在于：首先，调查表能对所调查的对象提供一个简括的说明，有利于注册会计师做出分析评价；其次，编制调查表省时省力，可在审计项目初期就较快地编制完成。但是，这种方法也有其缺陷，表现在：由于对被审计单位的内部控制只能按照项目分别考查，因此往往不能提供一个完整的看法；此外，对于不同行业的企业或小规模企业，标准的调查表常常显得不太适用。以下要求设计一个企业销货内部控制制度调查问卷。请将不全的内容填写齐全。

内部控制制度调查问卷

被审计单位名称_____

会 计 期 间_____

	签名	日期	索引号
编制人			
复核人			页次

　　　　问　　题　　　　　　　　　　　回　　答

一、内部控制环境　　　　　　　　　是　否　不适用　说明

1. 客户是否有当前组织结构图，如有，复印存档。
2. 客户是否有内审机构。
3. 客户是否定期编制会计报表等。
4. 呈报管理部门。

二、内部控制程序

1. 现金收入。
2. 现金支出。
3. 采购或存货管理。
   - A. 采购存货是否由生产部门或仓库管理部门提出申请。
   - B. 是否设有永续盘存记录。
4. 销货及应收账款、应收票据。

编制说明：

1. 本问卷根据被审计单位业务特点设置内控环节调查关键点（问题）。
2. 本问卷应在符合型测试和实质性测试前完成。
3. 对每项业务内控制度调查完成后，对被审计单位内控制度是否适当发表意见，对内控制度弱点，提出客户应采取的改进方法，并评价内控制度弱点对实质性测试的影响。
4. 审计结束后，就被审计单位执行内控制度情况做出评价。

第三章 销售与收款循环审计工作底稿的编制

销售与收款循环主要涉及接受订单、批准赊销、开具销售发票、发运商品、处理与记录营业收入、应收账款等业务。根据会计报表项目与业务循环的相关程度,销售与收款循环涉及的资产负债表项目主要包括应收票据、应收账款、预收账款、应交税费、其他应收款;所涉及的利润表项目主要包括主营业务收入、营业税金及附加、销售费用、其他业务利润等。

第一节 销售与收款循环控制测试工作底稿的编制

一、销售与收款循环控制测试程序

销售与收款循环控制测试要求审计人员可以根据具体情况,专业判断增加或减少相应的程序,并把对常规程序的修改记录在审计程序表中。销售与收款循环控制测试程序表,如表3-1所示。

表3-1

销售与收款循环控制测试程序表

客户:		签名	日期	索引号	S00-1	执行人
项目:		编制人		页 次	1/1	
会计期间:		复核人		使用情况	索引号	
1. 选择( )份销售发票,作如下检查: 1.1 核对销售发票、销售合同、销售订单所载明的品名、规格、数量、价格是否一致; 1.2 检查销售合同与顾客信用是否已经核准; 1.3 核对相应的运货单副本,检查销售发票品名、数量、日期与货运单品名、数量、日期是否一致; 1.4 检查销售发票中所列商品的单价,并与商品价目表核对,注意销售折让是否合理;						

(续表)

1.5 复核销售发票中列示的数量、单价、金额及相关税金的计算;			
1.6 从销售发票追查到销售记账凭证及销售记账凭证汇总表,检查其金额是否一致;			
1.7 从销售记账凭证及销售记账凭证汇总表追查至总分类账及明细分类账。			
2. 抽查任意一个月的销售发票,检查其是否连续编号、有无缺号,作废发票的处理是否正确,加计总额与该时间段的主营业务收入总额核对一致。			
3. 选择( )份运货单与相关的销售发票核对,检查已发出的商品是否均已向客户开出发票。			
4. 选择( )份销售合同,检查有无限制性条款,如产品需经安装或检验、有特定的退货权、采用代销或寄销的方式等,核对销售发票和货运单的开具是否在收入实现条件满足的情况下进行。			
5. 检查销售退回与折让的核准以及会计处理:			
5.1 检查销售退回是否具有对方税务局开具的有关证明;			
5.2 检查销售退回与折让是否附有经主管人员核准的红字发票;			
5.3 检查退回的商品是否具有仓库签发的退货验收报告,并与红字发票内容、金额核对一致;			
5.4 销售退回与折让的批准与红字发票签发职责是否分离;			
5.5 退货商品冲销会计记录是否正确,追查至记账凭证;			
5.6 从记账凭证追查至记账凭证汇总表、销售明细账、应收账款明细账及总分类账,检查其金额是否一致。			
6. 销售与收款内部控制评价。			

二、销售与收款循环调查问卷

审计人员编制销售与收款循环调查问卷的目的是为了验证被审计单位内部控制制度中销售管理和收款管理的相关规定设计的有效性。审计人员围绕以下问题询问,目的是对销售与收款循环进行初步评价:

(1) 在接受客户订货单前,客户的信用和付款条件是否均需经过批准。

(2) 是否及时鉴别呆、坏账并做核销。

(3) 已发出的产品或已提供的劳务是否均已向客户开出发票。

(4) 发票数据是否正确。

（5）收入是否已正确、及时地记入有关账户。

（6）所记录的收入是否是有效的经济业务。

（7）客户的退货和给客户的折让是否均已经过核准，并已正确、及时的记入有关账户。

（8）各项税费是否正确计提、及时入账，并按时交纳税款。

审计人员通过询问有关人员，初步评价被审计单位销售与收款循环的内部控制，以决定控制测试的性质、时间和范围。如果通过询问了解被审计单位的内部控制不存在或不值得信赖，审计人员可考虑直接进行实质性测试；如果通过询问了解到被审计单位的内部控制值得信赖，审计人员可考虑进行控制测试，以减少实质性测试的工作量。销售与收款循环调查问卷，如表3-2所示。

表3-2

销售与收款循环调查问卷

客户：　　　　　　编制人：　　　　　　日期：　　　　　　索引号：S00-2

截止日：　　　　　复核人：　　　　　　日期：　　　　　　页次：

调 查 问 题	答　　案		
	是 弱	否	不适用
1. 信用调查： 1.1 是否设立资信部门，定期调查客户信用程度，开列信用不好的客户名单？ 2. 接受订货： 2.1 是否建立销售合同制度？ 2.2 销售合同签订前是否报经负责人或委托内部审计人员审批？ 2.3 销售人员是否根据授权签订销售合同？ 2.4 已签订的销售合同是否有专人负责登记和保管？ 2.5 销售合同是否连续编号？ 3. 批准销售： 3.1 是否定期检查客户的信用程度？ 3.2 赊销和分期收款是否经过审批？ 3.3 销售折让、销售退回是否经授权批准？ 3.4 现金折扣是否经过适当授权？ 3.5 是否有健全的经授权批准的开票和结算制度？ 4. 销售发货： 4.1 仓库人员是否根据发票提货联，确认手续完备后签字盖章？ 4.2 门卫是否检查销售发票出门联，验证货物后放行，并填写出门登记簿？ 4.3 销售退回是否重新入库并具有仓库签发的退货验收表？			

(续表)

调查问题	答案			
	是	弱	否	不适用
4.4 销售退回是否计入存货并冲减营业收入？				
5. 会计记录：				
5.1 销售业务发生后，财务部门是否及时取得有关凭证（如销售发票记账联、出库单、出口产品报关单等）并据以收款或转账？				
5.2 销售发票中所列商品的单价是否与商品价目表核对相符？				
5.3 是否定期将销售明细账与仓储部门实物账、销售部门台账核对？				
5.4 是否定期编制应收账款账龄分析表？				
5.5 是否将应收账款定期与客户核对并催收账款？				
5.6 是否建立坏账核销的报批程序？				
5.7 核销坏账是否经过规定的报批程序？				
5.8 已经核销的应收账款是否在备查登记簿上登记？				
6. 职责分离：				
6.1 销售业务中签订合同、组织供货、开票、发货、入账等职责是否分离？				
6.2 应收票据的保管与记账职责是否分离？				
6.3 票据接受贴现和换新的批准与保管职责是否分离？				
7. 内部审计：				
7.1 内部审计人员是否定期向顾客寄发应收账款对账单，并及时查清差异原因？				
7.2 内部审计人员是否经常评价货运文件、发票、应收账款账龄分析表，了解企业规定的工作程序是否得到贯彻执行？				
初步评价：				

三、销售与收款循环符合性测试表

编制销售与收款循环符合性测试表的目的，是为了验证被审计单位内部控制制度中销售管理和收款管理的相关规定执行的有效性。审计人员应根据被审计单位经营销售方式（如现款现提、代办发货托收承付、分期付款销售、委托代销等）以及内部控制制度规定的授权、凭证传递等环节进行测试。

销售与收款循环符合性测试表分为销售管理和收款管理两部分进行测试。

1. 销售管理的控制表

销售管理的控制表，如表 3-3 所示。

表 3-3

销售与收款循环符合性

被审计单位名称：AB 公司　　　　　　　　　　　　　　　　　　编制人：李丽
会计期间：2006 年　　　　　　　　　　　　　　　　　　　　　　复核人：张磊

日期	凭证编号	借方科目	销售单号	销售产品名称	规格	数量	单价	金额	规格	数量
12/9	银1#	银行存款	38458	Y系列电机	2.2KW	50台	1 616.54	80 827	2.2KW	50台
12/10	银4#	应收账款	42225	Y5M-6V1	37KW	2台	9 553.84	19 107.68	37KW	2台
12/10	银4#	应收账款	42221	Y1B35	18KW	6台	3 723.08	22 338.48	18KW	6台
12/10	银5#	应收账款	42228	Y1L-4	22KW	2台	3 723.08	7 446.16	22KW	2台
12/10	银5#	应收账款	42231	Y2M-8	45KW	4台	11 264.8	45 059.2	45KW	4台
12/10	银5#	应收账款	42233	Y98-4	1.1KW	2台	558.98	1 117.96	1.1KW	2台
12/22	银11#	应收账款	42309	N2T-2	37KW	16台	8 803.4	140 854.4	37KW	16台
12/22	银19#	应收账款	42309	N22T-2	22KW	26台	5 162.4	134 222.4	22KW	26台
12/22	银19#	应收账款	42309	N23T-2	37KW	24台	6 974.4	167 385.6	37KW	24台
12/22	银14#	应收账款	42314	Y6M-4	11KW	50台	2835.9	141795	11KW	50台
12/22	银14#	应收账款	42314	Y1L1-4	22KW	10台	876.94	8 769.4	22KW	10台

审计结论：销售管理的内部控制制度信赖度较高，可适当考虑减少实质性测试。

（如没有特别说明，本书有关表格中的金额单位一律是人民币元）

（1）测试的方法可以有两种：一种是由会计凭证抽样测试；一种是由仓库出库记录抽样进行测试。

（2）"会计凭证"栏按照被抽取的反映实现主营业务收入会计凭证所附销售单据的样本，或是按照仓库出库记录抽样测试仓库所查证的会计凭证所在日、号进行登记。登记时，应按会计凭证的填制日期、编号、对应实现主营业务收入的借方科目（银行存款、应收账款、预收账款等）、销售单号（或代销清单）、销售商品名称、规格、数量、单价、金额，通过本栏反映确认主营业务收入的日期和金额。

（3）"合同"栏登记仓库发货和销售确认后所签订销售供货合同的内容（如非合同销售，此栏可不登记）。本栏反映合同所签订有关"标的"的条款、商品规格、数量、单价、交货方式、交货日期等，其中交货方式说明交款发货、托收代销、分期付款等。

（4）"出库"栏应登记该商品实际出库日期及发货方式、运单号码，如系交款提货应在

测试之———销售管理

日期：2007/2/3　　　　　　　　　　　　　　　　　索引号：S00-3
日期：2007/2/3　　　　　　　　　　　　　　　　　页次：1/1

同				出 库		退回及折让			授 权			备注
单价	交货方式	交货日期	发货方式	出库日期	运单号码	仓库签收	税局退回折让单	批准人	发货通知	价格批准	赊销批准	
1 616.54	交款发货	12/9	交款发货	12/9	1001				√	√	√	
9 553.84	托收承付	12/10	赊销	12/10	1004				√	√	√	
3 723.08	托收承付	12/10	赊销	12/10	1003				√	√	√	
3 723.08	托收承付	12/10	赊销	12/10	1005	√	√	王东	√	√	√	
11 264.8		12/10	赊销	12/10	1006				√	√	√	
558.98	托收承付	12/10	赊销	12/10	1007				√	√	√	
8 803.4	托收承付	12/22	赊销	12/22	1012				√	√	√	
5 162.4	托收承付	12/22	赊销	12/22	1023				√	√	√	
6 974.4	托收承付	12/22	赊销	12/22	1024				√	√	√	
2 835.9	托收承付	12/22	赊销	12/22	1025				√	√	√	
876.94	托收承付	12/22	赊销	12/22	1026				√	√	√	

"运单号码"栏登记销售单号，在"发货方式"栏登记交款提货、赊销、委托代销方式等。

（5）"退回及折让"栏，登记主营业务收入中所发生的销售退回及销售折让事项、仓库签收登记的凭证号、批准人应登记实际签署批准人员。

（6）"授权"栏应根据业务性质登记通知发货、价格批准、赊购批准的签署人员。

（7）审计人员在登记上述有关内容之后，应根据该凭证的销售方式审验确认以下事项：① 主营业务收入的确认是否符合会计制度规定的收入确认条件；② 被审计单位产品保管、仓库的出库和发货是否按内部控制制度要求办理；③ 被审计单位销售部门通知仓库出库和发货是否按销售合同的规定办理；④ 被审计单位的分期收款发出商品或委托代销商品是否双方签订合同，如无合同，授权批准人员的权限是否符合内部控制制度的规定；⑤ 销售退回和销售折让的授权批准人员的权限是否符合内部控制制度规定；⑥ 销售价格如与被审计单位统一定价形式不符时，授权批准人员的权限是否与内部控制制度的规定相符。

表 3-4

销售与收款循环符合性测试之一——收款管理

被审计单位名称：AB公司　　编制人：李丽　　日期：2007/2/3　　索引号：S00-4
会计期间：2006年　　复核人：张磊　　日期：2007/2/3　　页次：1/1

栏目	会计凭证						附件							备注
序号	日期	凭证号	经济事项	贷方科目	填制人	审核人	日期	名称	自制凭证填制人	金额计算依据	批准人	支票日期	支票金额	
1	6/6	银字4#	收到修理费	其他业务收入	张华	李明	6/5	收款凭证	杨晶	7 366	张杰			
2	8/4	银字4#	销售	主营业务收入	张华	李明	8/1	银行入账单			张杰		35 010.58	
3	8/8	银字11#	收款	应交税费/应收账款	王东	李明	8/8	银行入账单			张杰		584 254.40	
4	11/22	银字193#	销售	主营业务收入/应交税费	张华	李明	11/10	银行对账单			张杰			
5	11/24	银字196#	收款	应收账款	王东	李明	11/19	银行入账单			张杰		11 828	
6	11/25	现字5#	收款	主营业务收入/应交税费	张华	李明	11/22	收款凭证	杨晶	7 488	张杰		160 000	
7	12/1	现字5#	收煤气费	管理费用	杨东	李明	12/1	收款凭证	杨晶	3 285.72	张杰			
8	12/12	现字8#	收回个人借款	其他应收款	王东	李明	12/24	收款凭证	杨晶	26 000	张杰			

审计结论：收款循环内部控制制度信赖度较高。

（8）审计人员抽取样本的数量应根据被审计单位内部控制制度的可信赖程度由项目经理确定，必要时，还可追加测试的样本数量。

（9）测试意见登记负责测试人员对每份抽查样本内控情况的评价意见。

2. 收款管理的测试表

收款管理的测试表，如表3-4所示。

（1）收款管理测试应以被审计单位"银行存款"项目为主，由审计人员根据被审计单位内部控制制度的可信赖度确定其样本数量。

（2）"会计凭证"栏登记被抽取收款会计凭证日期、凭证号、经济事项、贷方科目、填制人、审核人等内容。

（3）"附件"栏登记会计凭证（如有数额应分别登记），"日期"栏登记所附附件日期，"名称"栏，登记附件票据名称，"自制凭证填制人"栏登记开具内部凭证的填制人，"金额计算依据"栏登记经济事项所涉及计算内容，"批准人"栏登记特殊经济业务（如降价销售、固定资产处理、土地使用权转让等）批准人姓名，"支票日期"和"支票金额"栏填制所附收款的银行入账单的相应内容。

（4）审计人员应根据上述内容的填制、验证被审计单位在收款循环中（含销售业务的收款）是否已如实入账，收款的控制及授权批准权限是否符合内部控制制度的相关规定。

（5）"审计结论"栏登记审计人员对逐项样本内部控制制度执行情况的审计评价。

（6）在测试中应关注被审计单位涉及收款的经济事项与生产是否有关。如发现有与生产经营业务无关事项，应结合会计报表项目数额确认审验，并考虑以适当方式与管理当局沟通并披露。

第二节　应收票据审计工作底稿的编制

应收票据是企业所持有的、尚未到期兑现的商业票据，包括银行承兑汇票和商业承兑汇票。它是以书面形式表现的债权资产，其票面载有一定付款日期、付款地点、付款金额及付款人等内容，经持有人背书后可以提交银行贴现，具有较大的灵活性。因此，审计人员应当重点关注期末持有的应收票据的实物盘点、含息票据的账务处理以及应收票据转让或贴现等对会计报表的影响，并把审计过程及其专业判断记录在审计工作底稿中。

一、应收票据审计程序

安排应收票据审计程序时，审计人员可以根据具体情况增加或减少相应的程序，并把对常规审计程序的修改记录在审计程序表中。应收票据审计程序表，如表3-5所示。

表 3-5

应收票据审计程序表

客户：		签名	日期	索引号	S01-1	执行人
项目：应收票据	编制人			页　次	1/1	
会计期间：	复核人			执行情况	索引号	
1. 获取或编制应收票据明细表： 1.1 复核加计，与报表数、总账和明细账核对相符； 1.2 检查有无逾期票据应转入应收账款； 1.3 对于带息票据，复核其利息计算是否正确； 1.4 注明应收关联方（包括持股 5% 以上股东）款项中，合并报表时应予抵销的数字。 2. 监盘库存票据，注意票据的种类、号数、签收的日期、到期日、票面金额、合同交易号、付款人、承兑人、背书人姓名或单位名称，以及利率、贴现率、收款日期、收回金额等是否与应收票据登记簿的记录相符，是否存在已作抵押的票据和银行退回的票据。 3. 必要时，抽取部分票据，根据具体情况向出票人、承兑人或前手函证，证实其存在性和可收回性，编制函证结果汇总表。 4. 检查有疑问的商业票据，或向出票人函证以确认其兑现能力。 5. 验明应收票据的利息收入是否正确入账。 6. 复核、统计已贴现以及已转让但未到期的应收票据金额，检查其贴现额与利息额的计算是否正确，会计处理方法是否适当。 7. 检查报表日至审计日已兑现或已贴现的应收票据，核对收款凭证，以确认其资产负债表日的真实性。 8. 对非记账本位币结算的应收票据，检查其采用的折算汇率和汇兑损益处理的正确性。 9. 验明应收票据的披露是否适当。						

二、应收票据审计工作底稿

【案例 3-1】 AB 公司资产负债表"应收票据"项目数额是 1 140 万元，经审计人员逐项查阅应收票据备查簿，发现 A 公司承兑的商业承兑汇票 240 万元，在审计外勤期间，经查验已如期收回商业承兑汇票 400 万元，到期日是 2006 年 9 月 9 日，由于该单位财务困难，已逾期多日。审计人员建议被审计单位将此项票据数额转入"应收账款"账户，调整分录为：

　　　　借：应收账款——C 公司　　　　　　　　　　　　　　4 000 000
　　　　　　贷：应收票据——C 公司　　　　　　　　　　　　　　　　4 000 000

其余各项数额合计与总分类账和审定表相符。审计人员据此编制应收票据审定表,如表 3-6 所示。

表 3-6

应收票据审定表

被审计单位名称:AB公司　　编制人:李丽　　日期:2007/2/3　　索引号:S01-2
会计期间:2006 年 12 月 31 日　　复核人:张磊　　日期:2007/2/3　　页次:1/1

票种及编号	票据内容					期末未审数		逾期兑现原因	调整数	审定数
	出票者	受票者	出票日	到期日	承兑单位	币种	人民币			
商业承兑	A公司	AB公司	2006/8/15	2007/1/15	A公司	人民币	2 400 000	1.16 银行45♯已收回		2 400 000
商业承兑	B公司	AB公司	2006/2/4	2007/3/4	B公司	人民币	2 000 000			2 000 000
商业承兑	C公司	AB公司	2006/6/9	2006/9/9	C公司	人民币	4 000 000	已逾期	4 000 000	0
银行承兑	D公司	AB公司	2006/11/30	2007/2/28	工行×办	人民币	3 000 000			3 000 000
合计							11 400 000		4 000 000	7 400 000

审计说明及调整分录:经逐项核对应收票据备查簿记录,所有应收票据的数额及到期日与审定表相符,其中 A 公司票据 2 400 000 元已于审计外勤日前 2007 年 1 月 16 日收到(银字 45♯),但应收 C 公司票据到期日为 2006 年 9 月 9 日,已逾期数月,根据制度规定应调整记入"应收账款",即
　　借:应收账款　　　　　　　　　　　　　　　　　　　　4 000 000
　　　　贷:应收票据　　　　　　　　　　　　　　　　　　　　　4 000 000

审计结论:调整后余额 7 400 000 元可以确认。

第三节　应收账款审计工作底稿的编制

应收账款是由于企业销售货物、提供劳务而应向购货单位或提供劳务单位收取的款项,这种权利会随着款项的偿还而消失,因此,应收款项不具有实务形态。审计人员对应收款项存在性和所有权归属确认的最有效程序是函证,审计人员还应注意是否存在虚列高估债权现象,防止虚增资产和利润。

一、应收账款审计程序

审计人员可以根据具体情况增加或减少相应的程序,并把对常规程序的修改记录在审计程序表中。应收账款审计程序表,如表 3-7 所示。

表 3-7

应收账款审计程序表

客户：		签名	日期	索引号	S02-1	执行人
项目：应收账款	编制人			页　次	1/1	
会计期间：	复核人			执行情况	索引号	
1. 获取或编制资产负债表日应收账款明细表： 1.1 复核加计，与报表数、总账和明细账核对相符； 1.2 检查应收账款账龄分析是否正确； 1.3 检查外币折算汇率是否正确； 1.4 分析有贷方余额的项目，查明原因，必要时做重分类调整； 1.5 结合其他应收账款及预收账款明细余额，查明是否存在双方同时挂账的项目，是否存在不属于应收销货款的其他应收款； 1.6 注明应收关联方(包括持股5%以上股东)款项中，合并报表时应予抵销的数字。 2. 分析应收账款账龄及余额构成，根据审计策略选定下列项目进行函证，并编制"应收账款函证结果汇总表"。函证测试样本选择有： 2.1 (　　)年账龄以上的项目，函证比例(　　)%； 2.2 年末余额(　　)元以上的项目，函证比例(　　)%； 2.3 本年累计发生额为前(　　)名的项目(　　)%； 2.4 与债务人发生纠纷的项目(　　)%； 2.5 与关联方(包括持股5%以上股东)项目(　　)%； 2.6 余额为零的项目(　　)%； 2.7 非正常的项目(　　)%； 2.8 其他项目(　　)%。 3. 对回函金额不符的，应查明原因，作出记录，必要时做适当调整。 4. 对大额或异常项目及关联方应收账款项目，即使回函相符，仍应其采用替代程序。 5. 检查报表日至审计日已收回的应收账款金额，对已收回金额较大的款项进行常规检查，即核对收款凭证、银行对账单、销货发票等，并注意凭证发生日期的合理性。 6. 对未收回回函的样本项目，采用替代程序判断债权的存在： 6.1 向有关部门了解，以验证客户的地址、信用情况； 6.2 检查该项债权的相关文件资料(合同契约、订购单、销售发票、货运单据等)，核实交易事项的真实性。 7. 对未发询证函的应收账款，抽查销售合同、销售订单、销售发票副本及发运凭证等原始凭证。						

8. 检查应收账款中有无债务人破产或者死亡的,以及破产财产或者遗产清偿后仍无法收回,或者债务人长期未履行偿债义务。			
9. 检查企业与债务人进行债务重组的账务处理是否正确。			
10. 检查企业以应收账款(或其他资产)换入应收账款的账务处理是否正确。			
11. 对应收账款余额进行分析性复核,如有重大波动,应询问并分析波动原因,并作记录。			
12. 对关联方、有密切关系的主要客户的交易事项作专门检查:			
12.1 了解交易事项的目的、价格和条件,作比较分析;			
12.2 检查销售合同、销售发票、运货单等相关文件资料;			
12.3 检查收款凭证等货款结算单据;			
12.4 向与此交易相关的第三方或其他注册会计师询证。			
13. 检查资产负债表日后的大额销售退回和折让,确定是否存在应列入本期的业务。			
14. 检查应收账款是否业已质押。			
15. 验明应收账款的披露是否适当。			

二、应收账款审计工作底稿

应收账款审计应当与主营业务收入审计结合。一般情况下,如果企业产品畅销,则销售收现率较高,此时不应有大额赊销,若存在大量应收账款,则属异常现象,应引起注意;如企业的产品用户较固定且信用程度高,能够定期结算货款,则应结合销售情况、赊销条件及结算期还款情况,分析评价用户占压货款金额是否属于正常;如企业产品的用户较分散、不固定且业务往来稀疏,货款不能及时结算,则产生坏账的可能性就大。

【案例3-2】 AB公司资产负债表"应收账款"项目的数额为 20 746 518.68 元,在审计过程中,审计人员对被审计单位协助填制的账龄分析进行审验,并发出询证函18份,收到回函15份,对在审计外勤日收讫货款的两户(B公司和G公司)实施了包括查阅原始资料和电话查询等审计程序后,可以确认。对AB公司账面贷方余额,经查系F公司原预付货款余额,尚未按合同履行第二批供货,因此,根据规定应予重分类调整,即

借:应收账款——F公司 3 000 000
    贷:预收账款——F公司 3 000 000

审计人员根据以上事项,分别编制应收账款审定表、应收账款明细表、应收账款函询结果汇总表;如表 3-8、3-9、3-10 所示。

表 3-8

应收账款审定表

客户：AB 公司	编制人：李丽	日期：2007/3/2	索引号：S02-2
会计期间：2006 年 12 月 31 日	复核人：张磊	日期：2007/3/2	页次：1/1

上年审定数	未 审 数		调 整 数		重 分 类 数		审 定 数
金额	金额	索引号	金额	索引号	金额(+,-)	索引号	
28 477 575.86B	20 746 518.68G				+3 000 000		23 746 518.68

审计说明及调整分录：从 40 户应收账款客户中抽取 18 户样本，抽取样本占总户数的比例为 45％，占应收账款余额的比例为 76％。对未收回函证的实施了替代程序。对在审计外勤日已收讫货款的贷方余额实施了必要的检查程序。

  借：应收账款   3 000 000
    贷：预收账款   3 000 000
  借：资产减值准备   15 000
    贷：坏账准备——计提坏账准备   15 000

审计结论：经审计调整，23 746 518.68 元可以确认。	审计标志：C:已发询证函； B:与上年已审会计报表核对相符； G:与总账核对相符； S:与明细账核对相符； T/B:与试算平衡表核对相符。

表 3-9

应收账款明细表

客户： 公司	编制人：李丽	日期：2007/3/2	索引号：S02-3
会计期间：2006 年 12 月 31 日	复核人：张磊	日期：2007/3/2	页次：1/1

序号	户名	业务内容摘要	年初余额	年末余额	未审数及账龄分析				期后收回数	备注
					1年内	1～2年	2～3年	3年以上		
1	2	3	4	5	6	7	8	9	10	
	A公司	货款	1 300 000.00	300 000.00	√					C
	B公司	货款	60 000 000.00	10 000 000.00	√					C
	C公司	货款	100 400.00	90 000.00			√	√	80 000.00	
	D公司	货款	180 000.00	3 180 000.00	√					
	E公司	货款	4 000 000.00	-2 000 000.00	√					C
	F公司	货款		3 000 000.00	√					重分类
	G公司	货款		USD60 600.00 1 005 741.84	√				1 005 741.84	
	H公司	货款		USD58 800.00 975 868.22	√					

第三章 销售与收款循环审计工作底稿的编制

(续表)

序号	户名	业务内容摘要	年初余额	年末余额	未审数及账龄分析 1年内	1~2年	2~3年	3年以上	期后收回数	备注
1	2	3	4	5	6	7	8	9	10	
	I公司	货款		1 179 200.00						C
	J公司	货款	1 178 860.00							
	K公司	货款	2 700 000.00	700 000.00	√					C 正在诉讼
	……									
	L公司	货款	5 883 579.00							
	合计		28 477 579.83	37 746 518.68G						经重分类调整后,余额37 746 518.68元可以确认。

表 3-10　　　　　　　　**应收账款函询结果汇总表**

客户:AB公司　　　　　编制人:李丽　　　　日期:2007/3/2　　索引号:S02-4
截止日:2006年12月31日　复核人:张磊　　　　日期:2007/3/2　　页次:1/1

发函询证纪要			是否受到回函	收到回函				未收到回函		审计结论
选取样本特征	单位名称	期末余额		可以确认金额		难以确认金额		通过替代程序可以确认	未核实金额	
				回函直接确认	调节后可以确认	争议未决金额	其他			
A	A公司	300 000.00	√	300 000						确认
A	B公司	1 000 000.00	√	1 000 000						确认
A	E公司	−2 000 000.00	√	−2 000 000						确认
A	G公司	1 005 741.84	√		1 005 741.84					确认
A	I公司	1 179 200.00	×					1 179 200.00		确认
A	M公司	5 100 000.00	√					5 100 000.00		确认
A	N公司	1 141 600.24	√					1 141 600.24		确认
A	O公司	2 399 228.36	√		2 399 228.36					确认
A	G公司	700 000.00	√			700 000.00				确认,但应披露不确定性
	合计	10 825 770.44		−700 000	3 404 970.20	700 000.00		7 420 800.24		

1. 应收账款审定表

表3-8列示了应收账款审定情况,审计人员在填制应收账款明细表及其应收账款核对层次的工作底稿的基础上汇总填制本表。"审计说明及调整分录"栏,应表述审计人员

对应收账款审计实施的主要测试及其专业判断的轨迹,并由应收账款明细表及应收账款核对层次的工作底稿支持。对于应收账款较为简单的被审计单位,应收账款审定表和应收账款明细表可以合在一张底稿中反映。

2. 应收账款明细表

应收账款明细测试情况,审计人员对"应收账款"账户实施账龄分析、函证审计程序后了解是否存在需要调整事项,并综合分析后形成该工作底稿。如表 3-9 所示。

(1)"业务内容摘要"栏,应填写企业购销业务及其他业务的具体内容,审计人员应确认其性质是否与被审计单位的经营活动有关,如系非正常占用,应考虑在底稿中提示。

(2)"未审数及账龄分析"栏,应根据报表未审数进行分析,但应注意年限的划分应与上年相衔接。

(3)"期后收回数"栏,指资产负债日至审计日期实际收回的数。

有时,审计人员可以在复制被审计单位电脑打印出来的应收账款明细账或应收账款账龄分析表的基础上,直接记录审计人员所做的测试及其专业判断,形成审计工作底稿。

3. 应收账款函询结果汇总表

表 3-10 是审计人员对应收账款实施函证所形成的工作底稿、所有发出函证的底联及回函(参考格式 3-1)或证明。

在实务中,审计人员形成应收账款函询结果汇总表时,应当注意:

(1)函证时,应重点选择账龄长、金额大以及发生纠纷的账户,对关联单位及异常账户也应列入函证的范围内。对金额较大以及发生纠纷的账户应采用肯定式函证方式,对金额较小以及预计差错率较低的账户可采用否定式函证方式。

(2)注册会计师应亲自控制询证函的发送和收回,尽量索取回函,必要时,可直赴对方单位予以确认。对于函证回函不符金额,审计人员应要求客户解释不符原因,并重点检查客户提供的相关资料,必要时,建议被审计单位作适当调整。

(3)审计人员发询证函的最佳时间是资产负债表日前后,但如果审计人员在外勤工作(审计年度的下一年)时发函,为了不影响审计工作进度,审计人员也可在发函证的同时利用电话、电子邮件、传真等方式先取得询证的结果,以提高审计工作效率,但在编制审计报告之前一定要获取函证回函的原件,以支持审计结论和审计意见。

(4)函证的结果一般会出现三种结果:一是对方直接回函并且回函结果与函询情况一致,此类回函属于最直接有效的审计证据。二是对方虽已回函,但回函结果与函询内容不一致,此时应督促企业查明原因,待取得证据后,再予确认。三是对方不予回函,此时应采取替代程序进行验证。替代程序主要应从销售合同、销售发票、销售会计记录等查起,必要时与销售人员、仓库管理人员进行核实。如合同约定由销售方负责发货的,应核查委托运输部门代办运输的托运单、提货单及垫付费用的原始单据;如由购货方自行提货,还应核查提货人提供的证件、装卸费单证、准许放行单证等原始凭证,以此确认销售业务和应收款项的真实性、正确性。

（5）如果函证工作不是在年末进行的，审计人员还应当复核从函证日起到年末的账户记录，调查并获取异常项目的说明。但值得注意的是，对于重大应收账款，不能用预审的函证代替年末函证来获取证据。

（6）对于关联来往等客户管理层可控的项目或根据以前年度经验有调整的项目，审计人员不应过度依赖函证结果，还应当在适当时执行替代程序。

【参考格式 3-1】

企 业 询 证 函

编号：97123

致：G 公司

本公司聘请的英达会计师事务所正在对本公司会计报表进行审计，按照中国注册会计师独立审计准则的要求，应当询证本公司与贵公司的往来账项。下列数额出自本公司账簿记录，如与贵公司记录相符，请在本函下端"数据证明无误"处签章证明；如有不符，请在"数据不符及需说明事项"处列明不符金额。回函请直接寄至英达会计师事务所。

地址：北京复兴路 143 号　　邮编：100820
电话：68332137　　传真：68332111

1. 本公司与贵公司的往来账项列示如下

单位：元

截止日期	贵公司欠	欠贵公司	备　注
2006/12/31	502870.92	0	

2. 其他事项

本函仅为复核账目之用，并非催款结算。若款项在上述日起后已经付清，仍请及时回函为盼。

AB 公司

（公司印鉴）

2007 年 1 月 6 日

数据证明无误
签章：G 公司
数据不符及需说明事项：根据我们的记录，金额应为 472 870.92 元。
签章：G 公司　　　　　　　　　　　　　　　　日期：2007 年 1 月 15 日

第四节 坏账准备审计工作底稿的编制

坏账是指企业无法收回或收回的可能性极小的应收款项(包括应收账款和其他应收款)。计提坏账准备的方法由企业自行确定,企业应当列出目录,注明计提坏账准备的范围、提取方法、账龄的划分和提取比例,按照管理权限、经股东大会或董事会、或经理(厂长)会议或类似机构批准,并且按照法律、行政法规的规定报有关各方备案,并备置于公司所在地,以供投资者查阅。因此,坏账准备提取方法一经确定,不得随意变更,但企业可以根据企业以往的经验、债务单位的实际财务状况和现金流量的情况,以及其他相关信息等合理估计坏账准备具体计提多少。审计人员对此审计的重点是在审查年末应收账款余额是否正确、账龄是否真实、所选定的提取方法是否合理的基础上,确认坏账准备的提取是否充分、适当,同时,也应当注意企业对已经形成的坏账损失的账务处理和日后又收回的款项的账务处理是否符合制度要求。

一、坏账准备审计程序

安排坏账准备审计程序时,审计人员可根据被审计单位的具体情况增加或减少相应的程序,并把对常规审计程序的修改记录在审计程序表中。坏账准备审计程序表,如表3-11 所示。

表 3-11

坏账准备审计程序表

客户:		签名	日期	索引号	S01-1	
项目:坏账准备		编制人		页　次	1/1	执行人
会计期间:		复核人		使用情况	索引号	
1. 核对坏账准备报表数、总账数、明细账是否相符。 2. 查坏账准备计提和核销的批准程序,取得书面报告等证明文件。 3. 评价坏账准备计提所依据的资料、假设及计提方法。 4. 复核坏账准备的计算和会计处理是否正确。 5. 实际发生的坏账损失是否符合有关规定,会计处理是否正确。 6. 对于已经确认并转销的坏账重新收回,检查其会计处理是否正确。 7. 检查坏账准备的借方记录是否与列作坏账损失的账项一致。 8. 与前期坏账准备计提和实际发生数相比较。 9. 检查期后事项,评价坏账准备计提的合理性。 10. 验明坏账准备的披露是否适当。						

二、坏账准备审定表

【案例 3-3】 AB 公司坏账准备的计提采用的是账龄分析法,按账龄段采用不同计提比例。AB公司2006年度经审计过的应收账款和其他应收款账龄如下：

账龄	应收账款	其他应收款	合计	备注
3年以上	40 000	500 000	900 000	
2~3年	640 000	440 000	1 080 000	
1~2年	3 200 000	1 060 000	4 260 000	
1年以内	4 200 000	1 460 000	5 660 000	应收账款审定表中列示600 000元预收账款借方余额作重分类调整；有1 400 000元应收账款采用个别认定法全额计提坏账准备。

审计人员根据公司提供的应收账款账龄分析和提取比例，经审验后编制坏账准备审定表，如表3-12所示。

表3-12

坏账准备审定表

客户：AB公司　　　　编制人：李丽　　　日期：2007/3/2　　索引号：S01-2
截止日：2006年12月31日　复核人：张磊　　　日期：2007/3/2　　页次：

报表数	期初余额	21 560 000
	本期转销数	0
	本期计提数	3 086 000
	期末余额	24 646 000
计提方法及测算过程		按年末应收款项（应收账款和其他应收款）的账龄分别以以下比例计算： 3年以上（80%）900 000×80%＝720 000（元） 2~3年（50%）1 080 000×50%＝540 000（元） 1~2年（10%）4 260 000×10%＝426 000（元） 1年以内应收A公司的款项1 400 000元全额计提坏账准备。
调整数		－600 000
审定数		24 046 000
审计说明和调整分录		已取得董事会关于坏账准备计提的决议，并检查了全额计提坏账准备的相关凭证和文件。 由于1年以内应收款中有600 000元作重分类调整，因此调减坏账准备的调整分录为： 　　借：资产减值损失——坏账损失　　　600 000 　　　　贷：坏账准备——计提坏账准备　　　　600 000
审计结论		经调整后，余额24 046 000元可以确认。

第五节　预收账款审计工作底稿的编制

预收账款用于核算企业按照合同规定向购货单位预付的款项。在预付账款不多的企业,也可以将预收的款项直接记入"应收账款"账户的贷方,因此,审计人员在重点审计预收账款真实性和会计处理的合法性外,还应关注预收账款与应收账款的重分类调整及其对坏账准备的影响,并把审计过程及其专业判断记录在审计工作底稿中。

一、预收账款审计程序

安排预收账款审计程序,审计人员可以根据被审计单位的具体情况增加或减少相应的审计程序。预收账款审计程序表,如表 3-13 所示。

表 3-13

预收账款审计程序表

客户:		签名	日期	索引号	S04-1	执行人
项目:预收账款	编制人			页次	1/1	
会计期间:	复核人			使用情况	索引号	
1. 获取或编制预收账款明细表: 1.1 复核加计,与报表数、总账数和明细账核对相符; 1.2 检查外币核算汇率是否正确; 1.3 检查是否存在借方余额,作重分类调整; 1.4 检查是否存在应收、预收两方向同时挂账的项目,必要时作出调整; 1.5 标明预收关联方(包括持股 5%以上股东)的款项,并注明合并报表时应予抵销的金额。 2. 抽查预收账款有关的销货合同、仓库发货记录,检查已实现销售的商品是否及时转销预收账款,确保预收账款年末余额的正确性和合理性。 3. 选择预收账款的下列项目进行函证,并编制"预收账款函证结果汇总表",函证测试样本选择要求: 3.1 期末余额( )元以上的项目,函证比例( )%; 3.2 ( )年账龄以上的项目,函证比例( )%; 3.3 关联方项目,函证比例( )%; 3.4 其他项目,函证比例( )%。 4. 对回函金额不符的,应查明原因并记录,必要时作适当调整。 5. 检查报表日至审计日止已转销的预收账款,对已转销金额较大的预收账款进行检查,核对记账凭证、仓库发货单、销货发票等,并注意这些凭证发生日期的合理性。 6. 检查与收账款长期挂账的原因并记录,必要时予以调整。 7. 对税法规定应在收到预收账款时计缴相关税费的,应结合应交税费项目,检查其是否及时、足额计缴有关税金。 8. 验明预收账款的披露是否适当。						

二、预收账款审定表

【案例 3-4】 AB 公司资产负债表"预收账款"数额为 4 220 000 元,在审计过程中,审

第三章 销售与收款循环审计工作底稿的编制

表 3-14

预收账款审定表

客户：AB公司 编制人：李丽 日期：2007/2/3 索引号：S04-2
会计期间：2006年12月31日 复核人：张磊 日期：2007/2/3 页次：1/1

序号	户名	主要内容	未审数及账龄分析				期后结清	函证	其他程序	调整数	审定数
			1年内	1~2年	2~3年	3年以上					
一、关联方										
	A公司	货款	200 000	√			200 000				200 000
	B公司	货款	500 000	√			500 000				500 000
	H公司	货款	1 200 000		√				1 200 000		1 200 000
	I公司	货款	1 080 000					1 080 000		−1 080 000	
	小计		2 980 000	700 000	1 200 000	1 080 000	700 000	1 080 000	1 200 000	−1 080 000	1 900 000
二、非关联方										
	D公司	货款	560 000	√					560 000		560 000
	F公司	货款	1 600 000	√					1 600 000		1 600 000
	G公司	货款	2 400 000					2 400 000			2 400 000
	J公司	货款	900 000			√	900 000	900 000			900 000
	小计		5 460 000	2 160 000	2 400 000		900 000	3 300 000	2 160 000		5 460 000
	合 计		8 440 000	2 860 000	3 600 000	1 080 000	1 600 000	4 380 000	3 360 000	−1 080 000	7 360 000

审计说明：审计人员对被审计单位协助填制的账龄分析进行检验，并发出函证3份，收到回函3份，对在审计外勤日已发出货物并冲销预收款项的两户（A公司和B公司）实施了包括检查销售合同、发货单等审计程序后予以确认。
纠正用预收账款隐藏收入的调整分录为：
　借：预收账款　　　　　　　　　　　　　　　 1 080 000
　　　贷：主营业务收入　　　　　　　　　　　　　　　896 400
　　　　　应交税费——应交增值税（销项税额）　 183 600
审计结论：经调整，余额7 360 000元可以确认。

计人员对被审计单位协助填制的账龄分析进行审验,并已发出函证3份,收到回函3份,在审计外勤日已发出货物并冲销预收账款的两户(A公司和B公司)实施了包括检查销售合同、发货单等审计程序后予以确认。

对AB公司账面预售I公司1 080 000元虽然受到回函确认,但由于I公司是AB公司的出资方,审计人员又检查了AB公司和I公司之间的其他往来款项及其销售合同等,发现货物已经于2006年11月发出,相关的风险和报酬已经转移,应当确认为销售收入,调整分录为:

  借:预收账款   1 080 000
    贷:主营业务收入   896 400
      应交税费——应交增值税(销项税额) 183 600

据此,审计人员编制预收账款审定表,如表3-14所示。

第六节 应交税费审计工作底稿的编制

企业在一定时间内取得的营业收入和实现的利润,要按规定向国家交纳相应的税金。这些应交税费按权责发生制原则预提记入有关账户,在尚未交纳之前形成企业的一项负债,企业的纳税行为一般要经过税务管理部门的检查和认可,因此,审计人员应向被审计单位索取由税务部门确认的相关纳税申报、纳税鉴定或纳税通知等纳税资料。涉及减、免税的,还要取得税务部门有关减、免税的批准文件和税务部门的汇算清缴确认文件,据此按照税法和有关法规规定,通过复核各项税和计交基数,在正确无误的前提下,确定会计期间的应交税额及实交税额,以确认期末数额的正确性,同时还应关注企业不按税法规定交纳税金和纳税调整对会计报表的影响,并把审计过程及其专业判断记录在审计工作底稿中。

一、应交税费审计程序

安排应交税费审计程序时,审计人员可以根据具体情况专业判断增加或减少相应的审计程序,并把对常规程序修改记录到审计程序表。应交税费审计程序表,如表3-15所示。

表3-15

应交税费审计程序表

客户:		签名	日期	索引号	S05-1	
项目:应交税费		编制人		页 次	1/3	执行人
会计期间:		复核人		使用情况	索引号	
1. 获取或编制应交税费明细表: 1.1 复核加计,与报表数、总账数和明细账核对相符; 1.2 核对年初应交税费和税务机关的认定数是否一致并记录,如有差错,查明原因,必要时予以调整。						

（续表）

2. 取得企业的纳税鉴定、纳税通知、减免税等批准文件,了解企业适用的税种、附加税种、计税基础、税率,以及征、免、减税的范围与期限。

3. 取得税务部门汇算清缴或其他确认文件、有关政府部门的专项监察决定、税务代理机构专业报告、企业纳税申报有关资料等,分析其有效性,并与应交税费明细账及账面数进行核对。

4. 检查企业所得税:

4.1 索取并复核应纳税所得额调整计算表,根据调整后的计税利润,计算本期应交所得税;

4.2 获取企业年初欠交所得税和本年预交所得税资料,计算并调整年末欠交数;

4.3 年末欠交所得税与应交税费明细账核对一致。

5. 检查增值税:

5.1 获取或编制应交增值税明细表,复核其正确性,并与明细账核对相符;

5.2 根据增值税进项税额相关账户的有关数据,复核国内采购货物、进口货物、购进的免税农产品、接受投资或捐赠、接受应税劳务等应计的进项税额是否按规定进行了会计处理,复核（　　）个月进项税额计算的正确性;符合因存货改变用途或发生非常损失等应计的进项税额转出是否正确计算,是否按规定进行了会计处理,并与"应交增值税明细表"进项税额转出栏相核对;

5.3 根据已审定的主营业务收入、其他业务收入及税法规定视同销售应税行为的有关记录,计算销项税额,并与"应交增值税明细表"销项税额栏相核对;

5.4 取得《出口货物退(免)税申报表》及办理出口退税有关凭证,复核出口货物退税的计算是否正确,是否按规定进行会计处理;

5.5 将"应交增值税明细表"与企业增值税纳税申报表核对,检查进项、销项的入账与申报期间是否一致,金额是否相符;如不一致,应分析原因并记录,注意增值税纳税申报表有无经税务机关认定;

5.6 经主管税务机关批准,实行核定征收率征收增值税的单位,应检查其是否按照有关规定正确执行。

6. 检查营业税:

(续表)

6.1 根据审定的当年度营业额,检查营业税的计税依据是否正确,适用税率是否符合税法规定,分项复核本期应交数,并与"应交税费——应交营业税"明细账核对;			
6.2 获取上年度末应交营业税的欠交额,连同本年度的发生额,计算复核年度应交营业税的欠交额是否正确。			
7. 检查消费税:			
7.1 根据审定的应税消费品销售额(或数量),检查消费税的计税依据是否正确,适用税率(或单位税额)是否符合税法规定,分享复核本期应交数,并与"应交税费——应交消费税"明细账核对;			
7.2 获取上年度末应交消费税的欠交额,连同本年度的发生额,计算复核年度应交消费税的欠交额是否正确。			
8. 检查土地增值税:			
8.1 根据审定的土地使用权及其地上物(或房地产)转让收入与其规定的扣除金额,复核计算房地产转让增值税,并与有关明细账核对;			
8.2 根据房地产转让增值额和按规定适用的税率计算复核企业应交土地增值税,并与应交税费的有关明细账核对;			
8.3 获取企业上期土地增值额的欠交额及本期的应交额、已交额,计算复核本期末欠交土地增值税是否正确。			
9. 检查城市维护建设税:			
9.1 根据审定的计税基础和按规定适用的税率,计算复核企业本年度应交城市维护建设税税额是否正确;			
9.2 获取企业上期城市维护建设税的欠交额及本期的应交额、已交额,计算复核本期末欠交的城市维护建设税税额是否正确。			
10. 检查车船税和房产税:			
10.1 获取企业自有车船数量、吨位(或座位)及自有房屋建筑面积、用途、造价(购入原价)、购建年月等资料,并与固定资产(含融资租入固定资产)明细账复核一致;			
10.2 了解其使用、停用时间及其原因等情况;			
10.3 获取企业本年内已交税金的完税单,审核其是否如实申报和按期交纳,会计处理是否正确。			
11. 检查其他税项及代扣税额:			
11.1 了解企业按国家或当地政府的税制规定应交纳的其他税项,并采用适用的程序进行检查;			

(续表)

11.2 了解并获取被审计单位已发生的代扣税项,如:代扣国外企业所得税(只付给在国内未设置机构的国外企业的工程费、管理服务费、手续费、佣金等),代扣个人所得税(只付给国外企业来国内工作的专家、管理人员、技工的薪金、津贴、奖金、劳务费、佣金等);			
11.3 根据各项应纳税收入(所得)额,计算应纳税金,并与明细账核对;			
11.4 审核支付凭证是否具有当地税务机关的统一发票(或缴款书),是否已自行申报交纳;			
11.5 获取有关的合同、协议,根据涉及上列税项的条款,判定(或与税务机关联系)是否应由客户代扣;如客户属于扣缴义务人时,则应计算复核本年度的应纳税金,核对或调整其相关的债务。			
12. 验明应交税费的披露是否适当。			

二、应交税费审计工作底稿

【例 3-5】 AB 公司资产负债表应交税费列示数额 785 400 元,审计中,审计人员发现的问题及其处理建议如下:

1. AB 公司转让土地使用权收入 30 000 000 元,根据税法规定应交土地增值税 6 000 000 元和营业税 1 500 000 元,城市维护建设税 105 000 元,教育费附加 52 500 元,调整分录为:

  借:其他业务成本——税金及附加   7 657 500
   贷:应交税费——应交土地增值税   6 000 000
      ——应交营业税   1 500 000
      ——应交城市维护建设税   105 000
      ——应交教育费附加   52 500

2. AB 公司漏交销售××产品应交消费税 200 000 元,调整分录为:

  借:营业税金及附加   200 000
   贷:应交税费——应交消费税   200 000

3. 根据有关项目审计结果,本期利润总额应调增 1 100 000 元,相应调整应交所得税 363 000 元,调整分录为:

借：所得税费用　　　　　　　　　　　　　　　　　　　　　　　　　　363 000
　　贷：应交税费——应交所得税　　　　　　　　　　　　　　　　　　　363 000

根据以上事项和对被审计单位应交增值税项目的审验结果，审计人员编制"应交税费审定表"和"应交税费——应交增值税审定表"，如表3-16、表3-17所示。

表3-16

应交税费审定表

客户：AB公司　　　　　　编制人：李丽　　　日期：2007/3/2　　索引号：S05-2
截止日：2006年12月31日　复核人：张磊　　　日期：2007/3/2　　页次：1/1

项目	索引号	期初数	本期应交数	本期已交数	期末未审数	审计调整 借方	审计调整 贷方	重分类 借方	重分类 贷方	审定数
所得税		1 700 000	4 400 000	5 000 000	1 100 000		363 000			1 463 000
增值税		760 000	4 000 000	4360 000	400 000					400 000
消费税							200 000			200 000
营业税		100 000	240 000	300 000	40 000		1 500 000			1 540 000
资源税										
土地增值税							6 000 000			6 000 000
城市维护建设税		60 200	296 800	326 100	30 800		105 000			135 800
合计		2 620 200	8 936 800	9 986 100	1 570 800		8 168 000			9 738 800

审计说明及调整分录：
1. 经审验明细账和总分类账发生额与年末余额与审定表相符；
2. 审计"其他业务利润"项目，被审计单位漏计土地使用权转让收入、营业税及土地增值税等税费7 657 500元；
3. 审计"营业税金及附加"项目，被审计单位漏计××产品消费税200 000元，调整分录为：
　　借：营业税金及附加　　　　　　　　　　　　　　　　　　　　　　200 000
　　　　贷：应交税费——应交消费税　　　　　　　　　　　　　　　　　200 000
4. 根据有关项目审计结果，本期利润总额应调整1 100 000元，补记的所得税为363 000元，调整分录为：
　　借：所得税费用　　　　　　　　　　　　　　　　　　　　　　　　363 000
　　　　贷：应交税费——应交所得税　　　　　　　　　　　　　　　　　363 000

审计结论：经调整后数额9 738 800可以确认。

表 3-17

应交税费——应交增值税审定表

客户：AB 公司　　　　　　编制人：李丽　　日期：2007/3/2　　索引号：S05-3
截止日：2006 年 12 月 31 日　复核人：张磊　　日期：2007/3/2　　页次：1/1

项目	索引号	未审数	审计调整（重分类）	审定数	上年审定数
一、应交增值税					
1. 年初未抵扣数（一）					
2. 销项税额		49 331 985.42		49 331 985.42	
出口退税					
进项税额转出	（略）	1 541 957.36		1 541 957.36	
转出多交增值税					
3. 进项税额		37 109 602.48		37 109 602.48	
已交税金		15 346 161.06		15 346 161.06	
减免税款		1 636 048.06		1 636 048.06	
转出未交增值税		3 217 868.82		3 217 868.82	
4. 期末未抵扣数（一）					
二、未交增值税					
1. 年初未交数（多交数以"一"号填列）		2 713 212.70		2 713 212.70	
2. 本期转入数（多交数以"一"号填列）		12 128 292.24		12 128 292.24	
3. 本期已交数		15 346 161.06		15 346 161.06	
4. 期末未交数（多交数以"一"号填列）		（一）504 656.12		（一）504 656.12	
审计说明：经验算，数额计算正确。					
审计结论：项目余额可以确认。					

审计人员应当结合会计报表各科目的审计，检查企业是否存在漏税行为：

（1）结合"长期股权投资"、"应付股利"、"应付利润"、"应付职工薪酬"等科目的审计，关注企业有无自产、委托加工和购买的存货对外投资、分配给股东和投资者、对外捐赠、用于职工福利和个人消费等事项。如有，是否已按规定视同销售计算交纳了增值税和消费税。

（2）结合"在建工程"、"待处理财产损溢"、"应付职工薪酬"等科目的审计，关注企业是否有改变用途用于非应税项目或集体福利或个人消费的存货，是否发生非常损失。如有,是否已按规定将相关进项税额转出。

(3) 结合"其他业务成本"、"其他业务收入"、"营业外支出"、"固定资产清理"等科目的审计,关注企业有无营业税应税劳务、转让无形资产和销售不动产等行为,是否已按规定计提了相应的营业税、土地增值税及附加税。

(4) 通过对存货的审计,了解企业是否有发出商品,了解发出商品的性质,如为发往外地分支机构的货物,应检查企业是否按规定计算了应交增值税。

如果审计人员发现被审计单位应交税费的交纳与国家税法不符,但确是当地税务机关确认的,审计人员应当在获取被审计单位纳税申报资料和税务部门汇算清缴确认文件的基础上,填制审计工作底稿,并考虑对审计报告的影响。

第七节 主营业务收入审计工作底稿的编制

主营业务收入是指企业在销售商品、提供劳务及让渡资产使用权等日常活动中形成经济利益的总流入。注册会计师应当重点关注商品主营业务收入的确认及其对会计报表的影响,并把审计过程及其专业判断记录在审计工作底稿中。

一、主营业务收入审计程序

安排主营业务收入审计程序时,审计人员可以根据具体情况、专业判断增加或减少相应的审计程序,并把对常规审计程序的修改记录在审计程序表中,主营业务收入审计程序表,如表 3-18 所示。

表 3-18

主营业务收入审计程序表

客户:		签名	日期	索引号	S06-1	执行人
项目:主营业务收入	编制人			页次	1/2	
会计期间:	复核人			是否使用	索引号	
1. 取得或编制收入、成本项目明细表: 1.1 复核加计,与报表数总账和明细账核对相符; 1.2 检查外币收入折算汇率是否正确。 2. 查明主营业务收入的确认原则、方法,注意是否符合相关会计准则(制度)规定的收入实现条件,前后期是否一致。 3. 将本期的主营业务收入与上期的主营业务收入进行比较,分析产品销售的结构和价格变动是否正常,并分析异常变动的原因。 4. 检查有无特殊的销售行为,如委托代销、分期收款销售、售后回购、以旧换新、出口销售等,确定恰当的程序进行审核。						

(续表)

5. 比较本期各月各种主营业务收入的波动情况,分析其变动趋势是否正常,并查明异常现象和重大波动原因。
6. 根据普通发票或增值税专用发票申报表,测试企业全年的收入,并与其实际入账金额核对,检查是否存在虚开发票或销售而未开票的情况。
7. 计算本期重要产品的毛利率,分析比较本期与上期各类产品毛利率变动情况,主要收入与成本配比问题,并结合重大波动和异常情况。
8. 获取产品价格目录,抽查售价是否符合价格政策,并注意销售给关联方的产品价格是否合理,有无低价结算转移收入的现象。
9. 抽取其中(　　)张销售发票,审查开票、记账、发货日期是否相符,品名、数量、单价、金额等是否与发货单、销售合同等一致,并编制测试表。
10. 销售的截止测试:
10.1 检查资产负债表日前后(　　)日的销售发票及运货单,观察截至资产负债表日止,主营业务收入记录有无跨期的现象;
10.2 检查资产负债表日后所有在资产负债表前销售的退回记录,检查资产负债表日后的销售是否列作资产负债表日前的销售(即违反合同提前发货);
10.3 结合对资产负债表日应收账款的函询程序,观察有无未经认可的巨额销售;
10.4 调整重大跨期销售项目及其金额。
11. 检查销货退回手续是否符合规定,会计处理是否正确。
12. 取得被审计单位有关销售折扣和折让的有关文件资料,查明折扣与折让的具体规定,与实际执行情况核对,检查其计算及会计处理是否正确。
13. 调查关联方(包括持股5%以上股东)、集团内部销售的情况,记录交易价格是否与交易对象的账面价格、数量和金额相符,并关注其交易价格是否与交易对象的账面价格或市场通行价格存在较大差异,以核实需在合并会计报表中抵销及应当在会计报表附注中披露事项。
14. 验明主营业务收入的披露是否恰当。

二、主营业务收入审计工作底稿

【案例3-6】 AB公司利润表"主营业务收入"项目列示数额为605 000 000元,审计中发现有以下事项须进行调整:

1. 2006年12月份,AB公司发往××企业的产品,2007年1月5日发生退货3 000吨,价值3 300 000元,AB公司把此销售退回的会计处理记在2006年12月。由于在期后时间退货,应当调整审计年度的主营业务收入,审计人员建议的调整分录为:

借：应收账款——××企业　　　　　　　　　　　　　　　　3 861 000
　　贷：主营业务收入——A产品　　　　　　　　　　　　　　3 300 000
　　　　应交税费——应交增值税　　　　　　　　　　　　　　561 000

2. 存货抽盘时发现B产品账面应存数大于库存数量400吨（该产品销售单价为1 500元），经询问销售部门及仓库保管人员，原因为购货方已提货，双方约定1个月后付款，AB公司既没有保留继续管理权，也未对其实施控制，因此，应确认当期主营业务收入，审计人员建议的调整分录为：

借：应收账款——××企业　　　　　　　　　　　　　　　　702 000
　　贷：主营业务收入——B产品　　　　　　　　　　　　　　600 000
　　　　应交税费——应交增值税　　　　　　　　　　　　　　102 000

3. 存货抽盘时发现C产品账面数小于实存数量600吨，原因是企业异常开出10 000吨未提货（单位售价2 500元）。对此，该企业应在预收账款中反映，不应确认收入，审计人员建议调整分录为：

借：预收账款——××客户　　　　　　　　　　　　　　　　1 755 000
　　贷：主营业务收入——C产品　　　　　　　　　　　　　　1 500 000
　　　　应交税费——应交增值税　　　　　　　　　　　　　　255 000

根据以上情况，编制主营业务收入审定表，如表3-19所示。

表3-19

主营业务收入审定表

客户：AB公司　　　　　编制人：李丽　　日期：2007/3/2　　索引号：S06-3
截止日：2006年12月31日　复核人：张磊　　日期：2007/3/2　　页次：1/1

索引号	项目	合计	其中：主要产（商）品或大类				
			A产品（售价1 100元）	B产品（售价1 500元）	C产品（售价2 500元）		
	1月	64 000 000	1 600T / 17 600 000	12 000T / 18 000 000	6 000T / 15 000 000		
	2月	48 000 000	12 000T / 1 320 000	10 000T / 15 000 000	5 000T / 12 500 000		
	3月	40 000 000	8 000T / 8 800 000	8 000T / 12 000 000	4 000T / 10 000 000		
	4月	36 000 000	7 000T / 7 700 000	8 000T / 12 000 000	4 200T / 10 500 000		
	5月	50 000 000	900T / 990 000	9 600T / 14 400 000	4 200T / 10 500 000		
	6月	46 000 000	8 000T / 8 800 000	8 400T / 12 600 000	3 800T / 9 500 000		

(续表)

索引号	项目	合计	其中：主要产(商)品或大类			
			A产品 （售价1 100元）	B产品 （售价1 500元）	C产品 （售价2 500元）	
	7月	45 000 000	8 000T / 8 800 000	8 400T / 12 600 000	3 800T / 9 500 000	
	8月	48 000 000	9 000T / 9 900 000	8 000T / 12 000 000	4 500T / 11 250 000	
	9月	44 000 000	8 000T / 8 800 000	90 000T / 13 500 000	4 600T / 11 500 000	
	10月	56 000 000	10 400T / 11 440 000	10 000T / 15 000 000	5 000T / 125 000 000	
	11月	58 000 000	12 400T / 13 640 000	11 000T / 16 500 000	5 200T / 15 000 000	
	12月	70 000 000	16 400T / 18 040 000	12 400T / 18 600 000	6 000T / 15 000 000	
	未审数合计	605 000 000	116 100T / 127 710 000	195 800T / 293 700 000	56 300T / 140 750 000	
	调整数	-4 200 000	-3 000T / -3 300 000	400T / 600 000	-600T / -1 500 000	
	审定数	600 800 000	113 100T / 124 410 000	196 200T / 294 300 000	55 700T / 139 250 000	

审计说明及调整分录：经审验，账表核对一致。有以下事项须作调整：

1. 审计外勤期间有1 500吨A产品因质量问题退货，根据对期后事项的处理规定，应冲回本期主营业务收入3 750 000元，调整分录为：

  借：应收账款——××企业   3 861 000
   贷：主营业务收入——A产品   3 300 000
    应交税费——应交增值税   561 000

2. 存货抽盘发现B产品已提取货物赊销数量400吨未确认收入，根据收入确认条件应确认本期收入600 000元，调整分录为：

  借：应收账款   702 000
   贷：主营业务收入——B产品   600 000
    应交税费——应交增值税   102 000

3. 存款抽盘发现C产品有发票已开货物未提600吨，不确认收入，应反映在预收账款，调整分录为：

  借：预收账款——××客户   1 755 000
   贷：主营业务收入——C产品   1 500 000
    应交税费——应交增值税   255 000

审计结论：调整后主营业务收入数额600 800 000元可以确认。

主营业务收入截止性测试,如表 3-20 所示。

表 3-20

主营业务收入截至性测试

客户：AB公司　　　　　编制人：李丽　　　　日期：2007/3/2　　　　索引号：S06-3
截止日：2006 年　　　　复核人：张磊　　　　日期：2007/3/2　　　　页次：

发票内容					发货单		入账情况		是否跨期	审计调整
编号	日期	品名	销售额	税金	号码	日期	日期	主营业务收入	应交税费	√（×）
截止日：　年　月　日										
审计说明及审计结论：										

第八节　营业税金及附加审计工作底稿的编制

营业税金及附加是指因为销售或对外提供劳务而应负担的除增值税以外的营业税、资源税、消费税和城市维护建设税、土地增值税及教育附加（不含其他业务收入应负担的税金及附加）。审计人员应当重点根据主营业务收入及数量来确认有关计税基数的数额，并根据各项有关计税基数确认营业税金及附加及其对会计报表的影响，并把审计过程和专业判断记录在审计工作底稿中。

一、营业税金及附加的审计程序

表 3-21 列示了营业税金及附加审计程序，审计人员可以根据具体情况、专业判断增加或减少相应的审计程序，并将常规审计程序的修改记录在审计程序表中。

表 3-21

营业税金及附加审计程序表

客户：		签名	日期	索引号	S01-1	执行人
项目：营业税金及附加	编制人			页次	1/1	
会计期间：	复核人			使用情况	索引号	
1. 获取或编制主营业务明细表，复核加计，与报表数、总账和明细账核对相符。						
2. 对本期营业税金发生额与上期发生额进行比较，解释其波动原因。						
3. 根据审定的当期应纳营业税的主营业务收入，按规定的税率，分项复核本期应纳营业税额。						
4. 根据审定的应税消费品销售额(或数量)，按规定的税率，分项复核本期应纳消费税额。						
5. 根据审定的应纳资源税课税数量，按规定税率，分项复核本期应纳资源税额。						
6. 检查城市维护建设税、教育费附加等项目的计算依据是否与本期应纳增值税、营业税、消费税合计数一致，并按适当的税率或费率复核营业税金及附加税金额，审查其会计处理是否正确。						
7. 与应交税费、其他应交款的有关明细项目的贷方发生额进行交叉稽核，并作出相应记录。						
8. 验明营业税金及附加的披露是否适当。						

二、营业税金及附加审定表

【**案例 3-7**】 AB 公司利润表"营业税金及附加"列示数额为 9 261 835 元，审计人员在审计过程中发现该公司"交通运输收入"属于其他业务收入，故与其他应交营业税及其相关的应交城市维护建设税和应交教育费附加税调整记入"其他业务成本"项目，调整分录为：

  借：其他业务成本   29 835
    贷：营业税金及附加   29 835

根据以上审计情况编制营业税金及附加审定表，如表 3-22 所示。

表 3-22

营业税金及附加审定表

客户：AB公司　　编制人：李丽　　日期：2007/3/2　　索引号：S07-2
截止日：2006年　　复核人：张磊　　日期：2007/3/2　　页次：1/1

索引号	类别	应税销售营业收入	适用税种	适用税率	应交税费	应交城市维护建设税		应交教育费附加		备注
						税率	金额	征收率	金额	
（略）	增值税	本期应交额400万元				7%	280 000	3.5%	140 000	
	交通运输	900 000.0	营业税	3%	27 000	7%	1 890	3.5%	945	
	销售开采矿石	×矿石4 000 吨	资源税	3元/吨	12 000		—		—	
	啤酒生产	本期销售数量40 000 吨	消费税	220元/吨	8 800 000					
	未审数合计				8 839 000		281 890		140 945	
（略）	调整数				−27 000		−1 890		−945	
	审定数				8 812 000		280 000		140 000	

审计说明及调整分录：经审验，表中数与明细分类账及总分类账相符。但"交通运输收入"属AB公司的其他业务收入，故相关营业税、应交城市维护建设税及教育费附加应调整记入"其他业务成本——税金及附加"项目，调整分录为：
　　借：其他业务成本——税金及附加　　　　　　　　　　　　　　29 835
　　　　贷：营业税金及附加　　　　　　　　　　　　　　　　　　　　　29 835

审计结论：调整后余额可以确认。

第九节　销售费用审计工作底稿的编制

　　销售费用是企业在产品销售过程中所发生的包括运输费、装卸费、保险费、展览费、广告费以及专设销售机构的职工工资、福利费、教育费附加、业务费等应计入期间损益的经常性期间费用。审计人员应当重点关注销售费用的确认及其对会计报表的影响，并把审计过程及其专业判断记录在审计工作底稿中。

一、销售费用审计程序

　　安排销售费用审计程序时，审计人员可以根据具体情况增加或减少相应的审计程序，并把对常规审计程序的修改记录在审计程序表中。销售费用审计程序表，如表3-23所示。

表 3-23

销售费用审计程序表

客户：		签名	日期	索引号	S08-1	
项目：销售费用	编制人			页　次	1/1	执行人
会计期间：	复核人					
1. 取得或编制销售费用明细表，复核加计，与报表数、总账和明细账核对相符。 2. 将本期、上期销售费用各明细表项目进行比较分析，必要时，比较本期各月份营业费用，如有重大波动和异常情况应查明原因，进行适当处理。 3. 检查各项目开支内容是否与被审计单位的产品销售或独立销售机构的费用有关，是否合法、合理，计算是否正确。 4. 择要抽查（　）张销售费用记账凭证，检查其原始凭证是否合法，会计处理是否正确。 5. 抽取资产负债表日前后（　）天的（　）张凭证，实施截止性测试，对于重大跨期项目，应做必要调整。 6. 检查销售佣金和业务招待费等支出是否符合规定及审批手续，有没有取得有效的原始凭证。 7. 核对有关费用的支出与累计折旧、应付职工薪酬等项目的勾稽关系，做交叉索引。 8. 检查广告费用的支出是否合理，如超过规定限额，应进行说明并在计算应纳税所得额时调整。 9. 验明销售费用的披露是否恰当。						

二、销售费用审定表

【案例 3-8】 AB 公司利润表"销售费用"项目列示数额 1 958 000 元，经审验明细账与总分类账与未审数相符，但存在以下事项：

1. 广告项目支出 300 000 元，按规定广告必须通过工商部门批准的专门机构制作，已实际支付费用，并取得相应发票，通过一定媒体传播。但经审计，3 月 15 日银 14# 会计凭证支付广告费 80 000 元，其发票属非专用发票且被审计单位亦未能提供媒体传播形式及日期，无法予以确认，应提出保留意见。

2. 委托代理手续经审验取得双方签订协议，按代销额 5%，计付××单位本年度代销产品 320 万元，应付 16 万元，实际支付 18 万元，其中 2 万元系上年应付未付部分，应做调整分录为：

借：以前年度损益调整　　　　　　　　　　　　　　　　　　　　　20 000
　　贷：销售费用　　　　　　　　　　　　　　　　　　　　　　　　　　　20 000

根据以上审计情况编制销售费用审定表，如表3-24所示。

表3-24

销售费用审定表

客户：AB公司　　　编制人：李丽　　　日期：2007/3/2　　　索引号：S08-2
截止日：2006年　　复核人：张磊　　　日期：2007/3/2　　　页次：1/1

索引号	项目	总账金额	明细账金额 合计		备注
（略）	本期发生未审数	1 958 000	1 958 000		
	本期转出数				
	调整数	100 000	100 000		
	审定数	1 858 000	1 858 000		

查证情况

	明细项目	未审数	调整数	审定数	备注
（略）	运输费	700 000		700 000	
	装卸费	56 000		56 000	
	包装费	100 000		100 000	
	保险费				
	展览费	200 000		200 000	
	广告费	300 000	－80 000	220 000	
	委托代销手续费	180 000	－20 000	160 000	
	销售服务费				
	专设销售机构的职工工资	300 000		300 000	
	福利费	42 000		42 000	
	业务费	80 000		80 000	
	合计	1 958 000	－100 000	1 858 000	

审计说明及调整分录：经审验明细分类账、总分类账与未审数相符，但有以下事项需做调整或说明：
1. 广告费中80 000元（3月15日银字14#）发票属非专用发票，且被审计单位未提供媒体传播形式及日期，无法予以确认。
2. 委托代销手续费中20 000元系支付上年未付部分，应予调整：
　　借：以前年度损益调整　　　　　　　　　　　　　　　　　　　　　20 000
　　　　贷：销售费用　　　　　　　　　　　　　　　　　　　　　　　　　20 000

审计结论：经调整后余额可以确认。

第十节 其他业务利润审计工作底稿的编制

其他业务利润是企业其他业务收入减除其他业务支出的净额,反映除主营业务外的其他业务的经营结果。其他业务收入核算是指除主营业务收入以外的其他销售或其他业务所发生的收入,如材料销售、代购代销、技术转让、固定资产出租、土地使用权转让、包装物出租、运输劳务收入。其他业务支出核算是指除主营业务成本以外的其他销售或其他业务所发生的支出,包括销售材料、提供劳务等而发生的相关成本、费用,以及相关税金及附加等。审计人员应当重点关注数额较大的其他业务收入、成本的确认及其对会计报表的影响,并把审计过程及其专业判断记录在审计工作底稿中。

一、其他业务利润审计程序

安排其他业务利润审计程序,审计人员可以根据具体情况增加或减少相应的审计程序,并把对常规审计程序的修改记录在审计程序表中。其他业务利润审计程序表,如表3-25 所示。

表 3-25

其他业务利润审计程序表

客户:		签名	日期	索引号	S9-1	
项目:其他业务利润	编制人			页 次	1/1	执行人
会计期间:	复核人			是否适用	索引号	
1. 获取或编制其他业务收支明细表: 1.1 复核加计,与报表数、总账和明细账核对相符; 1.2 注意其他业务收入是否有相应的业务支出数; 1.3 检查是否存在转让技术所有权的收益,必要时调整应纳税所得额。 2. 与上期其他业务利润比较,如有重大波动,了解波动原因,分析其合理性。 3. 检查其他业务收入内容是否真实、合法,符合相关会计制度规定,抽查原始凭证。 4. 检查其他业务支出,包括相关的成本、税金、费用,检查内容是否真实,计算是否正确,配比是否恰当,必要时,抽查原始凭证。 5. 对异常的其他业务收支项目,应追查入账依据及有关法律性文件是否充分。 6. 抽查资产负债表日前后( )天的( )张记账凭证,实施截止性测试,追踪到发票、收据,确定其截止期划分是否恰当,对于重大跨期项目做必要的调整。 7. 验明其他业务利润的披露是否恰当。						

二、其他业务利润审定表

【案例 3-9】 AB 公司利润表"其他业务利润"项目列示数额为 6 055 215 元,审计人员在审计中发现有以下事项需要调整:

1. 运输业务收入 1 000 000 元,属于营业计税项目,应纳营业税 30 000 元(1 000 000×3％),应计城市维护建设税 2 100 元,应计教育费附加 1 050 元,总计税金及附加 33 150 元,误记入"营业税金及附加"项目,应做如下调整:

　　借:其他业务成本——税金及附加　　　　　　　　　　　　　　33 150
　　　　贷:营业税金及附加　　　　　　　　　　　　　　　　　　　33 150

2. 固定资产出租收入 300 000 元,企业将该资产应计提折旧 160 000 元,记入"管理费用——折旧费"项目,应做如下调整:

　　借:其他业务成本——固定资产出租　　　　　　　　　　　　　160 000
　　　　贷:管理费用——折旧费　　　　　　　　　　　　　　　　　160 000

3. 转让土地使用权收入 1 600 万元,根据土地增值税暂行条例有关规定,漏计应交土地增值税 300 万元,应做如下调整:

　　借:其他业务成本——无形资产转让(税金及附加)　　　　　　3 000 000
　　　　贷:应交税费——土地增值税　　　　　　　　　　　　　　3 000 000

根据以上情况审计编制其他业务利润审定表,如表 3-26 所示。

表 3-26

其他业务利润审定表

客户:AB公司　　　编制人:李丽　　　日期:2007/3/2　　　索引号:S9-2
截止日:2006 年　　复核人:张磊　　　日期:2007/3/2　　　页次:1/1

索引号	项目	其他业务收入	其他业务支出		其他业务利润		
			成本费用	税金及附加	未审数	调整数	审定数
(略)	材料物质销售	2 400 000	1 600 000	450 840	349 160		349 160
	外购商品销售						
(略)	运输业务	1 000 000	700 000		300 000	−33 150	266 850
	包装物出租(售)	300 000		9 945	290 055	−160 000	130 055
(略)	无形资产转让	16 000 000	10 000 000	884 000	5 116 000	−3 000 000	2 116 000
	非工业性劳务收入						

(续表)

索引号	项目	其他业务收入	其他业务支出		其他业务利润		
			成本费用	税金及附加	未审数	调整数	审定数
	废旧物资收入						
	受托代销手续费						
	合　计	19 700 000	12 300 000	1 344 785	6 055 215	－3 193 150	2 862 065

审计说明及调整分录：经审验明细分类账、总分类账与未审数相符，但有以下事项需做调整或说明：
1. 运输业务收入应计入税金及附加误计入营业税金及附加，调整分录为：
　　借：其他业务成本——税金及附加　　　　　　　　　　　　33 150
　　　贷：营业税金及附加　　　　　　　　　　　　　　　　　　　33 150
2. 固定资产出租收入对应固定资产折旧误计入管理费用，调整分录为：
　　借：其他业务成本——固定资产出租　　　　　　　　　　160 000
　　　贷：管理费用——折旧费　　　　　　　　　　　　　　　　160 000
3. 转让土地使用权漏计土地增值税 300 万元，调整分录为：
　　借：其他业务成本——无形资产转让（税金及附加）　　3 000 000
　　　贷：应交税费——应交土地增值税　　　　　　　　　　3 000 000

审计结论：经调整后余额可以确认。

一、复习思考题

1. 其他业务利润审计工作底稿的编制有哪些要求？
2. 主营业务收入审计工作底稿的编制有哪些要求？
3. 应收账款审计工作底稿的编制有哪些要求？
4. 为什么要对应收债权实施函证？询证函的格式是怎样的？
5. 销售费用审计表的填制有哪些要求？

二、案例分析

C 公司利润表销售费用项目列示数额 1 958 000 元，经审验明细账、总分类账与未审数相符，但存在以下事项：

1. 广告项目支出 600 000 元，按规定广告必须通过工商部门批准的专门机构制作，已实际支付费用，并取得相应发票，通过一定媒体传播。但经审计，3 月 15 日银 14＃会计凭证支付广告费 160 000 元，其发票属非专用发票且被审计单位亦未能提供媒体传播形式及日期，无法予以确认，应提出保留意见。

2. 委托代理手续经审验取得双方签订协议，按代销额 5%，计付××单位本年度代销

产品 620 万元,应付 32 万元,实际支付 36 万元,其中 4 万元系上年应付未付部分,应做如下调整:

  借:以前年度损益调整   40 000
   贷:销售费用   40 000

根据以上审计情况编制销售费用审定表,如下表所示。

销售费用审定表

客户:　　公司　　　　　编制人:　　　　　　日期:　　　　　　索引号:
截止日:　　年　　　　　复核人:　　　　　　日期:　　　　　　页次:1/1

索引号	项目	总账金额	明细账金额		备注
			合计		
(略)	本期发生未审数				
	本期转出数				
	调整数				
	审定数				

查证情况

	明细项目	未审数	调整数	审定数	备注
(略)	运输费				
	装卸费				
	包装费				
	保险费				
	展览费				
	广告费				
	委托代销手续费				
	销售服务费				
	专设销售机构的职工工资				
	福利费				
	业务费				
	合计				

审计说明及调整分录:经审验明细分类账、总分类账与未审数相符。但有以下事项需做调整或说明:

审计结论:经调整后余额可以确认。

第四章 购货与付款循环审计工作底稿的编制

购货与付款循环所涉及的会计报表项目主要是资产负债表项目,按会计报表中列示顺序通常应为预付账款、固定资产、累计折旧、固定资产减值准备、在建工程、工程物资、固定资产清理、无形资产、开发支出、商誉、长期待摊费用、应付票据、应付账款和长期应付款等。

第一节 购货与付款循环控制测试工作底稿的编制

一、购货与付款循环控制测试的程序

安排购货与付款循环控制测试的程序时,审计人员可以根据具体情况增加或减少相应的程序,并把对常规审计程序的修改记录在审计程序表中。购货与付款循环控制测试的程序表,如表4-1所示。

表4-1

购货与付款循环控制测试程序表

客户:		签名	日期	索引号	B00-1	
项目:购货与付款循环控制测试	编制人			页 次	1/1	执行人
会计期间:	复核人			执行情况	索引号	
1. 选择( )份购货合同,作如下检查: 1.1 核对货物名称、规格、型号、请购量是否与请购单一致; 1.2 检查购货合同是否已经授权批准采购量、采购限价; 1.3 核对相应的运货单副本,检查购货发票日期与货运日期是否一致; 1.4 复核购货发票中所列商品的单价,合计金额计算是否正确。 2. 审核与所抽取购货合同有关的购货发票、验证报告、入库单、付款结算凭证、记账凭证,并追查至相关的明细账与总账。 3. 对固定资产和在建工程内部控制制度作如下测试:						

(续表)

3.1 抽查新增固定资产和在建工程项目有无预算,是否经过授权批准;			
3.2 抽查在建工程项目的完工程度和是否达到预定可使用状态,已完工在建工程转入的固定资产是否办妥竣工验收和移交使用手续;			
3.3 抽查固定资产的折旧方法和折旧率是否符合规定,前后各期是否一致;			
3.4 抽查固定资产的损毁、报废、清理是否经过技术鉴定和授权批准;			
3.5 抽查固定资产定期盘点制度是否得到执行。			
4. 选择( )份付款凭证,作如下检查:			
4.1 检查是否实行费用预算控制,是否明确款项支付期限;			
4.2 编制付款凭证时,是否与订购合同、预(决)算计划、验收单和发票相核对;			
4.3 检查支付货款的付款凭证和银行存款日记账、有关明细账及总分类账的记录是否正确;			
4.4 核对计入有关明细账的原始凭证,如订货单、验收单、购货发票的正确性,及其金额是否与相关明细账一致,有关凭证是否经过授权批准;			
4.5 款项支付凭证是否及时入账,货款支出与记账的职责是否分离。			
5. 购货与付款循环内部控制评估。			

二、购货与付款循环调查问卷

审计人员编制购货与付款循环调查问卷的目的是为了验证被审计单位内部控制制度中采购管理和付款管理的相关规定设计的有效性。审计人员围绕以下问题进行询问,以对购货与付款循环进行初步评价:

（1）采购货物是否均需适当授权批准。

（2）采购货物的付款支出是否正确、及时地记入有关账户。

（3）固定资产是否采用了适当使用年限和方法计算折旧。

（4）固定资产的损毁、报废、清理业务是否经授权批准并正确、及时地记入有关账户。

审计人员通过询问相关人员,初步评价被审计单位购货与付款循环的内部控制,以决定控制测试的性质、时间和范围。如果通过询问了解到被审计单位的内部控制不存在或不值得信赖,审计人员可考虑直接进行实质性测试;如果通过询问了解到被审计单位的内部控制值得信赖,审计人员可考虑直接进行控制测试,以减少实质性测试的工作量。购货与付款循环调查问卷,如表4-2所示。

表 4-2

购货与付款循环调查问卷

客户：　　　　　　　编制人：　　　　　　日期：　　　　　　索引号：B00-2
截止日：　　　　　　复核人：　　　　　　日期：　　　　　　页次：

调　查　问　题	答　案		
	是	弱 否	不适用
1. 请购业务： 1.1 请购业务是否由相应业务部门提出，并经业务部门主管批准； 1.2 是否设定请购业务核准权限； 1.3 请购业务批准是否存在越权行为。 2. 采购业务： 2.1 购货部门是否核对请购单的授权限额批准情况； 2.2 是否存在比质比价采购管理制度； 2.3 大宗材料、重大金额采购是否采用招标方式； 2.4 主要物资、原材料、大宗材料和固定资产的采购是否有订货合同并经授权批准； 2.5 大额购货合同的订购是否有内部审计部门参与； 2.6 重大购货条款是否征求律师意见； 2.7 采购订单是否预先连续编号； 2.8 主要物资的采购是否选择两个以上的供货单位； 2.9 是否按照合同规定及时承付货款； 2.10 是否建立供应商考评档案； 2.11 供应商考评档案是否及时更新。 3. 验收业务： 3.1 验收部门是否独立于采购、发运、会计和仓储部门控制职能之外； 3.2 是否具有货物验收质量标准； 3.3 所有货物是否全部经质量控制检查； 3.4 存货入库是否根据订货合同、购货发票办理验收入库手续； 3.5 未被验收的货物是否另设隔离区或明显地表明"未经验收货物"字样； 3.6 特殊的无须验收的购货是否经过授权批准； 3.7 验收单或入库单是否已预先连续编号； 3.8 验收人员是否亲临现场验收或取样； 3.9 发生存货拒收时，是否将拒收货物分隔储藏，并设立明显标记； 3.10 是否建立存货短缺、毁损的处罚或追索制度； 3.11 有无定期的各类资产减值评价报告制度。 4. 会计核算： 4.1 是否根据与订货合同、入库单、质检单核对无误后的进货发票付款或转账； 4.2 应付账款明细账与总账是否按月核对相符；			

(续表)

调 查 问 题	答 案			
	是	弱	否	不适用
4.3 应付账款是否定期与客户对账;				
4.4 货款的支付凭证是否及时入账;				
4.5 进货费用的列支是否符合制度规定。				
5. 固定资产及在建工程管理:				
5.1 各类固定资产的分管部门有无每项资产的档案和实物台账;				
5.2 公司是否能及时详细地掌握所有固定资产或在建工程闲置、毁损、丢失或出租、租入的情况;				
5.3 在建工程有无专门的核算和管理,是否在财务部门管辖范围之内;				
5.4 在建工程结转固定资产的具体条件是否符合公司实际情况;				
5.5 有无长期未转固定资产的建工程;				
5.6 利息资本化的金额是否在固定资产的构成中占有较大比重(10%以上);				
5.7 公司的审计部门有无专门的基建或设备购置审计人员和日常审计安排;				
6. 其他:				
6.1 存货和固定资产的授权、采购、验收、使用、付款与记账等职责是否分离;				
6.2 内部审计人员是否定期审查存货采购有关内容。				

三、购货与付款循环符合性测试表

编制购货与付款循环符合性测试表的目的,是为了验证被审计单位内部控制制度中采购管理和付款管理的相关规定执行的合规性。审计人员应根据被审计单位采购形式(如现款购货、供方代发货或托收承付、赊购等)以及内部控制制度规定的授权、凭证传递等环节进行测试复核。

采购与付款循环符合性测试表分为采购管理与付款管理两部分进行测试。

1. 采购管理的测试

采购管理测试的工作底稿,如表 4-3 所示。

(1) 采购的方法可以有两种:一种是抽样测试会计凭证;另一种是抽样测试仓库入库记录。

(2) "会计凭证"栏登记时应按会计凭证的填制日期、编号、对应货物的"贷方会计科目"所附入库凭证单号、入库物资品名、规格、入库数量、入库日期、单价、金额填制。

登记入库品种、规格、数量、金额应与售货方开具的销售单内容核对一致,对扣除路途损耗数量后办理入库的,应检验扣除数量是否符合有关规定,有无内部控制制度授权批准人员的批准。

第四章 购货与付款循环审计工作底稿的编制

表 4-3

采购与付款循环符合性测试——采购管理

被审计单位名称：AB公司　　编制人：李丽　　日期：2007/2/3　　索引号：B00-3
会计期间：2006年　　复核人：张磊　　日期：2007/2/3　　页次：1/1

凭证日期	凭证编号	贷方会计科目	入库物资编号	品名	规格	数量	入库单日期	单价	金额	单价	规格	数量	订购合同或订购清单 单价	交货日期	批准人	仓库 日期	检验人	质量数量检测验货	批准付款人	价格变动批准人
12/10	23	银行存款	11#	轴承	3.4E	240套	12/2	73.04	17 529.60	3.4E	240套	73.04	11/11	张兴	12/2	王杰	张凡 √		
12/10	23	银行存款	11#	轴承	631EE	70套	12/2	238.46	16 692.20	631EE	70套	238.46	11/11	张兴	12/2	王杰	张凡 √		
12/21	155	银行存款	24#	电板	16千克	12台	12/11	477.78	5 733.36	16千克	12台	477.78	12/10	张兴	12/11	王杰	张凡 √	李方	
12/21	155	银行存款	24#	电焊条	7422452	800千克	12/11	3.93	3 144.00	7422452	800千克	3.93	12/10	张兴	12/11	王杰	张凡 √		
12/21	155	银行存款	24#	机夹刀片	YT14AE	1 728片	12/7	9.00	15 552.00	YT14AE	1 728片	9.00	12/5	张兴	12/11	王杰	张凡		
12/10	68	应付账款	17#	车床	YB-40N	2台	12/7	1 153.84	2 307.68	YB-40N	2台	1 153.84	12/7	张兴	12/11	王杰	张凡		
12/10	68	应付账款	17#	车床	YB-20N	2台	12/7	940.17	1 880.34	YB-40N	2台	940.17	12/7	张兴	12/11	王杰	张凡		
12/10	68	应付账款	17#	车床	YB-20N	2台	12/7	940.17	1 880.34	YB-40N	2台	940.17	12/7	张兴	12/11	王杰	张凡		
12/10	68	应付账款	17#	车床	YB-20N	2台	12/7	940.17	1 880.34	YB-40N	2台	940.17	12/7	张兴	12/11	王杰	张凡		
⋯																			

随机抽取1～12月份开出以购货合同60份与订货单、供应商发票、验收报告、入库单、付款凭证、记账凭证相符率为96%，抽取已购货业务共计金额为1 886 395.76元，约占全年购货总额的56%。
审计结论：采购管理内部控制制度信赖水平中等，可考虑适当减少实质性测试。

表 4-4

采购与付款循环符合性测试之二——付款管理

被审计单位名称：AB公司　　编制人：李丽　　日期：2007/2/3　　索引号：B00-4
会计期间：2006 年　　复核人：张磊　　日期：2007/2/3　　页次：1/1

序号	日期	凭证号	经济事项	借方科目	凭证金额	附件名称	附件日期	审核人	填制人	经办人	实物验收人	批准人	付出支票日期	付出支票金额	备注
...															随机抽取1～12月份发生的业务60笔，测试相符率为100%。
1	8/1	银字24#	支付水电费	管理费用	35 010.58	银行付款凭证	8/1	李明	杨东	李华		张杰	8/1	35 010.58	
2	8/3	银字29#	购货	原材料	60 365.12	卖方发票	8/1	李明	纪东	向东	华南	张杰	8/3	60 365.12	
3	8/24	银字10#	支付修理费	其他业务成本	4 743.40	收款凭证	8/24	李明	张华	程前		张杰		4 743.40	
4	8/27	银字30#	购货	原材料	101 356.48	卖方发票	8/24	李明	纪东	向东	华南	张杰	8/27	101 356.48	
5	8/29	银字33#	支付利息	财务费用	20 579.00	银行支付凭证	8/28	李明	杨东	李华		张杰	8/28	20 579.00	
6	8/31	银字40#	购货	固定资产	141 780.00	银行支付凭证	8/31	李明	张民	李华	江丰	张杰	8/31	141 780.00	
...															

审计结论：付款循环内部控制制度信赖度较高，可考虑适当减少实质性测试。

（3）"订购合同或订购清单"栏应对应采购物资所签订的订货合同和订货清单的内容填制。批准人系批准签订合同和订购清单、计划的批准人。

（4）"仓库"栏应对应"会计凭证"栏中凭证所附入库的内容登记该物资收货记录及日期、负责质量检验和数量检验人员。

（5）"授权"栏应分别登记批准付款人员姓名以及实物价格与订货、合同价格变动批准人姓名。

（6）审计人员在登记上述有关内容以后应根据被审计单位采购循环确认以下事项：① 物资采购在企业内部是否已按照原采购计划或订货清单执行，当采购物资品种、地点发生变动是否按照规定的授权经过批准。② 仓库保管人员是否按照程序进行质量的检验和数量的查验，入库单是否均已如实签名或签章。③ 财务部门付款是否对销售单位开具的有关交易凭据与入库单的金额进行了审核。④ 对尚未付款（赊购、分期付款）的物资是否按内部控制制度中物资管理规定办理了入库手续。

（7）审计人员抽取样本的数量，应根据被审计单位内部控制制度的可信赖程度由项目经理确定，在审计程序执行中，如认为必要时可追加审验样本数量。

2. 付款管理的测试

付款管理的测试工作底稿，如表4-4所示。

（1）付款管理的测试范围应以被审计单位"银行存款"项目为主，审计人员根据被审计单位内部控制制度的可信赖程度确定其样本量。

（2）"会计凭证"栏登记被审计单位抽取付款会计凭证日期、凭证号、经济事项、借方科目、金额、填制人、审核人等内容。经济事项应详细登记付款事项性质、付款依据等。

（3）"附件"栏登记会计凭证所附附件的相关内容、收集单位开具票据日期、名称、经办人、实物验收人和批准人。

（4）"付出支票日期"栏、"付出支票金额"栏登记所开出的支票（或汇款等）的日期并验证其金额是否与所附票据数额相符。

（5）审计人员应根据上述填制的内容验证被审计单位在付款循环中（包括采购管理）是否如实入账，付款的控制和授权是否符合内部控制制度的相关规定。

（6）"审计结论"栏登记审计人员对逐项样本内部控制制度的审查的评价。

（7）在对付款循环的测试过程中，应关注被审计单位涉及付款的经济事项中是否存在不属于生产经营范围的支出事项。如发现有与生产经营无关的付款事项，结合会计报表项目审验，考虑以适当方式与管理当局沟通并考虑是否需要信息披露。

第二节 预付账款审计工作底稿的编制

预付账款核算企业按照购货合同规定预付给供应单位的款项。审计人员应当重点关注预付账款中是否隐藏着不属于正常交易的行为及其对会计报表的影响,并把审计过程和专业判断记录在审计工作底稿中。

一、预付账款审计程序

安排预付账款审计程序时,审计人员可以根据具体情况、专业判断增加或减少相应的审计程序,修改记录在审计程序表中。预付账款审计程序表,如表 4-5 所示。

表 4-5

预付账款审计程序表

客户:		签 名	日 期	索引号	B01-1
项目:预付账款		编制人		页 次	1/1
截止日:		复核人		执行情况	索引号
1. 获取或编制预付账款明细表,复核加计正确,并与报表数、总账数和明细账数核对相符。					
2. 对预付账款进行分析性复核:					
2.1 对期末预付账款余额与上期期末余额进行比较,解释其波动原因;					
2.2 对大额异常项目进行调查。					
3. 选择预付账款重要项目(包括零账户),函证其余额是否正确。					
4. 根据回函情况,编制与分析函证结果汇总表。对未回函的,决定是否再函证。					
5. 对未回函的预付账款,采用替代程序,确定其是否真实:					
5.1 检查该笔债权的相关凭证资料,核实交易事项的真实性;					
5.2 抽查资产负债表日后预付账款。					
6. 注意结合应付账款明细账查核有无重复付款或将同一笔已付清的账款在"应付账款"和"预付账款"中同时挂账的情况。					
7. 检查预付账款是否存在贷方余额,如有,应查明原因,必要时作重分类调整。					
8. 检查预付账款长期挂账的原因,并关注是否存在将实际为"其他应收款"或"应收账款"款项计入预付账款以减少计提坏账准备的情形。					
9. 对于用非记账本位币结算的预付账款,检查其采用的折算汇率是否正确。					

(续表)

10. 检查预付关联款项的合法性和真实性：		
10.1 了解交易事项的目的、价格和条件；		
10.2 检查采购合同等有关文件；		
10.3 向关联方或其他注册会计师询问，以确认交易的真实性；		
10.4 注明预付关联方(包括持股5%含5%以上表决权股份股东)的款项中合并报表时应予抵销的数字；		
10.5 必要时，向公司管理当局索要关联交易的声明书。		
11. 验明预付账款的披露是否恰当。		

二、预付账款审计工作底稿

【案例 4-1】 AB 公司资产负债表"预付账款"数额为 44 670 000 元，由于金额较大，引起审计人员关注。在审计过程中，审计人员对被审计单位协助填制的账龄分析进行审验，并对大额和异常的预付账款发出函证 3 份，收到回函 3 份。

对 AB 公司账面预付给 I 公司 1 080 000 元虽然收到回函确认，但由于 I 公司是 AB 公司的出资方，审计人员又检查了 AB 公司和 I 公司之间的其他往来款项及其采购合同等，没有发现异常；预付 E 公司 1 400 000 元属于预付承包工程价款，不应计入预付账款，建议调整分录为：

  借：在建工程——工程预付款   1 400 000
    贷：预付账款——E 公司   1 400 000

由于 J 公司已进入破产清算，AB 公司已无望再收回所购货物，预付给 J 公司的 900 000 元应转入其他应收款，调整分录为：

  借：其他应收款   900 000
    贷：预付账款   900 000

同时，

  借：资产减值损失   450 000
    贷：坏账准备   450 000

（AB 公司对 3 年以上的应收账款按 50% 计提坏账准备）

据此，审计人员编制预付账款审定表，如表 4-6 表所示。

表 4-6

预付账款审定表

客户：AB公司　　　　　　　编制人：李丽　　　　　　　索引号：S01-2
会计期间：2006年12月31日　　复核人：张磊　　　　　　　日期：2007/2/3
　　　　　　　　　　　　　　　　　　　　　　　　　　　日期：2007/2/3　页次：1/1

序号	户名	主要内容	未审计数	1年内	1~2年	2~3年	3年以上	函证	其他程序	调整数	审定数	原因
	一、关联方											
	I公司	货款	1 080 000	√				1 080 000			1 080 000	
	小计		1 080 000					1 080 000			1 080 000	
	二、非关联方											
	A公司	货款	200 000	√					200 000		200 000	
	D公司	同上	560 000		√				560 000		560 000	
	E公司	工程预付款	1 400 000	√						1 400 000	0	
	F公司	货款	1 600 000	√				1 600 000			1 600 000	
	G公司	同上	2 400 000	√				2 400 000			2 400 000	
	H公司	同上	1 200 000		√				1 200 000		1 200 000	
	J公司	同上	900 000				√			900 000	0	J公司已经进入破产清算
	小计		8 260 000								5 960 000	
	合计		9 340 000	3 760 000	3 600 000	1 080 000	900 000	5 080 000	1 960 000	2 300 000	7 040 000	

审计说明：审计人员对被审计单位协助填制的账龄分析进行审验，并对大额和异常的预付账款发出函证3份，收到回函3份。

预付E公司700 000元属于预付承包工程价款，不应计入预付账款，建议调整分录为：

　　借：在建工程——K公司　　　　1 400 000
　　　　贷：预付账款　　　　　　　　　　　1 400 000

预付给J公司的450 000元由于J公司已进入破产清算，AB公司已无望再收回所购货物，建议转入其他应收款，调整分录为：

　　借：其他应收款　　　　　　　900 000
　　　　贷：预付账款　　　　　　　　　　　900 000
同时：借：资产减值损失　　　　　450 000
　　　　贷：坏账准备　　　　　　　　　　　450 000

审计结论：经调整，7 040 000元可以确认。

第三节 固定资产与累计折旧审计工作底稿的编制

固定资产是指使用期限在1年以上、单位价值在规定标准以上,并在使用过程中保持原有物质形态的资产,如房屋及建筑物、机器设备、工具、器具等。它们属于企业为开展生产经营活动而购建的重要生产资料,具有使用期限较长(超过1年或长于1年的一个营业周期)、单位价值较大、在全部资产中所占比重大等特征。另外,由于固定资产连续参与生产经营活动,在未报废前,仍然保持原有物质形态,只是其服务能力和价值会随之降低和减少,所以计提固定资产折旧是为了补偿生产经营而耗费的固定资产。审计人员应当重点关注两方面内容:一是固定资产入账价值的确认;二是对固定资产在使用过程中发生的损耗值即折旧额的确认("累计折旧"科目是"固定资产"科目的备抵科目,反映固定资产的损耗程度),两者相减,即可反映固定资产的实有价值即账面净值。

一、固定资产及累计折旧审计程序

安排固定资产及累计折旧审计程序时,审计人员可以根据具体情况专业判断增加或减少相应的审计程序,并把对常规审计程序的修正记录在审计程序表中。固定资产及累计折旧审计程序表,如表4-7所示。

表 4-7

固定资产及累计折旧审计程序表

客户:		签 名	日 期	索引号	B02-1
项目:固定资产及累计折旧	编制人			页 次	1/3
截止日:	复核人			执行情况	索引号
1. 获取或编制固定资产及累计折旧分类汇总表,检查固定资产分类是否正确,复核加计,并与报表数、总账和明细账核对相符。 2. 实地抽查新增固定资产(如为初次审计,应做全面盘点)确定其是否存在。 3. 检查房屋产权证、车辆运营证、船舶船籍证明等所有权证明文件,确定固定资产是否归被审计单位所有。 4. 检查本期固定资产的增加数。 4.1 外购固定资产的检查是通过核对购货合同、发票、保险单、运货单等文件抽查测试其计价是否正确,授权批准手续是否齐备,会计处理是否正确,关注外商投资企业采购的国产设备所收到税务机关退还的增值税款的账务处理是否正确。					

(续表)

4.2 在建工程转入固定资产的检查是检查竣工决算、验收和移交报告是否正确，与在建工程的相关记录是否核对相符，借款费用资本化金额是否恰当；对已经达到预定可使用状态，但尚未办理竣工决算的固定资产，检查其是否已经暂估转入固定资产，并按规定计提折旧，竣工决算完成后，是否及时调整。 4.3 投资者投入固定资产的检查是检查其入账价值是否与投资合同中规定的一致，需经评估确认的，应检查是否有资产评估报告并经财政部门核准，固定资产交接手续是否齐全。 4.4 更新改造增加固定资产的检查是查明通过更新改造而增加的固定资产是否确实提高了固定资产的效用或延长了使用寿命，增加的固定资产原值是否真实，重新确定的剩余折旧年限是否恰当。 4.5 通过债务重组、非货币性交易增加的固定资产，应检查产权过户手续是否完备，固定资产的入账是否正确。 4.6 融资租入固定资产的会计处理是否正确，入账价值是否准确。 4.7 其他增加固定资产的检查是检查其他增加固定资产原始凭证，核对其计价及会计处理是否正确，法律手续是否齐全。 5. 检查本期固定资产的减少数： 5.1 结合"固定资产清理"和"待处理财产损溢"科目，抽查固定资产账面转销额是否正确； 5.2 检查其盘亏、毁损、报废或出售固定资产是否经授权批准； 5.3 检查投资转出固定资产的会计处理是否正确； 5.4 检查债务重组、非货币性交易转出的固定资产的账务处理是否正确； 5.5 检查其他减少固定资产的会计处理是否正确。 6. 获取经营性租出和融资租入固定资产的相关证明文件，并结合租金收入、融资租入固定资产分期付款，检查相关科目的会计处理是否正确。 7. 对于因资产评估调整固定资产账面价值的，取得有关资产评估报告和财政部门的核准文件，检查其会计处理是否正确。 8. 查询固定资产保险情况，复核保险范围是否足够。 9. 检查与关联方之间的固定资产购售活动是否经适当授权，是否未按正常交易价格进行交易。 10. 结合银行借款等的检查，了解固定资产是否存在抵押、担保情况。如有，则应取证并记录，提请被审计单位作必要披露。		

（续表）

11. 检查固定资产购置时是否存在与资本性支出有关的财务承诺。 12. 检查折旧的计提和分配。 12.1 了解被审计单位的折旧政策是否符合财务制度的规定，如采用加速折旧法，应取得批准文件；如无，应提请被审计单位改正或调整应纳税所得额。 12.2 检查被审计单位折旧政策是否前后一致；如果不一致，是否经过适当的会计政策变更程序，变更政策的依据是否充分。 12.3 计算复核本期折旧费用的计提是否正确，需要计提折旧的固定资产范围是否恰当。 12.4 检查折旧费用的分配是否合理、正确，与相应的成本费用科目中的折旧费核对是否一致，并与上期分配方法一致。 12.5 检查固定资产增减变动时，有关折旧的会计处理是否符合规定。 12.6 查明通过更新改造增加的固定资产是否重新计算折旧费用。 13. 对于因固定资产评估调整累计折旧的，取得有关资产评估报告和财政部门的核准文件，检查其会计处理是否正确。 14. 验明固定资产及其累计折旧的披露是否恰当。		

二、固定资产及其累计折旧审计工作底稿

【案例 4-2】 有关 AB 公司 2006 年 12 月 31 日资产负债表及固定资产账上反映的固定资产情况，如表 4-8 所示。

2006 年，AB 公司固定资产增减变化情况为：

1. 本年增加固定资产

（1）5 月 10 日，从"在建工程"转入非生产用房屋（甲产品生产线厂房）7 500 000 元，机械设备（甲产品生产线）12 200 000 元。

（2）9 月 8 日，直接购入并投入使用的运输设备 800 000 元。

（3）12 月 10 日，从"在建工程"转入非生产用房价值 5 200 000 元。

2. 本年固定资产减少情况

（1）3 月 5 日，转"待处理财产损失"1 900 000 元。其中：房屋及建筑物——蒸汽车间厂房：原值 4 000 000 元，净值 900 000 元；生产（专）用设备：原值 3 600 000 元，净值 1 000 000 元。

（2）8 月 1 日，向外出售生产（专）用机械设备，原值 1 800 000 元，净值 500 000 元。

（3）12 月 1 日，向外出售运输设备（汽车），原值 900 000 元，净值 180 000 元。

表 4-8

AB 公司 2006 年 12 月 31 日固定资产情况表

单位：元

固定资产类别	固定资产原价 年初余额	固定资产原价 年末余额	累计折旧 年初余额	累计折旧 年末余额	净值 年初余额	净值 年末余额
房屋及建筑物						
其中：1. 生产用	24 166 800.00	27 666 800.00	11 770 020.80	9 478 926.86	12 396 779.20	18 187 873.14
2. 非生产用	10 567 312.00	15 767 312.00	3 269 277.44	3 520 251.10	7 298 034.56	12 247 060.90
小　计	34 734 112.00	43 434 112.00	15 039 298.24	12 999 177.96	19 694 813.76	30 434 934.04
机械设备						
1. 通用设备	19 708 528.00	19 708 528.00	6 503 814.24	8 204 660.20	13 204 713.76	11 503 867.80
2. 专用设备	104 735 650.00	111 535 650.00	14 662 991.00	22 823 460.00	90 072 659.00	88 712 190.00
3. 运输设备	8 507 316.00	8 407 316.00	2 722 341.12	3 036 335.30	5 849 740.88	5 370 980.70
4. 其他设备	9 450 046.00	9 450 046.00	1 795 508.74	2 917 701.70	7 654 537.26	6 532 344.30
小　计	142 401 540.00	149 101 540.00	25 684 655.10	36 982 157.20	116 716 884.70	112 119 382.80
合　计	177 135 652.00	192 535 652.00	40 723 953.34	49 981 335.16	136 411 698.46	142 554 316.84

第四章 购货与付款循环审计工作底稿的编制

注册会计师在审计中发现的情况及其处理为：

第一，非生产用东风 140 汽车账面数 40 台，实际盘点 32 台。经查阅有关资料及向有关人员调查，了解到这 8 台汽车已于 2006 年 6 月 20 日变卖，实际收款 96 000 元，并将实际收到的价款记入"其他应付款"科目。这 8 台汽车变卖时的账面原值为 440 000 元，净值为 98 125.48 元。因此，注册会计师认为：

（1）由于未减少固定资产造成多提折旧 6 个月。

$$440\,000 \times 9.896‰ \times 6 = 26\,125.44(元)$$

（2）变价出售固定资产收入 96 000 元，应记入"固定资产清理"科目，不能记入"其他应付款"科目。

（3）固定资产出售应作固定资产减少的账务处理。

注册会计师建议 AB 公司的调整分录为：

（1）借：固定资产清理（440 000.00－341 874.52）　　　　　98 125.48
　　　　累计折旧　　　　　　　　　　　　　　　　　　　341 874.52
　　　贷：固定资产（原价）　　　　　　　　　　　　　　　　　440 000.00

（2）借：其他应付款　　　　　　　　　　　　　　　　　　　96 000.00
　　　贷：固定资产清理　　　　　　　　　　　　　　　　　　　96 000.00

（3）借：固定资产清理　　　　　　　　　　　　　　　　　　2 125.48
　　　贷：营业外收入——处理固定资产净收益　　　　　　　　　2 215.48

（4）借：累计折旧　　　　　　　　　　　　　　　　　　　　26 125.44
　　　贷：管理费用　　　　　　　　　　　　　　　　　　　　　26 125.44

第二，公司新建丙生产线一条，并已投入生产，但固定资产账中并没有记录。经详查，该条生产线已于 2006 年 6 月 1 日开始试生产，2006 年 12 月 10 日办理了整体竣工验收手续投入正常生产。经查"在建工程"科目，该条生产线实际投资 37 200 000 元。其中：机械设备 25 000 000 元，房屋及建筑物 11 600 000 元，贷款利息及其他费用 600 000 元。

固定资产办理竣工验收手续应转入固定资产，注册会计师 2006 年审计中已提出调整。因此应作如下账务调整：

（1）借：固定资产——房屋及建筑物　　　　　　　　　　　　11 790 164
　　　　　　　　　——机械设备　　　　　　　　　　　　　　25 409 836
　　　贷：在建工程　　　　　　　　　　　　　　　　　　　　37 200 000

（2）应补提 2006 年折旧（本年产品已全部销售）：

　　借：主营业务成本　　　　　　　　　　　　　　　　　　2 787 288.92
　　贷：累计折旧　　　　　　　　　　　　　　　　　　　　2 787 288.92

建设期贷款利息 600 000 元,是为出资项目的贷款,所以应在房屋及建筑物、机械设备中进行分配。

第三,审计人员在审查在建工程转入固定资产的情况时,发现 5 月 10 日转入的机械设备 12 200 000 元中,有自产设备 1 600 000 元,是按成本价从存货中直接转入的(不含税销售价 20 040 000 元)。

注册会计师建议 AB 公司的调整分录为:

借:固定资产　　　　　　　　　　　　　　　　　　　　　340 000
　　贷:应交税费——应交增值税(由此而需增提折旧忽略不计)　340 000

第四,审计人员在审核管理费用时发现该公司 2006 年 12 月 10 日支付奥迪车附加费、牌照费、运输费 173 000 元,经查固定资产账中没有此项记录,调查发现是该公司的原料供应商奖励给该公司的,车价 800 000 元。

注册会计师建议 AB 公司的调整分录为:

借:固定资产　　　　　　　　　　　　　　　　　　　　　973 000
　　贷:管理费用　　　　　　　　　　　　　　　　　　　173 000
　　　　资本公积　　　　　　　　　　　　　　　　　　　800 000

第五,审计人员在审阅董事会会议纪要时,发现该公司 2006 年 3 月董事会作出决定,以 1 800 万元投资与某国外公司合资兴办凯华有限责任公司,占注册资本的51%。经审阅凯华公司的章程发现,其中:房屋及建筑物原值 1 000 万元,净值 840 万元,评估值 970 万元,专用设备原值 1 400 万元,净值 9 659 605.2 元,评估值 9 500 000 元。

经了解,该合资公司已于 2006 年 5 月进行验资并登记注册。但在 AB 公司的长期投资科目未发现此项投资,也未发现固定资产减少的记录。

注册会计师建议 AB 公司的调整分录为:

(1) 借:长期股权投资　　　　　　　　　　　　　　　　　19 200 000.00
　　　　累计折旧　　　　　　　　　　　　　　　　　　　 5 940 394.80
　　　贷:固定资产原值　　　　　　　　　　　　　　　　24 000 000.00
　　　　　资本公积(不考虑应交税费)　　　　　　　　　　 1 140 394.80

(2) 借:累计折旧　　　　　　　　　　　　　　　　　　　　982 763.60
　　　贷:主营业务成本　　　　　　　　　　　　　　　　　982 763.60

根据上述资料,审计人员形成固定资产及累计折旧审定表、固定资产增加审定表、固定资产减少审定表、固定资产抽盘表等固定资产审计工作底稿。分别如表 4-9~4-12 所示。

表 4-9

固定资产及累计折旧审定表

客户：AB公司
会计期间：2006年12月31日
编制人：李丽 　日期：2007/2/3
复核人：张磊 　日期：2007/2/3
索引号：B02-2
页次：1/1

索引号	固定资产类别	期初余额	本期增加	本期减少	期末账面未审数	调整数	审定数
	房屋及建筑物						
	1. 生产用	24 166 800.00	7 500 000.00	4 000 000.00	27 666 800.00	1 790 164.00	29 456 964.00
	2. 非生产用	10 567 312.00	5 200 000.00		15 767 312.00		15 767 312.00
	3. 未使用						
	机械设备						
	1. 通用设备	19 708 528.00			19 708 528.00		19 708 528.00
	2. 专用设备	104 735 650.00	12 200 000.00	5 400 000.00	111 535 650.00	11 349 836.00	122 885 486.00
	3. 运输设备	8 507 316.00	800 000.00	900 000.00	8 407 316.00	533 000.00	8 940 316.00
	4. 其他设备	9 450 046.00			9 450 046.00		9 450 046.00
	5. 未使用（封存）						
	合　计	177 135 652.00	25 700 000.00	10 300 000.00	192 535 652.00	13 673 000.00	206 208 652.00

累计折旧							
固定资产类别	年初数	本期增加 提取	本期增加 转入	本期减少	期末账面未审数	调整数	审定数
房屋及建筑物							
1. 生产用	11 770 020.80	808 906.06		3 100 000.00	9 478 872.86	−1 437 725.50	8 041 201.36
2. 非生产用	3 269 277.44	250 973.66			3 520 251.10		3 520 251.10
3. 未使用							
机械设备							
1. 通用设备	6 503 814.24	1 700 845.96			8 204 660.20		8 204 660.20
2. 专用设备	14 662 991.00	12 060 469.06		3 900 000.00	22 823 460.00	−2 704 103.98	2 011 956.02
3. 运输设备	2 722 341.12	1 033 995.80		720 000.00	3 020 335.30	−367 999.96	2 668 335.34
4. 其他设备	1 795 508.74	1 122 796.96			2 917 701.70		2 917 701.70
5. 未使用（封存）							
合计	40 723 953.34	16 977 987.50		7 720 000.00	49 965 281.16	−4 509 829.44	27 364 105.72
固定资产净值	136 411 698.66				142 570 370.84		178 844 546.28

审计说明及调整分录：调整分录参见 B02-3 和 B02-4。
审计结论：经调整，固定资产和累计折旧可以确认。

表 4-10

固定资产

客户：AB公司　　　　　　　　　　　　　　　　　　编制人：李丽
会计期间：2006 年 12 月 31 日　　　　　　　　　　复核人：张磊

序号	固定资产名称或类别	计量单位	数量	增加(交付使用)月份	减少月份	折旧方法	折旧率 年%	折旧率 月%	本期内应计提折旧月数	固 未审数
	房屋及建筑物									
	甲车间厂房	m×m		5		年限法	3.16	2.639	7	7 500 000.00
	丙车间厂房	m×m		1		年限法	3.16	2.639	12	
	办公楼	m×m				年限法	2.375	1.979	0	5 200 000.00
	机器设备									
	甲产品生产线	条		5		年限法	9.50	7.919	7	1 220 000.00
	丙产品生产线	条		12		年限法	9.50	7.919	12	
	运输设备	辆	5	9		年限法	11.875	9.896	3	800 000.00
	运输(奥迪车)	辆	1	12		年限法	11.875	9.896	0	
	合　计									25 700 000.00

增加审定表

日期：2007/2/3　　　　　　　　　　　　　　索引号：B02-3
日期：2007/2/3　　　　　　　　　　　　　　页次：1/1

定资产原值		已提折旧			期末余额
调整数	审定数	本期提取			
		未审数	调整数	审定数	
	7 500 000.00	138 547.50		138 547.50	138 547.50
+11 790 164.00	11 790 164.00				
	5 200 000.00	0	+373 394.50	373 394.50	373 394.50
340 000.00	12 540 000.00	676 111.80		676 111.80	676 111.80
+25 409 836.00	25 409 836.00	0	+2 413 934.42	2 413 934.42	2 413 934.42
	800 000.00	23 750.40		23 750.40	23 750.40
+973 000.00	973 000.00				
38 513 000.00	64 213 000.00	838 409.70	2 787 328.92	3 625 738.62	3 625 738.62

表 4-11

固定资产

客户：AB 公司　　　　　　　　　　　　　　　　　编制人：李丽
会计期间：2006 年 12 月 31 日　　　　　　　　　　复核人：张磊

序号	固定资产名称或类别	计量单位	数量	增加(交付使用)月份	减少月份	折旧方法	折旧率 年%	折旧率 月%	本期内应计提折旧月数	固定资产未审数
	房屋及建筑物									
	蒸汽车间厂房				3	年限法	3.167	2.639	3	4 000 000.00
	丁车间厂房				5	年限法	3.167	2.639	5	
	小计									
	机器设备									
	生产专用设备				3	年限法	9.50	7.919	3	3 600 000.00
	生产专用设备				8	年限法	9.50	7.919	8	1 800 000.00
	生产专用设备				5	年限法	9.50	7.919	5	
	运输设备	辆			12	年限法	11.875	9.896	12	900 000.00
	运输设备	辆			6	年限法	11.875	9.896	6	
	小　计									
	合　计									10 300 000.00

审计说明及调整分录：
1. 东风汽车变卖没有入账，其调整分录：
(1) 借：固定资产清理（440 000－341 874.52）
　　　　累计折旧
　　贷：固定资产（原价）
(2) 借：其他应付款
　　贷：固定资产清理
(3) 借：固定资产清理
　　贷：营业外收入——处理固定资产净收益
(4) 借：累计折旧
　　贷：管理费用
2. 固定资产对外投资没有入账，其调整分录为：
(1) 借：长期股权投资
　　　　累计折旧
　　贷：固定资产原值
　　　　资本公积（不考虑应交税费）
(2) 借：累计折旧
　　贷：营业成本
审计结论：经调整后,固定资产减少及其相应折旧可以确定。

减少审定表

日期：2007/2/3　　　　　　　　　　　　　　　　索引号：B02-4
日期：2007/2/3　　　　　　　　　　　　　　　　页次：1/1

固定资产原值		已提折旧				
调整数	审定数	期初余额	本期提取			期末余额
			未审数	调整数	审定数	
	4 000 000.00	3 068 332.00	31 668.00		31 668.00	3 100 000.00
+10 000 000.00	10 000 000.00	1 494 440.00	316 680.00	−184 730.00	131 950.00	1 626 390.00
	3 600 000.00	2 514 496.40	85 503.60		85 503.60	2 600 000.00
	1 800 000.00	1 185 995.20	114 004.80		114 004.80	1 300 000.00
+14 400 000.00	14 400 000.00	3 743 980.80	1 368 057.60	−798 033.60	570 024.00	4 314 004.80
	900 000.00	613 123.20	106 876.80		106 876.80	720 000.00
+440 000.00	440 000.00	315 749.08	52 250.88	−26 125.44	26 125.44	341 874.52
+24 840 000.00	35 140 000.00					

　　　　　　　　　　　　　　　　　　　　　　　　　98 125.48
　　　　　　　　　　　　　　　　　　　　　　　341 874.52
　　　　　　　　　　　　　　　　　　　　　　　440 000.00
　　　　　　　　　　　　　　　　　　　　　　　　96 000.00
　　　　　　　　　　　　　　　　　　　　　　　　96 000.00
　　　　　　　　　　　　　　　　　　　　　　　　2 125.48
　　　　　　　　　　　　　　　　　　　　　　　　2 215.48
　　　　　　　　　　　　　　　　　　　　　　　　26 125.44
　　　　　　　　　　　　　　　　　　　　　　　　26 125.44

　　　　　　　　　　　　　　　　　　　　　　19 200 000.00
　　　　　　　　　　　　　　　　　　　　　　　5 940 394.80
　　　　　　　　　　　　　　　　　　　　　　24 000 000.00
　　　　　　　　　　　　　　　　　　　　　　　1 140 394.80
　　　　　　　　　　　　　　　　　　　　　　　　982 763.60
　　　　　　　　　　　　　　　　　　　　　　　　982 763.60

表 4-12

固定资产抽盘表

客户：AB公司	编制人：李丽	日期：2007/3/2	索引号：B02-5
截止日：2006年	复核人：张磊	日期：2007/3/2	页次：1/1

索引号	项目	账面数			实际核实盘点			差异数
		数量	金额	存放地点	数量	金额	存放地点	
1	桑塔纳轿车	3辆	1 060 000	厂内	3	1 060 000	厂办公室	
2	加长解放双排	3辆	123 000	厂内	3	123 000	销售科	
3	达西亚汽车	3辆	96 000	厂内	3	96 000	供应科	
4	大轿车	3辆	538 200	厂内			车队	
5	装载机	1台	975 000	厂内			销售科	
6	东风140	20辆	2 020 000	厂内	16	1 580 000	车队	
7	翻斗车	3辆	147 810	厂内			供应科	
8	奥迪轿车	1辆				800 000	厂办公室	
9	车床CT6140	1台	117 700				机修车间	
10	钻床E3125—6	1台	29 764				机修车间	
11	锅炉SHLW—1.27AD	2台	1 601 600				动力车间	
12	铣床X630—W	1台	88 036				机修车间	
13	精密平磨床		443 000				机修车间	
14	化验仪器	1套	26 000				机修车间	
15	自动热膨胀仪	1套	374 880				机修车间	
16	控制柜H2K	1台	64 344				机修车间	

审计说明及调整分录：抽查比例62.5%，采用现场抽查程序。

(1) 借：固定资产清理　　　　　　　　　　　　　　　98 125.48
　　　　累计折旧　　　　　　　　　　　　　　　　　341 874.52
　　　贷：固定资产　　　　　　　　　　　　　　　　440 000.00
(2) 借：固定资产　　　　　　　　　　　　　　　　　800 000
　　　贷：资本公积　　　　　　　　　　　　　　　　800 000

审计结论：账实相符。

第四节 固定资产减值准备审计工作底稿的编制

企业应当在期末或者至少在每年年度终了,对固定资产逐项进行检查,如果由于市价持续下跌,或技术陈旧、损坏、长期闲置等原因导致其可收回金额低于账面价值的,应当将其可收回金额低于账面价值的差额计提固定资产减值准备。因此,审计人员应当重点关注固定资产减值准备计提得是否充足、适当及其对会计报表的影响,并把审计过程及其专业判断记录在审计工作底稿中。

一、固定资产减值准备审计程序

安排固定资产减值准备审计程序时,审计人员可以根据具体情况、专业判断增加或减少相应的审计程序,并把对常规审计程序的修正记录在审计程序表中。固定资产减值准备审计程序表,如表 4-13 所示。

表 4-13

固定资产减值准备审计程序表

客户:		签　名	日　期	索引号	B03-1
项目:固定资产减值准备		编制人		页　次	1/1
截止日:		复核人		执行情况	索引号
1. 核对固定资产减值准备报表数、总账与明细账数是否相符。 2. 检查固定资产减值准备计提和核销的批准程序,取得书面报告等证明文件。 3. 查明固定资产减值准备计提的方法是否符合规定,前后期是否一致,依据是否充分,并做出记录。 4. 查明固定资产减值准备本期计提数是否恰当,会计处理是否正确。 5. 实际发生的固定资产损失转销是否符合有关法规规定的审批手续,会计处理是否正确。 6. 已计提减值准备的固定资产价值又得以恢复时,检查其会计处理是否正确,是否在原已计提减值准备的范围内转回。 7. 验明固定资产减值准备的披露是否恰当。					

表 4-14

固定资产减值准备审定表

客户：AB公司 编制人：李丽 日期：2007/2/3 索引号：B03-2
截止日：2001年12月31日 复核人：张磊 日期：2007/2/3 页次：

类别	名称及规格、型号	计量单位	数量	账面净值	可收回金额	期初余额	减值准备 本期计提 未审数	减值准备 本期计提 调整数	减值准备 本期计提 审定数	减值准备 本期转回 未审数	减值准备 本期转回 调整数	减值准备 本期转回 审定数	期末余额 未审数	期末余额 调整数	期末余额 审定数
设备		台	1	13 650 000	5 616 000	0	8 034 000		8 034 000				8 034 000		8 034 000
合计				13 650 000	5 616 000		8 034 000		8 034 000				8 034 000		8 034 000

审计说明：审计人员追查到相应的原始凭证并复算，判断AB公司对该设备计提减值准备合理。

审计结论：余额 8 034 000 元可以确认。

二、固定资产减值准备审计工作底稿

【案例 4-3】 AB 公司 2002 年 12 月 23 日购置的一台设备,原值为 26 000 000 元,预计使用年限为 8 年,预计残值为 1 300 000 元。2006 年 12 月 31 日,公司在进行检查时发现,该设备有可能发生减值,现时的销售净价为 4 080 000 元,未来 4 年持续使用以及使用寿命结束时处置中形成的现金流量为 5 616 000 元,于是对此设备计提了 8 034 000 元减值准备。

审计人员追查到相应的原始凭证,专业判断 AB 公司对该设备计提减值准备合理。复算过程如下:

2003 年 1 月 1 日至 2006 年 12 月 31 日,AB 公司每年计提的折旧金额=(26 000 000－1 300 000)÷8=3 087 500(元),累计折旧金额=3 087 500×4=12 350 000(元)。

$$\begin{aligned}计提减值准备金额 &= 固定资产账面净值 - 预计可回收金额 \\ &= (26\,000\,000 - 12\,350\,000) - 5\,616\,000 \\ &= 8\,034\,000(元)\end{aligned}$$

审计人员据此形成固定资产减值准备审定表,如表 4-14 所示。

第五节 在建工程审计工作底稿的编制

在建工程是指企业购入的待安装设备及未完工的工程项目等,在未安装或未完工之前,它还不完全具备固定资产的使用功能,不能投入使用,这是其与固定资产的主要区别。在建工程的计价通过"在建工程"科目核算,企业自行建造固定资产的方式有两种,即自营建造和出包建造,审计人员应根据不同的建造方式,采用不同方法确认工程价值。出包建造固定资产,是指企业采用出包方式,通过与承包方签订合同,将工程项目交由承包负责人建造,发包方(企业)依据合同支付工程价款,在这种方式下,"在建工程"科目实际成为企业与承包人的结算科目,企业按合同规定预付的工程款或按竣工决算支付的全部工程款即为该工程项目的实际价值。资产负债表日的在建工程余额就是截至报表日所发生的工程支出的累计金额。自营建造固定资产是指从勘察、设计、组织施工到物资采购等活动,均由企业自行组织的固定资产。在这种方式下,"在建工程"科目核算的内容包括各工程项目所发生的料、工、费的支出。审计人员应当重点审查为在建工程支付的各项支出的内容是否真实;是否应计入该工程项目的成本;是否存在生产性支出与资本性支出混淆的现象;有无已完工并投入使用,但长期不结转固定资产等情况。

一、在建工程审计程序

安排在建工程审计程序时,审计人员可以根据具体情况、专业判断增加或减少相应的审计程序,并把对常规审计程序的修正记录在审计程序表中。在建工程审计程序表,如表4-15所示。

表4-15

在建工程审计程序表

客户:		签 名	日 期	索引号	B04-1
项目:在建工程	编制人			页 次	1/2
截止日:	复核人			执行情况	索引号
1. 获取或编制在建工程明细表,复核加计,并与报表数、总账和明细账数核对相符。 2. 实地观察工程现场: 2.1 确定在建工程是否存在; 2.2 观察和询问工程项目的实际完工程度; 2.3 检查是否存在已达到预定可使用状态,但是未办理竣工决算手续、未及时进行会计处理的项目。 3. 对于重大建设项目,取得有关工程项目的预算总额及建设批准文件,施工承包合同、现场监理施工进度报告等业务资料。 4. 检查本年度在建工程的增加数: 4.1 支付工程款的检查是抽查工程是否按照合同、协议、工程进度、监理进度报告分期支付,其付款授权批准手续是否齐备,会计处理是否正确; 4.2 领用工程物资的检查是抽查工程物资的领用是否有审批手续,会计处理是否正确; 4.3 借款费用资本化审计应结合长、短期借款和应付债券的审计工作,检查借款费用(利息、折价或溢价的摊销和辅助费用、汇兑损益)资本化的金额是否合理,会计处理是否正确; 4.4 计缴土地开发费的检查是审查土地开发费的合法性、真实性,会计处理是否正确; 4.5 土地使用权的检查是审查在开发或建造自用项目时,土地使用权账面价值的结转是否正确。 5. 检查本年度在建工程的减少数: 5.1 结合固定资产科目,检查在建工程转销额是否正确,是否存在将已交付使用的固定资产列于在建工程中而少计提折旧的情形; 5.2 检查已完工项目的竣工决算报告、验收交接单等其他凭证以及其他转出数的原始凭证,检查账务是否正确。 6. 查询在建工程项目保险情况,复核是否达到规定的保险范围。 7. 对于因资产评估调整在建工程账面原值的,检查其会计处理是否正确,取得有关资产评估报告,如为国有资产,应取得财政部门的核准文件。					

(续表)

8. 检查是否有长期挂账的在建工程,如有,了解原因,并关注是否会发生损失。	
9. 检查有无与关联方之间的工程建造或代开发业务,其是否经适当授权,是否为按正常交易价格进行交易。	
10. 检查由于非货币性交易或债务重组增加、减少的在建工程会计处理是否正确。	
11. 结合银行借款等的检查,了解在建工程是否存在抵押、担保情况。如有,则应取证记录,并提请被审计单位做必要披露。	
12. 检查在建工程合同,以确定是否存在与资本性支出有关的财务承诺。	
13. 将在建工程的增减与募集资金使用状况的披露进行核对。	
14. 验明在建工程的披露是否恰当。	

二、在建工程审定表

【案例 4-4】 AB 公司 2006 年资产负债表及在建工程明细账反映,如表 4-16 所示。

表 4-16

在建工程明细账

工程项目名称	年初余额	本年增加	本年减少	年末余额
1. 新建工程				
(1) 甲产品生产线	18 912 700.00	746 772.00	19 659 472.00	0
(2) 丙产品生产线	32 717 358.00	7 166 958.00		39 884 316.00
(3) 公司办公楼	3 726 970.00	4 008 802.00	7 735 772.00	0
小　　计	55 357 028.00	11 922 532.00	27 395 244.00	39 884 316.00
2. 改扩建工程				
(1) 乙产品生产线	11 375 670.00	6 357 681.70		17 733 351.70
(2) 蒸汽车间改造		8 126 972.12		8 126 972.12
小　　计	11 375 670.00	14 484 653.82		25 860 323.82
3. 大修理工程				
(1) 丁产品生产线大修		14 777 517.32	14 777 517.32	0
(2) 皮带机大修		3 374 912.50		3 374 912.50
小　　计		18 152 429.82	14 777 517.32	3 374 912.50
合　　计	66 732 698.00	44 559 615.64	42 172 761.32	69 119 552.32

审计人员审计中发现的问题及其处理如下:

1. 经审计人员现场查看,丙产品生产线已于 2006 年 1 月 20 日开始试生产,于当年 6 月 20 日办理竣工验收手续并正常投入生产。本年增加的 7 166 958.00 元,其中:试生产费用 5 269 702.00 元,2001 年贷款利息 1 897 256.00 元(1~5 月 790 524.00 元)。经查,试生产期间的产品销售收入为 1 727 122.00 元(不含税),公司已计入当期损益。

由于专项借款用于工程的利息计入在建工程,但在建工程达到预计使用状态时,应当停止利息资本化,并结转为固定资产;交付使用前进行试运转发生的支出计入工程成本,但对外销售产品的收入扣除税金后应冲减成本,审计人员建议的调整分录为:

(1) 借:财务费用　　　　　　　　　　　　　　　　　　1 106 732
　　　贷:在建工程——新建工程　　　　　　　　　　　　　　 1 106 732
(2) 借:在建工程　　　　　　　　　　　　　　　　　　 1 727 122
　　　贷:营业收入　　　　　　　　　　　　　　　　　　　　 1 727 122
(3) 借:固定资产　　　　　　　　　　　　　　　　　　37 050 462
　　　贷:在建工程　　　　　　　　　　　　　　　　　　　　37 050 462

2. 乙产品生产线改造项目,使用自产设备 3 662 730.00 元,经详细审查发现其是直接从"存货——产成品"中按成本价转入(不含税售价 4 069 700.00 元)。

由于自营工程因使用公司商品应交纳的增值税、所得税等应计入在建工程,审计人员建议的调整分录为:

　　借:在建工程——改扩建工程　　　　　　　　　　　　　 691 849
　　　贷:应交税费——应交增值税(4 069 700×17%)　　　　　 691 849

3. 蒸汽车间改造项目,在本期增加数中有贷款利息 5 669 712.16 元。审计人员对此产生怀疑,经详细查阅原始凭证,其中有偿还外币贷款汇兑损失 5 229 730.12 元。

由于蒸汽车间改造项目已交付使用,其外币货款的汇兑损失不应计入在建工程,审计人员建议的调整分录为:

　　借:财务费用　　　　　　　　　　　　　　　　　　5 229 730.12
　　　贷:在建工程——改扩建工程　　　　　　　　　　　　 5 229 730.12

根据以上审验情况,审计人员编制在建工程审定表,如表 4-17 所示。

"在建工程审定表"的结构分为上下两部分,上半部分是对账面数额的确认,下半部分是对构成项目的计划设立和完成程度以及资金来源的记录。

1. 审定表的上半部分是审计人员对在建工程明细账逐项审查,确认其增减变化记录完整性以及是否在进行抽盘基础上编制而成:

(1) 现场盘查主要要确认工程完工进度,看其是否确属正在施工,工程进度与项目增

第四章 购货与付款循环审计工作底稿的编制

表4-17

在建工程审定表

客户：AB公司　　编制人：李丽　　日期：2007/2/3　　索引号：B02-3
会计期间：2006年12月31日　　复核人：张磊　　日期：2007/2/3　　页次：1/2

一、汇总情况

索引号		总账余额	在建工程			明细账余额
			新建工程	改扩建工程	大修理工程	
（略）	期初数	66 732 698.00	55 357 028.00	11 375 670.00	0	
	本期发生数	44 559 615.64	11 922 532.00	14 484 653.82	18 152 429.82	
	本期转出数	42 172 761.32	27 395 244.00	0	14 777 517.32	
	期末未审数	69 119 552.32	39 884 316.00	25 860 323.82	3 374 912.50	
（略）	调整数	−44 422 197.12	−39 884 316.00	−4 537 881.12		
	审定数	24 697 355.20	0	21 322 442.70	3 374 912.50	

二、抽查记录

在建工程主要项目名称	开始施工日期	计划竣工日期	工程预算	期末未审数	调整数	审定数	资金来源	批准文号
1. 新建工程								
(1) 甲产品生产线	2004.5	2006.1	18 400 000.00	0			自筹	*计[2004]第6号
(2) 丙产品生产线	2002.12	2004.5	36 912 000.00	39 884 316.00	−39 884 316.00	0	自筹贷款	*计[2003]125号
(3) 公司办公楼	2004.7	2006.3	7 000 000.00	0			自筹	*计[2004]第10号
小 计								

(续表)

在建工程主要项目名称	开始施工日期	计划竣工日期	工程预算	期末未审数	调整数	审定数	资金来源	批准文号
2. 改扩建工程								
(1) 乙产品生产线	2004.12	2007.2	2 400 000.00	17 733 651.70	691 849.00	18 425 200.70	自筹贷款	*计[2004]第200号
(2) 蒸汽车间改造	2008.10	2007.5	13 000 000.00	8 126 972.12	-5 229 730.12	2 897 242.00	自筹	*计[2005]第2号
小　　计								
3. 大修理工程								
(1) 丁产品生产线大修	2006.10	2006.11	14 000 000.00	0			自筹	
(2) 皮带机大修	2006.12	2007.1	4 200 000.00	3 374 912.50	0	3 374 912.50	自筹	
合　　计				69 119 552.32	-44 422 197.12	24 697 355.20		1 106 732 1 106 732 1 727 122 1 727 122 37 050 462 37 050 462 691 849.00 691 849.00 5 229 730.12 5 229 730.12

审计说明及调整分录：
1. (1) 借：在建工程——新建工程
       贷：财务费用
   (2) 借：在建工程——改扩建工程
       贷：营业收入
   (3) 借：固定资产
       贷：在建工程——新建工程
2. 借：在建工程——改扩建工程
   贷：应交税费——应交增值税
3. 借：财务费用
   贷：在建工程——改扩建工程

审计结论：经调整后余额可以确认。

减变化是否相互吻合。工程物资应参照"存货"项目的抽盘审计程序进行盘点。

（2）如经过盘查发现此项工程已全部投入使用或大部分投入使用，对照明细账确认被审计单位是否按有关规定估价入账计提折旧，没有办理估价入账应提请被审计单位按规定进行调整。

2. 审定表的下半部分是要求审计人员对被审计单位的在建工程项目中的主要项目进行全面核查，按被审计单位提供书面资料经核验后填写开始施工日期、计划竣工预算、工程预算、批准文号等栏次。经审验和现场抽盘认为有应转入固定资产的项目或计价原因应予调整事项，应在"审计说明及调整分录"中说明要求调整的理由和数额，并计入审定表上半部分和下半部分的调整数内。审定表上半部分和下半部分的审定数均为对未审数加减审计人员确认的审定数。

3. 如被审计单位在建工程的项目含有若干可以独立核算和结算的单元项目，应提请被审计单位对会计账簿的记录进行调整。

4. 企业自营建造固定资产的，应关注领用生产原材料或产成品时，是否已作"应交税费——应交增值税——进项税额转出"或"应交税费——应交增值税——销项税额"科目处理。

5. 对于在建工程占用资金应负担的利息，应关注其计算是否正确；是否存在将应计入当期损益的生产资金利息计入工程项目的现象；有无在建工程完工并移交使用后，仍将工程借款计入工程项目的现象。

第六节 固定资产清理审计工作底稿的编制

固定资产在为企业的生产经营服务时，会在生产中不断磨损而最终报废，会因技术进步而不再具有经济价值，也会因遭受自然灾害等发生毁损的原因而减少固定资产，这些都通过"固定资产清理"科目核算，该科目反映已转入清理或正在清理过程中尚未清理完毕的各项报废残值、清理费用、变价收入等。审计人员审计的重点在于确认业务发生的真实性、记录的完整性及计价的正确性，并把审计过程及其专业判断记录在审计工作底稿中。

一、固定资产清理审计程序

安排固定资产清理审计程序时，审计人员可以根据具体情况、专业判断增加或减少相应的审计程序，并把对常规审计程序的修改记录在审计程序表中，固定资产清理审计程序表，如表 4-18 所示。

二、固定资产清理审定表

固定资产清理审定表工作底稿，如表 4-19 所示。

表 4-18

固定资产清理审计程序表

客户：		签 名	日 期	索引号	B05-1
项目：固定资产清理		编制人		页 次	1/1
截止日：		复核人		执行情况	索引号
1. 获取或编制固定资产清理明细表，复核加计，并与报表数、总账和明细账数核对相符。 2. 结合固定资产等账项审计，检查固定资产、累计折旧等的账面转入额是否正确。 3. 检查固定资产清理的原因（出售、报废或毁损），是否经有关技术部门鉴定并授权批准，会计处理是否正确。 4. 检查固定资产清理收入和清理费用的发生是否真实、准确，清理结果（净损益）计算是否正确： 4.1 与施工有关的，计入工程成本； 4.2 属于筹建期的，计入长期待摊费用； 4.3 属于生产经营期间的，计入营业外收支； 4.4 属于清算期间的，计入清算损益。 5. 关注出售职工住房的会计处理是否符合相关规定。 6. 检查有无长期挂账的固定资产清理余额。如有，应查明原因，必要时应作调整。 7. 验明固定资产清理的披露是否恰当。					

表 4-19

固定资产清理审定表

客户：AB公司　　编制人：李丽　　日期：2007/2/3　　索引号：B05-2

截止日：2006年12月31日　　复核人：张磊　　日期：2007/2/3　　页次：

索引号	固定资产名称	清理原因	批准人	固定资产			清理费用	清理收入	已转营业外收支	期末未审数	调整数	审定数
				原值	已提折旧	净值						
甲	乙	丙	1	2	3	4	5	6	7=(3+4−5)	8	9
	载重汽车	陈旧	经理	800 000	720 000	80 000		90 000	10 000	−10 000	0	−10 000
	C620车床	陈旧	经理	120 000	90 000	30 000	10 000	20 000	(−)20 000	20 000	0	20 000
审计说明及调整分录：经审验原始凭证，质量鉴定及批准手续齐全，会计处理正确。												
审计结论：数额可以确认。												

第七节　应付票据审计工作底稿的编制

应付票据是指企业在商品交易活动中出具的承诺在一定日期支付一定金额款项的书面证据。购货方签发承兑票据后,无论是银行承兑汇票或是商业承兑汇票,对出票人来讲,即构成了具有商业信用的流动负债。企业出具的承兑汇票数额的多少,能否按时承兑支付,在某种程度上反映了企业的财务状况和偿债能力。审计人员应当重点查验被审计单位所出具的票据支付日期和数额,以确认其真实性和完整性及其对会计报表的影响。

一、应付票据审计程序

安排应付票据审计程序时,审计人员可以根据具体情况增加或减少相应的审计程序,并把对常规审计程序的修改记录在审计程序表中。应付票据审计程序表,如表4-20所示。

表4-20

应付票据审计程序表

客户:		签　名	日　期	索引号	B06-1
项目:应付票据	编制人			页　次	1/1
截止日:	复核人			执行情况	索引号
1. 获取或编制应付票据明细账,复核加计,并与应付票据备查簿、报表数、总账和明细账核对相符。 2. 选择应付票据重要项目(包括零账户),函证其余额是否正确。 3. 根据回函情况,编制与分析函证结果汇总表。对未回函的,决定是否再次函证。 4. 检查应付票据备查簿,抽取(　　)份有关原始凭证,确定其是否真实: 　4.1 检查该笔债务的相关合同、发票、收货单等资料,核实交易事项真实性; 　4.2 抽查资产负债表日后应付票据明细账及库存现金、银行存款日记账,核实其是否以付款并转销; 　4.3 对截至资产负债表日已偿付的应付票据,注意其凭证入账的合理性。 5. 复核带息应付票据利息是否足够计提,其会计处理是否正确。 6. 检查逾期未兑付票据的原因,是否已经转入应付账款,如系有抵押的票据,应作出记录,并提请被审计单位做必要的披露。 7. 对于用非记账本位币结算的应付票据,检查其采用的折算汇率是否正确。 8. 检查应付关联方票据的合法性和合理性: 　8.1 了解交易事项的目的、价格和条件; 　8.2 检查采购合同等有关文件; 　8.3 向关联方或其他注册会计师函询,以确定交易的真实性; 　8.4 注明应付关联方(包括持股5%以上股东)的款项中合并报表时应予抵销的数字。 9. 验明应付票据的披露是否恰当。					

二、应付票据审定表

【案例 4-5】 AB 公司资产负债表"应付票据"金额为 10 600 000 元,在审计过程中发现以下问题需要说明和进行调整:

1. 商业承兑汇票票据××号应付常州化工厂 2 000 000 元,付款日期为次年 2 月 5 日,经审验,被审计单位有关人员提供资料,此款已按期支付,故应在审计工作底稿中予以说明。

2. 票据号码×××号商业承兑汇票为带息票据,月利率为 6‰(应付单位为天津××厂),AB 公司的会计处理没有计算利息,根据制度规定应在年度终计算应付利息,9 月 1 日至 12 月 31 日应付利息为 48 000 元(2 000 000×6‰×4),作如下调整:

借:财务费用　　　　　　　　　　　　　　　　　　　　　　48 000
　贷:应付票据——票据××号　　　　　　　　　　　　　　　　48 000

根据以上情况,审计人员编制应付票据审定表,如表 4-21 所示。

表 4-21

应付票据审定表

客户:AB 公司　　　　　编制人:李丽　　　日期:2007/3/2　　　索引号:B06-2
截止日:2006 年 12 月 31 日　　复核人:张磊　　日期:2007/3/2　　　页次:

索引号	票据种类	支付银行	应付票据	金额	应付日期	备注
	商业承兑汇票	公行×× 办	苏州××厂	3 000 000	4.20	票据号码×××号
	商业承兑汇票	工行×× 办	上海××厂	1 600 000	3.10	票据号码×××号
	商业承兑汇票	交行×× 办	常州××厂	2 000 000	2.5	票据号码×××号
	商业承兑汇票	工行×× 办	南京××厂	2 000 000	5.30	票据号码×××号
	商业承兑汇票	工行×× 办	天津××厂	2 000 000	3.1	带息票据月利率 6‰,票据号码×××号,9 月 1 号开出
	未审数			10 600 000		
	调整数			48 000		
	审定数			10 648 000		

审计说明及调整分录:经审核,未审数与总分类账明细分类账数额相符。
1. 应付常州××厂 2 000 000 元××号票据,据经查验付款凭证已于 2 月 5 日支付;
2. 应付天津××厂 2 000 000 元××号票据为带息票据,按制度规定于期末终了应计提利息,9 月 1 日至 12 月 31 日应付利息为 48 000 元,调整分录为:
　　借:财务费用　　　　　　　　　　　　　　　　　　　　　48 000
　　　贷:应付票据　　　　　　　　　　　　　　　　　　　　　48 000

审计结论:调整后,余额 10 648 000 元可以确认。

第八节 应付账款审计工作底稿的编制

应付账款是企业在生产经营活动中,购买商品、材料或接受其他单位提供的劳务时,由于业务发生时间与付款时间不一致而形成的债务。审计人员应重点关注隐藏在应付账款中的非正常事项以及查找未入账的应付账款及其对会计报表的影响。

一、应付账款审计程序

安排应付账款审计程序时,审计人员可以根据具体情况增加或减少相应的审计程序,并把对常规审计程序的修改记录在审计程序表中。应付账款审计程序表,如表 4-22 所示。

表 4-22

应付账款审计程序表

客户:		签 名	日 期	索引号	B07-1
项目:应付账款	编制人			页 次	1/1
截止日:	复核人			执行情况	索引号
1. 获取或编制应付账款明细账,复核加计,并与报表数、总账数和明细账数核对相符。					
2. 对应付账款进行分析复核:					
2.1 对期末应付账款余额与上期期末余额进行比较,解释其波动原因;					
2.2 对大额异常项目进行调查。					
3. 选择应付账款重要项目(业务发生额较大的,包括零账户),函证其余额是否正确。					
4. 根据回函情况,编制与分析函证结果汇总表。对未回函的,决定是否再次函证。					
5. 对未回函的应付账款,抽查有关原始凭证,确定其是否真实:					
5.1 检查该笔债务的相关凭证资料,核实交易事项的真实性;					
5.2 抽查资产负债表日后应付账款明细账及现金、银行存款日记账,核实其是否支付货款并转销。					
6. 检查是否存在未入账的应付账款:					

(续表)

6.1 结合存货监盘或盘点抽查,检查被审计单位在资产负债表日是否有大额料到、单未到的经济业务;	
6.2 对资产负债表日后应付账款明细账的贷方发生额的相应凭证,检查其购货发票的日期,确认其入账时间是否合理;	
6.3 检查资产负债表日后( )天的付款事项,确定有无未及时入账的应付账款。	
7. 检查应付账款是否存在借方余额;如有,应查明原因,必要时作重分类调整。	
8. 结合其他应付款、预付账款的明细余额,查明有无双方同时挂账的项目,或有无不属于应付账款的其他应付款,如有,记录并在必要时做重分类调整。	
9. 检查应付账款长期挂账的原因,对于确实无法支付的,检查其是否按规定转入"资本公积"科目。	
10. 对于用非记账本位币结算的应付账款,检查其采用的折算汇率是否正确。	
11. 检查应付关联方公司款项的合法性和真实性:	
11.1 了解交易事项目的、价格和条件;	
11.2 检查采购合同等有关文件;	
11.3 向与关联交易相关的第三方或其他注册会计师函询,以确认关联交易的真实性;	
11.4 注明应付关联方(包括持股5％含5％以上持表决权股份的股东)的款项中合并报表时应予抵销的数字。	
12. 检查债务重组中涉及应付账款的会计处理是否正确。	
13. 验明应付账款的披露是否恰当。	

二、应付账款审计工作底稿

【案例 4-6】 AB 公司资产负债表列示"应付账款"10 800 000 元,审计中审计人员发现的问题及处理为:

1. A、B 账户借方余额 80 万元,属于正常经济业务往来款项。审计人员建议重分类调整分录为:

借：预付账款　　　　　　　　　　　　　　　　　　　　　800 000
　　贷：应付账款　　　　　　　　　　　　　　　　　　　　　800 000

2. C 账户贷方余额 200 万元，为被审计单位临时借入款项，用于结算工程价款。审计人员建议的调整分录为：

借：应付账款　　　　　　　　　　　　　　　　　　　　2 000 000
　　贷：其他应付款　　　　　　　　　　　　　　　　　　　2 000 000

3. 审计人员对 30 万元以上账户发出函证共计 8 户，收回 7 户，对未收回 W 户 160 万元进行如下替代程序：

（1）检查购销合同，合同号为 0089 号，双方约定货物收到后 6 个月付款。

（2）查验仓库收货记录，供货方所发货物与合同一致，已办理估价入库手续（价格与合同一致）。

（3）查验被审计单位付款凭证为次年 2 月份银存字 40 号，所付银行汇票存根联收款单位名称与合同签订相符。

据此，形成应付款项审定表、应付款项明细检查表。

一、复习思考题

1. 购货与付款循环控制测试的程序要求填哪些底稿？
2. 固定资产及其累计折旧审计工作底稿填制有哪些要求？
3. 应付票据审计工作底稿的编制有哪些要求？
4. 应付账款审计工作底稿的编制有哪些要求？
5. 固定资产清理审计工作底稿的编制有哪些要求？

二、案例分析

固定资产减值准备审计工作底稿

M 公司 2002 年 12 月 23 日购置的一台设备，原值为 52 000 000 元，预计使用年限为 8 年，预计残值为 2 600 000 元。2006 年 12 月 31 日，公司在进行检查时发现，该设备有可能发生减值，现时的销售净价为 8 160 000 元，未来 4 年持续使用以及使用寿命结束时处置中形成的现金流量为 11 232 000 元，于是对此设备计提了 16 068 000 元减值准备。审计人员追查到相应的原始凭证，专业判断 M 公司对该设备计提减值准备合理。

如果你是审计人员，据此形成固定资产减值准备审定表（见表）。

固定资产减值准备审定表

客户：　　　　　　　编制人：　　　　　日期：　　　　　索引号：
截止日：　　　　　　复核人：　　　　　日期：　　　　　页次：

类别	名称及规格、型号	计量单位	账面数量	账面净值	可收回金额	减值准备									
						期初余额	本期计提			本期转回			期末余额		
							未审数	调整数	审定数	未审数	调整数	审定数	未审数	调整数	审定数
设备															
合计															

审计说明：

审计结论：

第五章　筹资与投资循环审计工作底稿的编制

筹资与投资循环由筹资活动和投资活动的交易事项构成。筹资活动主要由借款交易和股东权益组成。投资活动是指企业为通过分配来增加财富，或为谋求其他利益，将资产让渡给其他单位而获得另一资产的活动。筹资与投资循环中所涉及的资产负债表项目主要有：短期投资、应收股利、应收利息、其他应收款、应收补贴款、长期股权投资、长期债权投资、无形资产、长期待摊费用、短期借款、应付股利、其他应付款、预计负债、长期借款、应付债券、长期应付款、专项应付款、递延税款、股本、资本公积、盈余公积、未分配利润。筹资与投资循环中所涉及的利润表项目主要有：管理费用、财务费用、投资收益、补贴收入、营业外收入、营业外支出、所得税等。

第一节　筹资与投资循环控制测试工作底稿的编制

一、筹资与投资循环控制测试程序

安排筹资与投资循环控制测试程序，审计人员可以根据具体情况增加或减少相应的程序，并把对常规审计程序的修改记录在审计程序表中。筹资与投资循环控制测试程序表，如表5-1所示。

表 5-1

筹资与投资循环控制测试程序表

客户：		签　名	日　期	索引号	F00-1
项目：筹资与投资循环	编制人			页　次	1/1
会计期间：	复核人			执行情况	索引号
1. 检查和评价与筹资业务相关的内部控制的执行情况： 1.1 检查筹资业务内部控制制度的遵循情况，并作出相应记录； 1.2 公司债券和股票交易是否均经董事会人员办理，属巨额交易的，是否对被授权者规定明确的限额，超过限额是否获得董事会的批准；					

(续表)

调查项目	
1.3 借款是否均签订合同,抵押担保是否获得授权批准; 1.4 利息支出是否按期入账,是否划清资本性支出和收益性支出; 1.5 实收资本是否经注册会计师验证并作会计处理。 2. 检查和评价与投资业务相关的内部控制执行情况: 2.1 检查投资项目是否均经授权批准,投资金额是否及时入账; 2.2 检查投资项目是否与被投资单位签订投资合同、协议; 2.3 长期投资的核算方法是否符合有关财务会计制度的规定,相关的投资收益会计处理是否正确,手续是否齐全; 2.4 有价证券的买卖是否经适当授权,是否妥善保管并定期盘点和核对。	

二、筹资与投资循环内部调查表

筹资和投资循环具有如下特征:一是交易数量较少,但每笔交易的金额较大;二是交易与国家法律、法规和相关契约的规定相关。因此,从会计角度看,漏记或不恰当地对一笔业务进行会计处理,将会导致重大错误,严重影响会计报表的公允反映。从审计的角度看,审计人员可以不对筹资和投资循环实施符合性测试,直接对每一笔交易实施详细检查。但在审计实务中,审计人员对筹资和投资循环中相关交易和事项的详细检查,应当建立在对筹资和投资循环了解和评价的基础上。审计人员可以通过询问、观察和检查相关文件资料来获取对被审计单位筹资和投资循环内部控制了解和评价,形成筹资与投资循环内部调查表,以确定其在实质性测试工作中的影响,并针对薄弱环节提出改进建议。筹资与投资循环内部调查表,如表 5-2 所示。

表 5-2

筹资与投资循环内部调查表

客户:AB公司　　　　　　编制人:李丽　　　　日期:2007/3/2　　索引号:F00-2
会计期间:2006 年度　　　复核人:张磊　　　　日期:2007/3/2　　页次:1/1

调查项目	适用与否	说明
1. 重大借款和筹资行为是否经董事会批准?	√	股东大会批准董事会的投资权限为 1 亿元以下,董事会决定由总经理负责实施,总经理决定由投资部经理负责实施。在公司章程及相关决议中未具体规定股东大会、董事会、经理层的融资权限和批准程序。经了解,2006 年公司财务部根据总经理的批示向银行借入 1 亿元贷款。
2. 融资借款是否均签订借款合同?	√	

（续表）

调 查 项 目	适用与否	说 明
3. 抵押、担保是否获得授权批准？	×	
4. 利息支出是否按期入账，并划清资本性支出和收益性支出的界限？	√	存在在建工程的专项借款，但建设期与借款期不一致，需要进一步测试资本性支出与收益性支出的划分。
5. 实收资本是否经注册会计师验证并作会计处理？	√	检查了华兴会计师事务所（2006）验字第 6 号验资报告。
6. 是否按年编制资本预算，并经董事会批准？	√	检查了经董事会批准的 2006 年资本预算。
7. 购买证券、期货是否经董事会、高级管理机构、财务部门核准？	√	经总经理授权，1 亿元以下金额的证券、期货买卖由证券部负责。
8. 全部公司债券、股票、期货和外汇交易是否经董事会授权的人员处理？	√	经总经理授权。
9. 对上述的巨额交易是否对被授权人规定一定的限额，超过限额须获得董事会的批准？	√	1 亿元以上。
10. 上述交易所得是否如数及时存入银行？	√	需要进一步取证。
11. 财务部门是否把所有投资合同、协议存档，妥善保管？	√	是。
12. 是否定期盘核有价证券，并与会计记录核对？	×	
13. 有价证券保管人员是否与该项会计处理人员分离？	√	有价证券委托保管。
14. 有价证券是否以被审计单位的名义登记？	√	获取了被审计单位对此的专项声明书。
15. 是否对每一种有价证券设立明细分类账，并逐笔登记交易情况，记录盈亏？	√	是。
16. 投资项目是否均经过授权批准，投资金额是否及时入账？	√	是，经总经理授权。
17. 与被投资单位签订投资合同、协议，是否获得被投资单位出具的投资证明？	√	检查了向 F 公司投资的出资证明书。
18. 长期投资的核算是否符合有关财务制度，相关的投资收益会计处理是否正确？	√	需要进一步验证。
19. 对投资收益合并报表和按权益法计算的附属企业是否进行过审计？	√	按权益法计算的附属企业 Y 公司由华安会计师事务所审计。

调查说明及结论：
　　筹资和投资的授权和批准制度不合理，建议公司应在公司章程和相关决议中具体规定股东大会、董事会、经理层的融资和投资的权限和批准程序。
　　对于借款利息资本化以及投资按权益法核算问题，需要追加程序，查证清楚。

第二节 交易性金融资产审计工作底稿的编制

交易性金融资产必须满足下列条件之一：① 取得该交易性金融资产的目的，主要是为了近期内出售或回购；② 属于进行集中管理的可辨认金融工具组合的一部分；③ 属于衍生工具，比如国债期货、远期合同、股指期货等。

一、交易性金融资产审计程序

安排交易性金融资产审计程序时，审计人员可以根据具体情况、专业判断增加或减少相应的程序，并把对常规程序的修改记录在审计程序表中。交易性金融资产审计程序表，如表 5-3 所示。

表 5-3

交易性金融资产审计程序表

客户：		签 名	日 期	索引号	F01-1
项目：交易性金融资产		编制人		页 次	1/1
会计期间：		复核人		是否适用	索引号
1. 获取或编制交易性金融资产明细表，复核加计，并与报表数、总账和明细账核对相符。					
2. 获取股票、债券、基金账户对账单，与明细账余额核对，必要时，向证券登记公司等单位发函询证。					
3. 获取期货账户对账单，与明细账余额核对，并注意期末资金账户余额会计处理是否正确。必要时，向期货公司发函询证。					
4. 监盘库存有价证券，并与相关账户余额进行核对，如有差异，应查明原因，并作出记录或进行适当调整。					
5. 对代保管的有价证券，查阅有关保管的证明文件，必要时，向保管人函证。					
6. 抽取(　　)张或金额为(　　)元的交易性金融资产增加项目的记账凭证，检查其原始凭证是否完整合法，会计处理是否正确。					
7. 抽取(　　)张或金额为(　　)元的交易性金融资产减少项目的记账凭证，检查其原始凭证是否完整合法，会计处理是否正确。					

（续表）

8. 查核交易性金融资产的计价方法，检查其前后期是否一致。		
9. 复核与交易性金融资产有关的损益计算是否准确，并与投资收益有关审计项目核对；注意交易性金融资产持有期间收到的红利或利息是否冲减成本。		
10. 检查有无长期投资性质的交易性金融资产项目，如有，应作适当说明和调整。		
11. 对变现存在重大限制的交易性金融资产，要查明原因，作出记录。		
12. 计算交易性金融资产等高风险投资的比例，分析交易性金融资产的安全性。		
13. 将股票、债券、基金、期货等交易性金融资产项目的资产负债表日市值与其成本进行比较，并作出记录。		
14. 对符合现金及现金等价物条件的交易性金融资产应予以列明。		
15. 验明交易性金融资产的披露是否恰当。		

二、交易性金融资产审定表

【**案例 5-1**】 AB 公司资产负债表"交易性金融资产"项目列示数额为 4 100 000 元，审计人员检查相应的原始凭证，发现：

1. 2005 年 8 月 1 日，甲公司支付价款 2 000 000 元，从二级市场购入乙公司发行的股票 100 000 股，每股价格 20 元。甲公司将持有的乙公司股权划分为交易性金融资产，且持有乙公司股权后对其无重大影响。

2. 被审计单位 2005 年 12 月 1 日购入××债券，面值为 2 000 000 元，购入价格为 2 100 000 元，该债券发行日期为 2005 年 1 月 1 日，年利率为 8%，分期付息，企业将 2 100 000 元，全部作为投资成本入账。

审计人员根据《企业会计准则——投资》的相关规定，认为购入时应扣除发行日至购买日的应计利息作为投资成本，即购入时应收利息 146 666 元（2 000 000×8%×11÷12），投资成本应为 1 953 334 元（2 100 000－146 666），故建议的调整分录为：

借：应收利息　　　　　　　　　　　　　　　　　　146 666
　　贷：交易性金融资产　　　　　　　　　　　　　　　146 666

据此，形成交易性金融资产审定表，如表 5-4 所示。

表 5-4

交易性金融资产审定表

客户：AB公司　　　　　　编制人：李丽　　　日期：2007/3/2　　索引号：F01-2
截止日：2006年12月31日　　复核人：张磊　　　日期：2007/3/2　　页次：1/1

索引号	被投资单位或证券名称	短期投资期末账面余额				投资或购入日期	投资期限	到期日期	票面年利率%	本期损益
		合计	股票投资	债券投资	其他投资					
	购买股票（××证券公司）	2 000 000	2 000 000			2005年8月1日	10个月	2006年5月30日		
	购买债券（××证券公司）	2 100 000		2 100 000					8	
	账面合计未审数	4 100 000	2 000 000	2 100 000		×	×	×	×	
	调整数	－146 666		－146 666		×	×	×	×	
	审定数	3 953 334	2 000 000	1 953 334		×	×	×	×	365 000

审计说明及调整分录：
1. 委托贷款已查验合同，本年短期应收利息计算正确；
2. 短期投资××债券因购入时未扣除应收利息应作调整分录；
   　　借：应收利息　　　　　　　　　　　　　　　　　　146 666
   　　　　贷：交易性金融资产　　　　　　　　　　　　　　　146 666

审计结论：经调整后，余额3 953 334元可以确认。

第三节　交易性金融资产减值准备审计工作底稿的编制

企业应当在资产负债表日对以公允价值计量且其变动计入当期损益的交易性金融资产以外的交易性金融资产（含单项交易性金融资产或一组交易性金融资产）的账面价值进行检查。有客观证据表明该交易性金融资产发生减值的，应当确认减值损失，计提减值准备。因此，审计人员应当按照《企业会计准则》和《企业会计制度》的相关规定，在谨慎取证的基础上，关注交易性金融资产减值准备是否存在应提未提、有意多提少提或提取秘密准备的情况，并考虑其对会计报表的影响。

一、交易性金融资产减值准备审计程序

安排交易性金融资产减值准备审计程序表。审计人员可以根据具体情况增加或减少相应的审计程序。交易性金融资产减值准备程序表，如表5-5所示。

表 5-5

交易性金融资产减值准备审计程序表

客户：		签 名	日 期	索引号	F02-1
项目：交易性金融资产减值准备	编制人			页 次	1/1
会计期间：	复核人			是否适用	索引号
1. 获取或编制交易性金融资产减值准备明细表，复核加计，并与报表数、总账和明细账核对相符。 2. 检查交易性金融资产减值准备计提和核算的批准程序，取得书面报告等证明文件。 3. 评价交易性金融资产减值准备所依据的资料、假设及计提方法。注意如果某项交易性金融资产减值损失比重较大，应按单项投资为基础计算确定计提的准备。 4. 复核交易性金融资产减值准备计算的正确性。 5. 审查交易性金融资产减值准备计提的会计处理是否正确，已提跌价准备的交易性金融资产减值准备结转是否正确。 6. 比较前期交易性金融资产减失准备的计提数与实际发生数。 7. 检查期后事项，评价计提交易性金融资产减值准备的合理性。 8. 验明交易性金融资产减值准备的披露是否恰当。					

二、交易性金融资产减值准备审定表

【**案例 5-2**】 AB 公司 2006 年度计提可供出售的交易性金融资产减值损失 110 000 000元。审计人员在复核 AB 公司可供出售的交易性金融资产减值准备计算和会计处理时，发现 AB 公司所持有的股票 A 占到整个交易性金融资产投资的 63%，应单独计提减值准备。AB 公司交易性金融资产减值准备计提计算表，如表 5-6 所示。

表 5-6

交易性金融资产减值准备计提表

单位：万元

项 目	2006 年 6 月 30 日 已提准备额	2006 年 12 月 31 日 应提足减值准备	2006 年年末计提 或冲销准备额
交易性金融资产——股票 A	2 000	8 000	6 000
交易性金融资产——其他股票	0	1 000	1 000
交易性金融资产——债券	600	5 600	5 000

因此，建议 AB 公司的调整分录为：

借：资产减值损失　　　　　　　　　　　　　　　　　　　　　10 000 000
　　贷：交易性金融资产减值准备　　　　　　　　　　　　　　　10 000 000

据此,审计人员形成交易性金融资产减值准备审定表,如表 5-7 所示。

表 5-7

交易性金融资产减值准备审定表

客户:AB公司　　　编制人:李丽　　日期:2007/3/2　　索引号:F02-2
会计期间:2006 年度　　复核人:张磊　　日期:2007/3/2　　页次:1/1　　单位:万元

投资项目	索引号	未审数	审计调整 借方	审计调整 贷方	审定数
股票投资		6 000	—	1 000	7 000
股权投资小计		6 000		1 000	7 000

投资项目	索引号	未审数	审计调整 借方	审计调整 贷方	审定数
国债投资					
其他债券投资		5 000	—	—	5 000
债券投资小计		5 000			5 000
委托贷款					
其他投资小计					
合　　计		11 000		1 000	12 000

审计说明:在检查交易性金融资产明细项目名称、具体数量、期末账面余额及其市价资料的基础上,复核了 AB 公司交易性金融资产减值准备计算和会计处理。对于股票 A 单独计提减值准备的调整分录为:
　　借:资产减值损失　　　　　　　　　　　　　　　　　　　　　　10 000 000
　　　　贷:交易性金融资产减值准备　　　　　　　　　　　　　　　　10 000 000

审计结论:经调整,余额 12 000 万元可以确认。

第四节　应收股利(应收利息)审计工作底稿的编制

应收股利核算企业因股权投资而应收取的现金股利和应收其他单位的利润,应收利息核算企业因债权投资而应收取的利息。因此,审计人员应结合股权投资审计应收股利,结合债券投资审计应收利息。

一、应收股利(应收利息)审计程序

审计人员可以根据具体情况、专业判断增加或减少相应的审计程序,并把对常规审计程序的修改记录在审计工作底稿中。应收股利、应收利息审计程序表,分别如表5-8、表5-9所示。

表5-8

应收股利审计程序表

客户:		签 名	日 期	索引号	F03-1
项目:应收股利	编制人			页 次	1/1
会计期间:	复核人			是否适用	索引号
1. 获取或编制应收股利明细表,复核加计,并与报表数、总账和明细账核对相符。 2. 索取相应的分配方案,审查应收股利的内容是否均为因股权投资而应收取的现金股利,以及应收取其他单位的利润。 3. 检查当期和期后的收款情况,注意是否存在长期未收回的应收股利。 4. 必要时,向被投资单位函证。 5. 审查应收股利的会计处理是否正确。 6. 验明应收股利的披露是否恰当。					

表5-9

应收利息审计程序表

客户:		签 名	日 期	索引号	F03-2
项目:应收利息	编制人			页 次	1/1
会计期间:	复核人			是否适用	索引号
1. 获取或编制应收利息明细表,复核加计,并与报表数、总账和明细账核对相符。 2. 索取相应的债券契约条款,审查应收利息内容的真实性。 3. 检查委托银行贷款利息收入计算和账务处理是否正确,注意企业计提的利息到期不能收回的,应当停止计提利息,并冲回原已计提的利息。 4. 检查当期和期后的收款情况。 5. 必要时,向对方单位函证。 6. 审查应收利息的会计处理是否正确,特别注意是否存在带息的应收款项产生的利息直接增加应收款项的账面余额,不在应收利息中核算。 7. 验明应收利息的披露是否恰当。					

二、应收股利(应收利息)审定表

【案例 5-3】 AB 公司会计报表中应收股利为 150 000 元,应收利息为 0。审计人员结合长、短期投资审计发现:

1. 12 月 31 日,AB 公司购入兴大公司一批债券,面值 20 万元,票面利率为 12%,AB 公司共支付买价 28 万元,其中包括已宣告但尚未领取的下半年债券利息 12 000 元,经纪人佣金 4 000 元,其他相关税费为 2 000 元。AB 公司的会计处理为:

借:交易性金融资产——兴大公司债券　　　　　280 000
　　贷:银行存款　　　　　　　　　　　　　　　　280 000

对于已宣告但尚未领取的下半年债券利息 12 000 元,不能构成投资成本,建议调整分录为:

借:应收利息　　　　　　　　　　　　　　　　12 000
　　贷:交易性金融资产　　　　　　　　　　　　　12 000

2. 2006 年 12 月 31 日,AB 公司根据被投资单位 B 公司宣告派发现金股利 1 000 000 元(持股比例为 15%),计算应收股利 150 000 元。审计人员检查相关的原始凭证,没有异议。

据此,审计人员形成应收股利(应收利息)审定表,如表 5-10 所示。

表 5-10

应收股利(应收利息)审定表

客户:AB 公司　　　　　编制人:李丽　　　日期:2007/3/2　　索引号:F03-3
截止日:2006 年 12 月 31 日　复核人:张磊　　　日期:2007/3/2　　页次:1/1

类　　别	索引号	未审数	审计调整		重 分 类		审定数
			借 方	贷 方	借 方	贷 方	
应收股利——应收 B 公司		150 000					150 000
小　计		150 000					150 000
应收利息——兴大公司		0	12 000				12 000
小　计		0	12 000				12 000

审计说明:审计人员检查应收股利相关的原始凭证,没有异议;对于已宣告但尚未领取的下半年债券利息 12 000 元,不能构成投资成本,建议调整分录为:

借:应收利息　　　　　　　　　　　　　　　　12 000
　　贷:交易性金融资产　　　　　　　　　　　　　12 000

审计结论:应收股利 150 000 元可以确认;经调整后,应收利息 12 000 元可以确认。

第五节 其他应收款审计工作底稿的编制

其他应收款核算除应收票据、应收账款、预付账款等以外的其他各种应收、暂付款项,包括不设置"备用金"科目的企业拨出的备用金,应收的各种赔款、罚款,应向职工收取的各种垫付款项,以及已不符合预付账款性质而按规定转入的预付账款等。正由于其他应收款核算内容比较繁杂,也容易隐含一些非正常事项,审计人员应重点关注企业发生的业务活动是否属于本科目核算的内容,是否利用其他应收款隐藏关联方往来、企业间资金拆借、收入、成本和费用等。

一、其他应收款审计程序

审计人员可以根据具体情况、专业判断增加或减少相应的审计程序,并把对审计程序的修改记录在审计工作底稿中。其他应收款审计程序表,如表 5-11 所示。

表 5-11

其他应收款审计程序表

客户:		签 名	日 期	索引号	F04-1
项目:其他应收款	编制人			页 次	1/1
截止日:	复核人			使用情况	索引号
1. 获取或编制其他应收款明细表: 1.1 复核加计,并与报表数、总账和明细账核对相符; 1.2 了解重大客户的其他应收款内容及性质,进行类别分析,注意是否存在资金被关联企业大量占用、变相拆借资金、隐形投资、误用会计科目、或有损失等现象; 1.3 检查其他应收款的账龄分析是否正确; 1.4 分析有贷方余额的项目,查明原因,必要时作重分类调整; 1.5 结合应收款明细余额,查验是否有同时挂账的项目,核算内容是否重复,必要时作出适当调整; 1.6 标明应收关联方(包括持股 5% 以上股东)的款项,并注明合并报表时应予抵销的数字; 1.7 标明大额[占本项目余额 10%(含 10%)以上]的非关联方款项,并注意款项性质及变动情况。					

(续表)

2. 选择金额（　　）元以上，账龄（　　）年以上或异常的明细账户余额发函询证，编制函证结果汇总表。		
3. 对发出询证函未能收回及未发出的样本，采用替代程序，如查核下期明细账，或追踪至其他应收款发生时的原始凭证，特别注意是否存在抽逃资金、隐藏费用的现象。		
4. 对大额或异常的其他应收款项目，即使回函相符，仍应抽查其原始凭证。		
5. 若其他应收款中存在变相资金拆借，检查其产生的利息入账依据是否充分，相应的税费计提是否正确。		
6. 请被审计单位协助，在其他应收款明细表上标出截至审计日已收回的其他应收款项，抽查收款凭证、银行对账单等，并注意这些凭证发生日期的合理性。		
7. 审核资产负债表日后（　　）天的收款事项，确定有无未及时入账的债权。		
8. 分析明细账户，对于长期未能收回的项目，应查明原因，确定是否可能发生坏账损失。		
9. 对非记账本位币结算的其他应收款，检查其采用的折算汇率是否正确。		
10. 审查转作坏账损失的项目是否符合规定，并办妥审批手续（向董事会），如未经税务部门批准，须调整应纳税所得额。		
11. 验明其他应收款的披露是否恰当。		

二、其他应收款审计工作底稿

【案例 5-4】 AB 公司资产负债表"其他应收款"项目列示数额为 7 700 000 元，经审计，审计外勤日期间已收回 A 公司 1 000 000 元；应收 W 公司共计 6 000 000 元，虽取得回函，但 W 公司账龄在 3 年以上且又为 AB 公司股东单位，原系 2003 年 8 月以借用资金为名经董事长、经理签署拨付，经办人员对此未作出合理解释，审计人员亦无法得出合理判断，故拟在审计报告中发表保留意见。

据此，审计人员编制其他应收款审定表、其他应收款函证情况汇总表，如表 5-12、表 5-13 所示。

表 5-12

其他应收款审定表

客户：AB公司　　　　　　　　编制人：李丽　　　日期：2007/3/2　　索引号：F04-2
会计截止日：2006年12月31日　复核人：张磊　　　日期：2007/3/2　　页次：1/1

其他应收款单位	索引号	未审数	调整数	重分类调整数	审定数	备注
一、关联方						
W公司		6 000 000			6 000 000	经查验，本款项系2003年8月以借用资金为名经董事长和经理签署支付，虽已取得函证，但经办人员未能作出合理解释，无法作出合理判断，应予以保留。
小　计		6 000 000			6 000 000	
二、非关联方						
A公司		1 000 000			1 000 000	期后收回。
B公司		700 000			700 000	
小　计		1 700 000			1 700 000	
合　计		7 700 000			7 700 000	

审计说明及调整分录：经查验，W公司是AB公司的股东，应收W公司的款项系2003年8月以借用资金为名经董事长和经理签署支付，虽已取得函证，但经办人员未能作出合理解释，无法作出合理判断，应予以保留。

审计结论：除W公司的6 000 000元以外，其余数额予以确认。

表 5-13

其他应收款函证情况汇总表

客户：AB公司　　　　　　　　编制人：李丽　　　日期：2007/3/2　　索引号：F04-3
会计截止日：2006年12月31日　复核人：张磊　　　日期：2007/3/2　　页次：1/1

序号	户名	主要内容	未审数及账龄分析			期后收回数	函证	其他程序	调整数	审定数
			1年内	1~2年	2~3年	3年以上				
1	2	3	4	5	6	7	8	9	10	11	12
	A公司	代付款项	1 000 000				1 000 000				1 000 000
	B公司	代付款项	700 000					700 000			700 000
	W公司	代付款项				6 000 000		6 000 000			6 000 000
	合　计		7 700 000			6 000 000	1 000 000	6 700 000			7 700 000

审计说明及调整分录：经查验，应收W公司款项系2003年8月W公司（股东单位持股比例30%）以借用资金为名经公司董事长、经理批准拨付，至今已3年有余，虽取得对方函证，但公司有关人员对此无法作出合理解释，应予以保留。

审计结论：除W公司的6 000 000元以外，其余数额予以确认。

第六节 政府补助审计工作底稿的编制

政府补助是指企业从政府无偿取得货币性资产或非货币性资产,但不包括政府作为企业所有者投入的资本。其主要特征是无偿性、直接取得资产、政府资本性投入不属于政府补贴款。审计人员应当在获取有关政府补助的法定文件和检查企业收到相关款项的有效凭证后,认定政府补助的真实性及其对会计报表的影响。

一、政府补助审计程序

审计人员可以根据具体情况增加或减少相应的政府补助审计程序,并把对政府补助常规审计程序的修改记录在审计程序表中。政府补助审计程序表,如表 5-14 所示。

表 5-14

政府补助审计程序

客户:		签 名	日 期	索引号	F05-1
项目:应收补贴款	编制人			页 次	1/1
截止日:	复核人			是否适用	索引号
1. 获取或编制政府补助款明细表,将其与报表数、总账、明细账核对相符。 2. 获取政府补助款相关的文件依据,检查政府补助款发生的内容、性质是否合法。 3. 复核政府补助款的计算是否符合规定、是否正确,并与政府补助款收入项目勾稽核对。 4. 检查当期和期后的收款情况。 5. 检查政府补助款的会计处理是否正确。 6. 验明政府补助款的披露是否恰当。					

二、政府补助款审定表

【案例 5-5】 AB 公司会计报表中政府补助款为 3 200 万元,审计人员详细追查相关的原始凭证,发现:

1. AB 公司没有任何文件可以确认 AB 公司所称的××市政府已经答应在 2006 年度返还增值税 1 800 万元,且在 12 月 31 日也没有收到相应的款项。

2. ××市财政局的"关于 AB 公司数控项目贷款贴息的批复",明确了××市财政局同意给予 AB 公司 3 400 万元贴息。其中,2 000 万元已于 2006 年 9 月收到,1 400 万元至 12 月 31 日仍没有收到。

审计人员认为,××市政府已经答应在2006年度返还增值税1 800万元由于没有有关部门的批复文件且也没有收到款项,仅仅靠承诺不能作为记账的基础,因此建议调整分录为:

  借:递延收益   18 000 000
   贷:其他应收款——政府补助款   18 000 000

审计人员检查了××市财政局关于AB公司数控项目贷款贴息的批复及AB公司的会计处理,没有异议。

据此,审计人员形成政府补助款审定表,如表5-15所示。

表5-15

政府补助款审定表

客户:AB公司　　　　　编制人:李丽　　　日期:2007/2/3　　　索引号:F05-2
会计期间:2006年12月31日　复核人:张磊　　　日期:2007/2/3　　　页次:1/1

补贴内容	批准文号	索引号	未审数	审计调整 借方	审计调整 贷方	审定数
返还增值税		(略)	18 000 000		18 000 000	0
数控项目贷款补贴	××市行字2006[23]	(略)	14 000 000			14 000 000
合　　计			32 000 000		18 000 000	14 000 000

审计说明:检查没有发现××市政府关于2006年度返还AB公司增值税1 800万元的批复文件且也没有收到款项,建议的调整分录为:
  借:递延收益   18 000 000
   贷:其他应收款——政府补助款   18 000 000
审计人员检查了××市财政局关于AB公司数控项目贷款贴息的批复及其AB公司的会计处理,没有异议。
审计结论:经调整后,余额1 400万元可以确认。

第七节　长期股权投资审计工作底稿的编制

长期股权投资核算企业投出的期限在1年以上(不含1年)的各种股权性质的投资,

包括购入的股票和其他股权投资等。审计人员应索取投资合同、协议、章程、有关部门的批准文件等以确认投资行为的真实性、合法性(如有必要时还可向对方发出函证查询)。此外,还要审查投资收益所采取的核算方法是否符合规定及被投资单位历年实现的投资收益是否真实。

一、长期股权投资审计程序

安排长期股权投资审计程序时,审计人员可根据具体情况增加或减少相应的审计程序,并把对常规审计程序的修改记录在审计程序表中。长期股权投资审计程序表,如表5-16所示。

表 5-16

长期股权投资审计程序表

客户：		签 名	日 期	索引号	F06-1
项目：长期股权投资		编制人		页 次	1/1
截止日：		复核人		是否适用	索引号
1. 获取或编制长期股权投资明细表,复核加计正确,并与报表数、总账和明细账核对相符。					
2. 检查年度长期股权投资增减变动的原始凭证,对于增加的项目要核实入账基础是否符合投资合同、协议的有关规定,会计处理是否正确;对于减少的项目要核实其变动原因及授权批准手续,会计处理是否正确。					
3. 权益法核算: 3.1 如被投资单位的会计报表未经本所审计,则对其他会计师事务所出具的审计报告、提供的资料认真复核、分析、判断,必要时可以以审计问卷的方式请求答复; 3.2 如被投资单位的会计报表未经审计,则应考虑对被投资单位的会计报表实施适当的审计或审阅程序,以核对长期股权投资损益的会计处理是否正确; 3.3 审查股权投资差额的计算与会计处理是否正确,复核股权投资差额的摊销数是否正确; 3.4 审查损益调整项目本期发生额是否正确,并与投资收益科目的相应发生额相核对。注意被投资单位除净损益外其他所有者权益变动(如股本、资本公积变动、股权结构变动、收到所得税返还等),审查会计处理是否正确。					

（续表）

4. 对于成本法核算，应取得相关原始凭证，确定其会计处理是否正确。注意清算性股利是否调整长期股权投资的账面成本。		
5. 对于成本法改为权益法或权益法改为成本法的，应审查被审计单位投资成本的确定是否正确，注意权益法改为成本法后，收到股利的会计处理是否正确。		
6. 以非现金资产对外投资时，检查初始投资成本的确定是否恰当，相关的会计处理是否符合规定。		
7. 必要时，应向被投资单位函证投资单位的投资额、持股比例及发放股利情况。		
8. 检查股票权证等凭据，核对其所有权及金额。		
9. 若股票等为已质押或受到其他约束的，应取证（或函证），提请被审计单位作适当披露。		
10. 逐项检查长期股权投资是否存在持续减值情况，作出详细记录；审查资不抵债子公司的持续经营情况，作出详细记录，并提请被审计单位充分披露。注意投资企业确认被投资单位发生的净亏损，是否以投资账面价值减计至零为限。		
11. 计算长期股权投资初始投资成本占期末所有者权益的比例，审计该比例是否符合相关规定。		
12. 验明长期股权投资的披露是否恰当，注意1年内到期的长期股权投资是否列入流动资产。		

二、长期股权投资审计工作底稿

【案例5-6】 AB公司资产负债表"长期股权投资"列示数额32 200 000元，主要包括：

1. 长期股权投资XY公司7 200 000元，AB公司持股比例为15%，投资收益核算采用成本法，本年收到股利500 000元，AB公司已作会计处理。

2. 长期股权投资YZ公司25 000 000元，原始投资成本为24 000 000元，股权比例为20%，YZ公司本年的所有权益总额为125 000 000元，AB公司所享有的份额为25 000 000元（收到YZ公司经审计的会计报表）。

审计人员审阅投资协议、YZ公司章程及YZ会计报表，并检查了AB公司12月25日转字凭证423号：

  借：长期股权投资——YZ公司（损益调整）   1 000 000
    贷：投资收益   1 000 000

根据以上事项，审计人员编制长期股权投资审定表，如表5-17所示。

表 5-17

长期股权投资审定表

客户：AB 公司　　　编制人：李丽　　　日期：2007/3/2　　　索引号：F06-2
截止日：2006 年 12 月 31 日　　　复核人：张磊　　　日期：2007/3/2　　　页次：1/1

投资类别	索引号	初始投资成本	股权投资比例	未审数	审计调整 借方	审计调整 贷方	审定数
股票投资							
YZ 公司	（略）	24 000 000	20％	25 000 000			25 000 000
小　计		24 000 000		25 000 000			25 000 000
其他股权投资							
XY 公司		7 200 000	15％	7 200 000			7 200 000
小　计		7 200 000		7 200 000			7 200 000
合　计		31 200 000		32 200 000			32 200 000

审计说明及调整分录：
1. 长期股权投资 XY 公司 7 200 000 元已查验投资协议，股权比例为 15％，本年收入应分股利 500 000 元，已查验相关凭证；
2. 长期股权投资 YZ 公司原始投资 2 400 000 元，根据被投资单位已审计会计报表，本年按权益法应确认投资收益为 1 000 000 元，已查验有关资料正确无误。

审计结论：长期投资余额 32 200 000 元可以确认。

长期股权投资测试表有成本法和权益法两种格式，如表 5-18、5-19 所示。

表 5-18

长期股权投资测试表(成本法)

客户：AB公司　　　　编制人：李丽　　　日期：2007/3/2　　　索引号：F06-3

截止日：2006年12月31日　　复核人：张磊　　　日期：2007/3/2　　　页次：

投资项目	索引号	初始投资成本	股权投资比例	期初数	本期增加		本期减少		期末数
					借方	贷方	借方	贷方	
股票投资									
小　计									
其他股权投资									
小　计									
合　计									

表 5-19

长期股权投资测试表(权益法)

客户：AB公司　　　　编制人：李丽　　　日期：2007/3/2　　　索引号：F06-4

截止日：2006年12月31日　　复核人：张磊　　　日期：2007/3/2　　　页次：

投资项目	索引号	初始投资成本	股权投资比例	期初数	本期增加	本期减少	期末数			
							投资成本	损益调整	股权投资准备	股权投资差额
股票投资										
小　计										
其他股权投资										
小　计										
合　计										

第八节 持有至到期投资审计工作底稿的编制

持有至到期投资核算企业在1年内(不含1年)不能变现或不准备随时变现的债券和其他债权投资。审计人员可通过实地清点债券数量和面值来确定报表日投资行为的存在性及余额的正确性,如系委托投资,还应索取投资者、受托单位和接受投资者三方共同签署的委托协议书并审查相关的会计处理记录。

一、持有至到期投资审计程序

安排持有至到期投资审计程序,审计人员可以根据具体情况增加或减少相应的审计程序,并把对常规审计程序的修改记录在审计工作底稿中。持有至到期投资审计程序表,如表5-20所示。

表5-20

持有至到期投资审计程序表

客户:		签 名	日 期	索引号	F07-1
项目:长期债券投资		编制人		页 次	1/1
截止日:		复核人		是否适用	索引号
1. 获取或编制持有至到期投资明细表,复核加计,并与报表数、总账和明细账核对相符。					
2. 检查年度持有至到期投资增加变动及投资损益的原始凭证,对于增加的项目要核实入账基础是否符合有关规定,会计处理是否正确;对于减少的项目要核实其变动原因及授权批准手续。					
3. 监盘库存有价证券,取得盘点表,核对其所有权及金额。					
4. 查明库存债券为已提供质押或受到其他约束的,应取证(或函证)提请被审计单位作适当披露。					
5. 检查持有至到期债权投资的溢价或折价是否按照有关规定摊销转账。					
6. 检查应收利息的计算和会计处理是否正确入账,注意企业购入分期付息、到期还本的债券,以及取得的分期付息的其他长期债权投资,已到付息期而应收未收的利息应在应收利息科目核算。					
7. 检查可转换债券转换为普通股的会计处理是否正确。					
8. 逐项检查持有至到期债权投资是否存在持续减值情况,做出详细记录。					
9. 验明持有至到期债权投资的披露是否恰当,注意1年内到期的长期债权投资是否列入流动资产。					

二、持有至到期投资审计工作底稿

【案例5-7】 AB公司2006年度会计报表中长期债券投资为166 400元,审计人员详

细检查了2006年度与长期债券投资相关的原始凭证,发现:

1. AB公司2006年1月3日按2 100元的价格购入A企业2006年1月1日发行的5年期债券80张,债券票面年利率12%,面值2 000元,另外支付有关税费800元。AB公司的会计处理为:

(1) 借:持有至到期投资——债券投资(面值)   160 000
      ——债券投资(溢价)   8 000
    投资收益——持有至到期债券费用摊销   800
  贷:银行存款   168 800

(2) 借:应收利息   19 200
  贷:投资收益——债券利息收入   17 600
    持有至到期投资(溢价)   1 600

2. AB公司2006年4月1日将债券转换为股份,可转换债券是2005年1月1日批准发行的5年期面值为20 000 000元,债券票面利率为6%,2006年1月1日至3月31日尚未计提利率。AB公司的会计处理为:

(1) 借:持有至到期投资——可转换公司债券投资(应计利息)   300 000
  贷:投资收益——债券利息收入   300 000

(2) 借:持有至到期投资——甲公司   21 500 000
  贷:持有至到期投资——可转换公司债券投资(面值)   20 000 000
      ——可转换公司债券投资(应计利息)   1 500 000

审计人员逐项清点了债券种类、面值、期限、序号,并与持有至到期投资明细表相核对,复算了债券溢价摊销和利息的计提,没有异议,据此形成了持有至到期投资审定表,如表5-21所示。

表5-21

持有至到期投资审定表

客户:AB公司   编制人:李丽   日期:2007/3/2   索引号:F07-2
截止日:2006年12月31日   复核人:张磊   日期:2007/3/2   页次:

投资项目	索引号	初始投资成本	期初数	本期增加	本期减少	期末数			
						债券面值	应计利息	溢(折)价	债券费用
债券投资		20 002 100	21 500 000	468 000	21 501 600	160 000		6 400	
小计		20 002 100	21 500 000	468 000	21 501 600	160 000		6 400	

(续表)

投资项目	索引号	初始投资成本	期初数	本期增加	本期减少	期末数			
						债券面值	应计利息	溢(折)价	债券费用
其他债券投资									
小 计									
合 计		20 002 100	21 500 000	468 000	21 501 600	160 000		6 400	
审计说明：审计人员逐项清点了债券种类、面值、期限、序号，并与长期债权投资明细表相核对，复算了债券溢价摊销和利息的计提，没有异议。										
审计结论：余额可以确认。										

第九节 长期股权投资减值准备审计工作底稿的编制

企业应当定期或者至少每年终了，对长期股权投资逐项进行检查，如果由于市价持续下跌或被投资单位经营状况恶化等原因导致其可收回金额低于账面价值的，应当计提长期投资减值准备。审计人员应当检查被审计单位计提长期减值准备的原始凭证，以确认其计提是否充分、适当。

一、长期投资减值准备审计程序

安排长期股权投资减值准备审计程序时，审计人员可根据具体情况、专业判断增加或减少其相应的审计程序，并把对常规审计程序的修改记录在审计工作底稿中。长期股权投资减值准备审计程序表，如表5-22所示。

表5-22

长期股权投资减值准备审计程序表

客户：		签 名	日 期	索引号	F08-1
项目：长期股权投资减值准备		编制人		页 次	1/1
截止日：		复核人		是否适用	索引号
1. 获取或编制长期股权投资减值准备明细表，复核加计，并与报表数、总账和明细账核对相符。					

	(续表)
2. 检查长期股权投资减值准备计提和核销的批准程序,取得书面报告等证明文件。 3. 评价长期股权投资减值准备所依据的资料、假设及计算方法。 4. 复核长期股权投资减值准备计算的正确性,检查会计处理是否正确。 5. 检查处置长期股权投资时,是否符合有关规定,并履行了有关手续,原计提的长期投资减值准备是否按规定同时结转,会计处理是否正确。 6. 比较前期长期股权投资减值准备的计提数与实际发生数。 7. 检查期后事项,评价长期股权投资减值准备的合理性,特别关注有无计提秘密准备。 8. 验明长期股权投资减值的批准的披露是否恰当。	

二、长期股权投资减值准备审定表

【案例 5-8】 AB 公司资产减值准备中列示长期股权投资减值准备为－300 000 元,审计人员在结合长期股权投资的审计中发现:

1. AB 公司 2006 年 1 月 1 日购买 B 公司股票 150 000 股,账面价值为 900 000 元,按成本法核算。6 月 28 日,B 公司所在地区发生洪水,正常的生产经营受到重大不利影响,损失惨重,B 公司股票价格严重下跌,跌至每股 2 元。年末股价回升为每股 8 元。AB 公司的会计处理为:

(1) 借:投资收益——计提长期股权投资减值准备　　　　　　600 000
　　　贷:长期股权投资减值准备——B 公司　　　　　　　　　600 000

(2) 借:长期股权投资减值准备——B 公司　　　　　　　　　900 000
　　　贷:投资收益——计提长期股权投资减值准备　　　　　　900 000

2. AB 公司 2003 年投资 1 200 万元与 W 公司合资成立 CD 公司,CD 公司一直亏损,且近两年一直没有生产经营。AB 公司以没有人对历史遗留问题负责为理由,一直挂在长期股权投资,没有做任何处理。

审计人员检查了 B 公司遭受自然灾害影响盈亏的相关资料以及股票市场的波动情况,证实对 B 公司的长期股权投资应当计提坏账准备;但如果已计提减值准备的长期投资的价值又回升时,应当在原已确认的投资损失金额内转回,因此建议调整分录为:

　　借:投资收益——计提长期股权投资减值准备　　　　　　　300 000
　　　贷:长期股权投资减值准备——B 公司　　　　　　　　　300 000

审计人员获取了CD公司一直亏损且近两年没有生产经营的证明资料,建议AB公司对此投资全额计提坏账准备,调整分录为:

借:投资收益——计提长期股权投资减值准备　　　　　　　　　　　　12 000 000
　　贷:长期股权投资减值准备——B公司　　　　　　　　　　　　　　　12 000 000

据此,审计人员形成了长期股权投资减值准备审定表,如表5-23所示。

表5-23

长期股权投资减值准备审定表

客户:AB公司　　　　　　编制人:李丽　　　　日期:2007/3/2　　　索引号:F08-2
截止日:2006年12月31日　复核人:张磊　　　　日期:2007/3/2　　　页次:1/1

投资类别	索引号	未审数	审计调整 借方	审计调整 贷方	审定数
股票投资					
B股票		-300 000		300 000	0
小　　计		-300 000		300 000	0
债券投资					
小　　计					
其他股权投资					
CD公司		0		12 000 000	12 000 000
小　　计		0		12 000 000	12 000 000
合　　计		-300 000		12 300 000	12 000 000

审计说明:审计人员检查了B公司遭受自然灾害影响盈亏的相关资料以及股票市价的波动情况,建议对B公司的长期股权投资应当在原已确认的投资损失金额内转回,调整分录为:

借:投资收益——计提长期股权投资减值准备　　　　　　　　　　　　　300 000
　　贷:长期股权投资减值准备——B公司　　　　　　　　　　　　　　　　300 000

审计人员获取了CD公司一直亏损且近两年没有生产经营的证明资料,建议AB公司对此投资全额计提坏账准备,调整分录为:

借:投资收益——计提长期股权投资减值准备　　　　　　　　　　　　12 000 000
　　贷:长期股权投资减值准备——B公司　　　　　　　　　　　　　　　12 000 000

审计结论:经调整,余额12 000 000元可以确认。

第十节 委托贷款及其减值准备审计工作底稿的编制

委托贷款核算按规定委托金融机构向其他单位贷出的款项。审计人员应当获取委托贷款的协议,并根据期限的长短视同长、短期投资审计。

一、审计程序

审计人员可根据具体情况、专业判断增加或减少相应的委托贷款及其减值准备审计程序,并对常规审计程序的修改记录在审计程序表中。委托贷款审计程序表、委托贷款减值准备审计程序表,分别如表 5-24、5-25 所示。

表 5-24

委托贷款审计程序表

客户:		签 名	日 期	索引号	F09-1
项目:委托贷款	编制人			页 次	1/1
截止日:	复核人			是否适用	索引号
1. 获取或编制委托贷款明细表,复核加计,并与报表数、总账和明细账核对相符。					
2. 检查年度内委托贷款增减变动及投资收益的原始凭证,对于增加的项目应索取委托银行贷款合同,查明是否确为委托银行贷款,检查委托银行贷款合同期限是否逾期。					
3. 检查委托银行贷款利息收入计算和账务处理是否正确。注意企业计提的利息到期不能收回的,应当停止计提利息,并冲回原已计提的利息,同时关注是否存在人为调节利润现象。					
4. 函证委托银行贷款余额的真实性,分析函证结果。					
5. 逐项检查委托贷款是否存在减值情况,作出详细记录。					
6. 验明委托贷款的披露是否恰当,注意 1 年内到期的委托贷款是否列入交易性金融资产。					

表 5-25

委托贷款减值准备审计程序表

客户：		签 名	日 期	索引号	F09-2
项目：委托贷款减值准备		编制人		页 次	1/1
截止日：		复核人		是否适用	索引号
1. 获取或编制委托贷款准备明细表，复核加计，并与报表数、总账数和明细账核对相符。 2. 检查委托贷款减值准备计提和核销的批准程序，取得书面报告等证明文件。 3. 评价委托贷款减值准备所依据的资料、假设及计提方法。 4. 复核委托贷款减值准备计算的正确性，检查会计处理是否正确。 5. 实际发生损失时，是否符合有关规定，会计处理是否正确。 6. 已经确认并转销的委托贷款重新收回，检查其会计处理是否正确。 7. 比较前期委托贷款减值准备的计提数与实际发生数。 8. 检查期后事项，评价委托贷款减值准备的合理性。 9. 验明委托贷款减值准备的披露是否恰当。					

二、委托贷款及其减值准备审计工作底稿

【案例 5-9】 2006 年 12 月 1 日，AB 公司经批准，将短期闲置的 2 000 万元通过银行委托贷款，月利率为 0.8%，AB 公司作了借记"其他应收款——银行委托贷款"科目 2 000 万元，贷记"银行存款"科目 2 000 万元的会计处理。2007 年 1 月 5 日收到 2006 年 12 月的银行贷款利息收入尚未做会计处理。

审计人员检查了委托贷款的合同，并复算了贷款利率，建议 AB 公司作如下调整分录：

借：委托贷款——银行委托贷款　　　　　　　　　　　　　　　　20 000 000
　　贷：其他应收款——银行委托贷款　　　　　　　　　　　　　　20 000 000
借：应收利息　　　　　　　　　　　　　　　　　　　　　　　　　 160 000
　　贷：投资收益　　　　　　　　　　　　　　　　　　　　　　　　 160 000

据此，审计人员形成委托贷款审定表、委托贷款减值准备审定表，分别如表 5-26、5-27 所示。

表 5-26

委托贷款审定表

客户：AB公司　　　　编制人：李丽　　　日期：2007/3/2　　索引号：F09-3
截止日：2006年12月31日　复核人：张磊　　　日期：2007/3/2　　页次 1/1

委托人姓名	借款人名称	索引号	贷款期限	年/月利率	未审数 原币	未审数 折合本位币	审计调整 借方	审计调整 贷方	审定数 原币	审定数 折合本位币
1年内到期的委托贷款										
小　　计										
超过1年到期的委托贷款										
	W公司		6	0.8%			20 000 000		20 000 000	
小　　计							20 000 000		20 000 000	
合　　计							20 000 000		20 000 000	

审计说明：审计人员检查了委托贷款的合同，并复算了贷款利率，建议AB公司作如下调整分录：
　　借：委托贷款——银行委托贷款　　　　　　　　20 000 000
　　　　贷：其他应收款——银行委托贷款　　　　　　　　20 000 000
　　借：应收利息　　　　　　　　　　　　　　　　160 000
　　　　贷：投资收益　　　　　　　　　　　　　　　　　160 000
审计结论：经调整后，余额2 000万元可以确认。

表 5-27

委托贷款减值准备审定表

客户：AB公司　　　　编制人：李丽　　　日期：2007/3/2　　索引号：F09-4
截止日：2006年12月31日　复核人：张磊　　　日期：2007/3/2　　页次 1/1

借款名称	索引号	未审数	审计调整 借方	审计调整 贷方	审定数
审计说明：					
审计结论：					

注：本例没有提取"委托贷款减值准备金"，故本表不填写。

第十一节 无形资产及其减值准备审计工作底稿的编制

无形资产是企业拥有的、不具有实物形态的非货币性资产,如专利权、非专利技术、商标权、土地使用权等,这种权利可以在1年以上较长的会计期间内为企业提供经济效益。企业应当定期或者至少每年终了,检查各项无形资产预计给企业带来经济效益的能力,对预计可收回金额低于其账面价值的,应当计提减值准备。审计人员根据具体情况,重点注意无形资产的入账价值、摊销及其减值准备计提对会计报表的影响。

一、无形资产审计程序

审计人员可根据具体情况增加或减少无形资产相应的审计程序,并把对常规审计程序的修订记录在审计程序表中。无形资产审计程序表、无形资产减值准备审计程序表,分别如表5-28、表5-29所示。

表5-28

无形资产审计程序表

客户:		签 名	日 期	索引号	F10-1
项目:无形资产	编制人			页 次	1/1
截止日:	复核人			是否适用	索引号
1. 获取或编制无形资产明细表,复核加计,并与报表数、总账和明细账核对相符。					
2. 获取有关协议和董事会纪要等文件、资料,检查无形资产的性质、构成内容、计价依据,其所有权是否归属被审计单位所有;检查无形资产各项目的摊销政策是否符合有关规定,是否与上期一致,若改变摊销政策,检查其依据是否充分。					
3. 检查无形资产的增加:					
3.1 股东投入的无形资产,检查是否符合有关规定,并经过适当的审查批准,无形资产的价值是否分别与验资报告及资产评估结果确认书或合同协议等证明文件一致,会计处理是否正确;					
3.2 为首次发行股票而接受投资者投入的无形资产,审核其是否按照该无形资产在投资方的账面价值作为实际成本;					
3.3 对接受捐赠的无形资产,确认计价是否正确,会计处理是否正确;					

(续表)

3.4 对自行取得或购入的无形资产,检查其原始凭证,确认计价是否正确,法律程序是否完备(如依法登记、注册及变更登记的批准文件和有效期),会计处理是否正确; 3.5 对非货币性交易换入的无形资产,确认计价是否正确,会计处理是否正确; 3.6 对债务人以非现金资产抵偿债务方式取得的无形资产,或以应收债权换入的无形资产,确认计价是否正确,会计处理是否正确; 3.7 检查受让无形资产交纳的契税是否计入无形资产价值。 4. 检查无形资产转让的会计处理是否正确,注意转让的是所有权还是使用权。 5. 检查无形资产摊销年限的确定是否合理,本期摊销额是否正确,会计处理是否正确。 6. 在开发或建造自用项目时,土地使用权账面价值的结转是否正确。 7. 验明无形资产的披露是否恰当。		

表 5-29

无形资产减值准备审计程序表

客户：		签 名	日 期	索引号	F10-2
项目：无形资产减值准备		编制人		页 次	1/1
截止日：		复核人		是否适用	索引号
1. 核对无形资产减值准备报表数、总账、明细账是否相符。 2. 检查无形资产减值准备计提和核销的批准程序,取得书面报告等证明文件。 3. 查明无形资产减值准备计提的方法是否符合规定,前后期是否一致,依据是否充分,并作出记录。 4. 审查本期无形资产减值准备的计提是否符合规定,会计处理是否正确。 5. 审查已计提无形资产减值准备的无形资产价值恢复时的会计处理是否正确。 6. 审查无形资产所有权转让时,无形资产减值准备余额结转是否正确。 7. 验明无形资产减值准备的披露是否恰当。					

二、无形资产审计工作底稿

【**案例 5-10**】 审计人员在审计 AB 公司无形资产时,发现：

1. AB 公司 2006 年 3 月 2 日从当地政府购入一块土地使用权,以银行存款支付转让价款 7 600 000 元,并开始进行建造厂房等开发工程。AB 公司的会计处理为:

(1) 借:无形资产——土地使用权 　　　　　　　　　　　　　　　7 600 000
　　　贷:银行存款 　　　　　　　　　　　　　　　　　　　　　　　7 600 000

(2) 借:在建工程 　　　　　　　　　　　　　　　　　　　　　　　7 600 000
　　　贷:无形资产——土地使用权 　　　　　　　　　　　　　　　7 600 000

2. AB 公司于 2006 年 9 月 1 日将一项专利权出售,取得收入 300 000 元,应交营业税 15 000 元(该专利权取得的原值为 367 520 元,9 月 1 日的摊余价值为 247 520 元,已计提减值准备为 10 000 元),AB 公司的会计处理为:

借:银行存款 　　　　　　　　　　　　　　　　　　　　　　　　　300 000
　　无形资产减值准备 　　　　　　　　　　　　　　　　　　　　　10 000
　　贷:无形资产——专利权 　　　　　　　　　　　　　　　　　　247 520
　　　　应交税费——应交营业税 　　　　　　　　　　　　　　　　15 000
　　　　营业外收入——出售无形资产收益 　　　　　　　　　　　　47 480

3. AB 公司拥有的土地使用权 2006 年年初的摊余价值为 53 199 980 元(2001 年 7 月购入,使用年限为 50 年,原始发生额为 56 000 000 元),本年摊销额为 1 120 008 元。

审计人员检查了 2006 年无形资产增加和减少的相关原始凭证,并复算无形资产摊销无异议。

据此,审计人员形成了无形资产审定表,如表 5-30 所示。

表 5-30

无形资产审定表

客户:AB 公司　　　　　　　编制人:李丽　　　　日期:2007/3/2　　　索引号:F10-3
截止日:2006 年 12 月 31 日　复核人:张磊　　　　日期:2007/3/2　　　页次:1/1

索引号	内容	发生日期	原始发生额	摊销期限	月摊销额	期初余额(摊销金额)	本期摊销额	本期增加	本期减少	期末未审数	调整数	审定数
	土地使用权	2001/7	56 000 000	50年	93 334	53 199 980	1 120 008			52 079 972		52 079 972
	专利权	2003/6	367 520	10年	3 062	272 016	24 496		247 520	0		0
	土地使用权	2006/3						7 600 000	7 600 000	0		0
	合计		56 367 520		96 396	53 471 996	1 144 504	7 600 000	7 847 520	52 079 972		52 079 972

审计说明及分录调整:审计人员审查了 2006 年无形资产增加和减少的相关原始凭证,并复算无形资产摊销,没有异议。经审验证明土地使用权,尚余 46 年 6 个月,共计 588 个月未摊销,应余 52 080 372 元(588×93 334),与未审数数额 52 079 972 元仅差 400 元(计算尾差),说明摊销数额计算正确。审计结论:经调整后,余额 52 079 972 元可以确认。

第十二节　未确认融资费用审计工作底稿的编制

未确认融资费用核算企业融资租入固定资产所发生未实现的融资费用。审计人员应当重点关注未确认融资费用。

一、未确认融资费用审计程序

安排未确认融资费用审计程序，审计人员可以根据具体情况、专业判断增加或减少相应的审计程序，并把对常规审计程序的修订记录在审计程序表中。未确认融资费用审计程序表，如表 5-31 所示。

表 5-31

未确认融资费用审计程序表

客户：		签　名	日　期	索引号	F11-1
项目：未确认融资费用		编制人		页　次	1/1
截止日：		复核人		是否适用	索引号
1. 获取或编制未确认融资费用明细表，复核加计，并与报表数、总账和明细账核对相符。					
2. 查阅有关融资租赁合同、协议等资料，检查是否经授权批准，复核未确认的融资费用计算是否正确，会计处理是否正确。					
3. 检查摊销政策是否符合会计制度的规定，复核计算摊销额及相关会计处理是否正确，前后期是否保持一致，是否存在随意调节利润的情况。					
4. 验明未确认融资费用的披露是否恰当。					

二、未确认融资费用审定表

【案例 5-11】　AB 公司于 2005 年 12 月 3 日与洪兴公司签订了一份租赁合同，主要条款如下：

1. 租赁标的物：饮水机生产线。
2. 起租日：2006 年 1 月 1 日，即生产设备运抵 AB 公司之日。
3. 租赁期：共计 3 年，至 2008 年年末为止。
4. 租金支付方式：每年年初支付租金 54 万元。
5. 该生产线的保险、维护费均有 AB 公司自行负担，估计每年约 2 万元。
6. 该生产线在起租日（即 2006 年 1 月 1 日）的账面价值为 1 670 000 元。
7. 该租赁合同规定的利率为 6%（年利率）。

8. 该生产线的估计使用年限为6年。承租人采用年数总和法计提折旧。

9. 租赁期届满时,该生产线的估计余值为234 000元,其中:由AB公司担保的余值为200 000元,未担保余值为34 000元,AB公司将该生产线交回洪兴公司。

该生产线占AB公司资产总额的40%,且不需安装。在合同约定的租金支付日,AB公司采用实际利率法确认本期应摊销的未确认融资费用。AB公司2001年的会计处理为:

2006年1月1日,租赁开始日:

借:固定资产——融资租入固定资产　　　　　　　　　　　　　1 670 000
　　未确认融资费用　　　　　　　　　　　　　　　　　　　　　150 000
　　贷:长期应付款——应付融资租赁款　　　　　　　　　　　　　　1 820 000

2006年12月31日,确认本年应分摊的融资费用:

借:财务费用　　　　　　　　　　　　　　　　　　　　　　　　84 090
　　贷:未确认融资费用　　　　　　　　　　　　　　　　　　　　　84 090

审计人员复算并确认融资费用及其摊销的过程为:

(1) 最低租赁付款额＝各期租金之和＋承租人担保的资产价值＝

$$540\,000 \times 3 + 200\,000 = 1\,820\,000 (元)$$

(2) 最低租赁付款额折现值＝$540\,000 + 540\,000 \times PA(2,6\%) + 200\,000 \times PV(3,6\%)$＝

$$540\,000 + 540\,000 \times 1.833 + 200\,000 \times 0.840 =$$
$$1\,697\,820(元) > 租赁起始日租赁资产的原账面价值 1\,670\,000(元)$$

(3) 所以,应当以租赁起始日租赁原账面价值1 670 000元为租入资产的入账价值。

(4) 未确认融资费用＝最低租赁付款额－租赁资产的入账价值＝

$$1\,820\,000 - 1\,670\,000 = 150\,000(元)$$

(5) 融资费用的分摊率就是使得租赁开始日最低租赁付款额的现值等于租赁开始日租赁资产的原账面价值的原折现率。其公式表达如下:

设定该利率为 r

$$540\,000 \times PA(2,r) + 540\,000 + 200\,000 \times PV(3,r) = 1\,670\,000(元)$$

当 $r=7\%$ 时:

$$540\,000 \times (1+1.808) + 200\,000 \times 0.816 = 1\,679\,520(元) > 1\,670\,000(元)$$

当 $r=8\%$ 时:

$$540\,000 \times (1+1.783) + 200\,000 \times 0.794 = 1\,661\,620(元) < 1\,670\,000(元)$$

用插入法计算如下:

现 值	利 率
1 679 520	7%
1 670 000	r
1 661 620	8%

$$(1\ 679\ 520 - 1\ 670\ 000) \div (1\ 679\ 520 - 1\ 661\ 620) = (7\% - r) \div (7\% - 8\%)$$

经计算，$r = 7.53\%$。

即融资费用分摊率为 7.53%。

2006 年 12 月 31 日，

确认本年应分摊的融资费用 = $(1\ 670\ 000 - 540\ 000) \times 7.53\% = 85\ 090$（元）

据此，审计人员形成了未确认融资费用审定表，如表 5-32 所示。

表 5-32

未确认融资费用审定表

客户：AB 公司　　　　　编制人：李丽　　　日期：2007/3/2　　索引号：F11-2
截止日：2006 年 12 月 31 日　复核人：张磊　　　日期：2007/3/2　　页次：1/1

融资租赁固定资产项目	索引号	原始金额	摊销方法	期初数	本期增加	本期摊销	未审数	审计调整 借方	审计调整 贷方	审定数
饮水机生产线		150 000	实际利率法	150 000		85 090	64 910			85 090
合　计		150 000		150 000		85 090	64 910			85 090
审计说明：审计人员复算未确认融资费用及其摊销，并检查了相关的会计处理，没有异议。										
审计结论：余额 64 910 元可以确认。										

第十三节　长期待摊费用审计工作底稿的编制

长期待摊费用核算企业已经支出，但摊销期限在 1 年以上（不含 1 年）的各项费用，包括固定资产修理支出、租入固定资产的改良支出以及摊销期限在 1 年以上的其他待摊费用。审计人员应当重点对费用支出的真实性、合理性及其摊销进行审查。

一、长期待摊费用审计程序

安排长期待摊费用的审计程序，审计人员可以根据具体情况、专业判断增加或减少相应的审计程序,并把对常规审计程序的修改记录在审计程序表中。长期待摊费用审计程序表,如表 5-33 所示。

表 5-33

长期待摊费用审计程序表

客户：		签　名	日　期	索引号	F12-1
项目：长期待摊费用		编制人		页　次	1/1
截止日：		复核人		是否适用	索引号
1. 获取或编制长期待摊费用明细表,复核加计,并与报表数、总账和明细账核对相符。 2. 抽查重要的原始凭证,检查长期待摊费用增加的合法性和真实性,查阅有关合同、协议等资料和支出凭证,是否经授权批准,会计处理是否正确,是否存在应计入期间费用的支出,租入固定资产改良支出与修理费的划分是否正确。 3. 检查长期待摊费用各项目评估是否能使企业在以后会计期间受益,如不能,应提请将其摊余价值转入当期损益。 4. 检查摊销政策是否符合会计制度的规定,复核计算摊销额及相关会计处理是否正确,前后期是否保持一致,是否存在随意调节利润的情况。 5. 对企业筹建期间发生的费用,了解被审计单位开始生产经营期第一笔交易的发生日期,审查筹建期间发生的费用是否一次性计入开始生产经营当月的损益。 6. 验明长期待摊费用的披露是否恰当。注意剩余摊销年限在 1 年以内的长期待摊费用是否在会计报表预付费用(待摊费用)项目反映。					

二、长期待摊费用审定表

【案例 5-12】 AB 公司资产负债表"长期待摊费用"项目,列示数额为 4 406 000 元,经审验：

1. 装修费用每月应摊 180 000 元,全年共应摊 2 160 000 元,实摊 1 440 000 元,少摊 720 000 元。审计人员建议调整分录为：

　　借：管理费用　　　　　　　　　　　　　　　　　　　　　　　　720 000
　　　　贷：长期待摊费用　　　　　　　　　　　　　　　　　　　　　　720 000

2. 公司在被审计年度 12 月份将管理费 800 000 元转入"长期待摊费用"科目,管理费用属于期间费用,应在本期全部扣除。应作如下调整：

　　借：管理费用　　　　　　　　　　　　　　　　　　　　　　　　800 000
　　　　贷：长期待摊费用　　　　　　　　　　　　　　　　　　　　　　800 000

审计人员据此编制长期待摊费用审定表,如表 5-34 所示。

表 5-34

长期待摊费用审定表

客户：AB 公司　　　　　　编制人：李丽　　日期：2007/3/2　　索引号：F12-2
截止日：2006 年 12 月 31 日　　复核人：张磊　　日期：2007/3/2　　页次：1/1

索引号	内容	发生日期	原始发生额	摊销期限	月摊销额	期初余额（摊销金额）	本期摊销额	期末未审数	调整数	审定数
	装修费用	2001/2	2 520 000	60 个月	42 000	1 050 000	504 000	546 000		546 000
	装修费用	2001/2	10 800 000	60 个月	180 000	4 500 000	1 440 000	3 060 000	−720 000	2 340 000
	管理费用	2003/12	800 000					800 000	−800 000	
	合计					555 000	1 944 000	4 406 000	−1 520 000	2 886 000

审计说明分录调整：
1. 装修费用摊入 2 160 000 元,实摊 720 000 元,调整分录为：
　　借：管理费用　　　　　　　　　　　　　　　　　　　　720 000
　　　贷：长期待摊费用　　　　　　　　　　　　　　　　　　　　720 000
2. 管理费用不能挂入长期待摊费用,调整分录为：
　　借：管理费用　　　　　　　　　　　　　　　　　　　　800 000
　　　贷：长期待摊费用　　　　　　　　　　　　　　　　　　　　800 000

审计结论：经调整后,余额 2 886 000 元可以确认。

第十四节　长短期借款审计工作底稿的编制

借款是企业为了扩大经营规模进行基建投资或为了生产经营的需要,而向金融机构或其他单位借入的款项。一般情况下,借款的数额不仅在企业负债中所占比重较大,而且需要定期支付一定的利息,直接影响期间损益。另外,借款方式和条件的约定,很可能还会影响到未来的财务状况,因此,审计人员应当重点通过索取审阅借款合同、检查会计凭证等审计程序,确认银行存款各项目的真实性和记录完整性,关注被审计单位是否低估负债以及逾期借款对会计报表的影响。

一、长短期借款审计程序

安排短期、长期借款审计程序时,审计人员可以根据具体情况、专业判断增加或减少相应的审计程序,并把对常规审计程序的修改记录在审计程序表中。短期借款审计程序表、长期借款审计程序表,分别如表5-35、表5-36所示。

表5-35

短期借款审计程序表

客户:		签 名	日 期	索引号	F13-1
项目:短期借款		编制人		页 次	1/1
截止日:		复核人		是否适用	索引号
1. 获取或编制短期借款明细表,复核加计,并与报表数、总账和明细账核对相符。					
2. 索取并检查借款合同、协议和授权批准或其他有关资料和收款凭证,确认其真实性,并与会计分录核对,索取贷款证(或IC卡)。					
3. 检查本期各项借款的借入、偿还情况,核对会计分录和原始凭证。					
4. 检查期末有无到期末未还的借款,逾期借款是否办理了延期手续。					
5. 向银行和其他金融机构函证,并与期末短期借款核对。					
6. 检查利息计算的依据,复核应计利息的正确性,并与"预提费用"、"财务费用"等相关账户核对,确认全部利息费用已记入相关账户。注意用于购建固定资产费用处理是否正确。					
7. 按照平均借款总额与平均利率测算应付利息费用与利息费用和利息资本化之和比较。					
8. 对于非记账本位币的短期借款,检查其所用的折算汇率是否正确。					
9. 对于以财产抵押的借款,应注意有关抵押资产的所有权归属和借款合同规定的限制条款,必要时予以适当披露。					
10. 检查是否存在超标准的借款利息,必要时进行应纳税所得额调整。					
11. 验明短期借款的披露是否恰当。					

表5-36

长期借款审计程序表

客户:		签 名	日 期	索引号	F13-2
项目:长期借款		编制人		页 次	1/1
截止日:		复核人		是否适用	索引号
1. 获取或编制长期借款明细表,复核加计,并与报表数、总账和明细账核对相符。					

(续表)

2. 索取并检查本期借款项目的借款合同、协议和授权批准或其他有关资料和收款凭证,确认其真实性,并与会计分录核对,索取贷款证(或 IC 卡)。	
3. 检查长期借款的使用是否符合借款合同的规定,关注长期借款使用的合理性。	
4. 检查本期各项借款的借入及偿还情况,核对会计记录和原始凭证,并将期末借款余额与银行凭证核对相符,予以确认。	
5. 检查期末有无到期末未还的借款,逾期借款是否办理了延期手续,计算逾期贷款的金额及占贷款总额的比例,结合金融机构对被审计单位的信用等级评定情况,评价被审计单位的资信程度和偿债能力。	
6. 向银行和其他金融机构函证,并与长期借款期末余额核对。	
7. 检查利息计算的依据,复核应计利息的正确性,并与"在建工程"、"财务费用"等相关科目核对,确认全部利息费用已记入相关账户。检查借款费用的会计处理是否正确,特别注意用于购建固定资产费用资本化处理是否正确。	
8. 按用于长期资产的平均借款额与平均利率测算应资本化的利息费用并与账面金额比较。	
9. 对于非记账本位币的长期借款,检查其所用的折算汇率是否正确。	
10. 对长期借款按币种及借款种类进行分类,对于以财产抵押的长期借款,应注意有关抵押资产的所有权归属和借款合同规定的限制条款,必要时予以适当披露。	
11. 检查是否存在超过人民银行所规定的借款利息,必要时进行应纳税所得额调整。	
12. 检查企业重大的资产租赁合同,判断被审计单位是否存在资产负债表外融资现象。	
13. 验明长期借款的披露是否恰当。注意长期借款中 1 年内到期的部分是否列为流动负债。	

二、长、短期借款审计工作底稿

安排短期、长期借款审定表时,审计人员可以根据具体情况、专业判断把对常规审计的修改记录在长、短期借款审定表中。短期借款审定,如表 5-37 所示。

表 5-37

短期借款审定表

客户：AB公司　　　　编制人：李丽　　日期：2007/3/2　　索引号：F13-3
截止日：2006年12月31日　　复核人：张磊　　日期：2007/3/2　　页次：1/1

贷款银行	索引号	借款期间	月利率	期初数	本期增加	本期减少	未审数	审计调整 借方	审计调整 贷方	审定数
抵押贷款										
小　　计										
担保借款										
工行××办		1年	8%	3 000 000			3 000 000			3 000 000
中行××办		1年	8%		2 000 000		2 000 000			2 000 000
交行××办		1年	8%		2 000 000		2 000 000			2 000 000
小　　计					3 000 000		7 000 000			7 000 000
信用借款										
小　　计										
合　　计										
审计说明：经审验借款合同和询证借入行，无不符事项。										
审计结论：经审计，余额7 000 000元可以确认。										

【案例5-13】 AB公司审计年度资产负债表列示"长期贷款"16 400 000元(200万美元)。经审验借款合同，合同所列借款期限、借款利率和借款条件等条约均与报表数一致，并与明细账和总账核对相符。但在审计过程中发现：长期借款借入中行××办200万美元(借款日期为审计年度的7月1日，年利率为8%，借款日外汇牌价为8.2元人民币/美元)，未按规定计提当期应付利息，也未按资产负债表日外汇牌价调整账面记账本位币(人民币)金额(12月31日外汇牌价8.25元人民币/美元)。故建议作如下调整：

(1) 借：在建工程——利息支出(2 000 000美元×8%×1÷2×8.25元人民币/美元)　660 000
　　　　贷：长期借款——中行××办　　　　　　　　　　　　　　　　　　　　660 000
　　注：未考虑财务费用利息支出资本化因素。

(2) 借：在建工程——汇兑损益(2 000 000 美元×(8.25－8.2)元人民币/美元)   100 000
    贷：长期借款——中行××办   100 000

据此,审计人员编制长期借款审定表,如表 5-38 所示。

表 5-38

长期借款审定表

客户：AB 公司　　　　　　编制人：李丽　　　日期：2007/3/2　　索引号：F13-4
截止日：2006 年 12 月 31 日　复核人：张磊　　日期：2007/3/2　　页次：1/1

单位名称	实际借款用途	借款期间	借款条件	年利率	期初余额		本期增加		本期减少		审计调整		审定数	
					本金	利息	本金	利息	本金	利息	借方	贷方	本金	利息
中行××办	建设生产线	7.1	厂方抵押	8%			1 640 000					76 000	1 650 000	660 000
合计							1 640 000					76 000	1 650 000	660 000

审计说明：
1. 长期借款 200 万美元,本年少计利息 8 万美元,调整分录为：
         借：财务费用   660 000
             贷：长期借款   660 000
2. 长期借款期末应按资产负债表日外汇牌价计算汇兑损益 100 000 元,调整分录为：
         借：财务费用   100 000
             贷：长期借款   100 000

审计结论：经调整后,760 000 元余额可以确认。

第十五节　应付股利审计工作底稿的编制

应付股利核算企业经董事会或股东大会,或类似机构决议确定分配的现金股利和利润。审计人员应当获取被审计单位的章程、协议及董事会会议纪要等,复核应付股利的正确性和合法性。

一、应付股利审计程序

安排应付股利审计程序,审计人员可以根据具体情况、专业判断增加或减少相应的审计程序,并把对常规审计程序的修改记录在审计程序表中。应付股利审计程序表,如表 5-39 所示。

表 5-39

应付股利审计程序表

客户：		签 名	日 期	索引号	F14-1
项目：应付股利		编制人		页 次	1/1
截止日：		复核人		是否适用	索引号
1. 获取或编制应付股利明细表,复核加计,并与报表数、总账和明细账核对相符。					
2. 审阅公司章程、股东大会和董事会会议纪要中有关股利的规定,了解股利分配标准和发放方式是否符合有关规定并经法定程序批准。					
3. 检查应付股利的发生额,是否根据董事会或股东大会决定的利润分配方案,从税后可供分配利润计算确定,并复核应付股利计算和会计处理的正确性。					
4. 被审计单位董事会确定的上期利润分配方案,如股东大会决议作了修改,应按股东大会决议调整应付利润的期初数,检查有关会计处理是否正确。					
5. 检查股利支付的原始凭证的内容和金额是否正确：					
5.1 现金股利是否按公告规定的时间、金额予以发放结算,对无法结算及委托发放而长期未结的股利是否作出适当处理；					
5.2 股利宣布、结算、转账的会计处理是否正确、适当。					
6. 验明应付股利的披露是否恰当。					

二、应付股利审定表

【案例 5-14】 审计人员审计 2006 年 AB 公司资产负债表"应付股利"项目时发现：

2007 年 1 月 25 日,AB 公司召开董事会,根据本期所实现净利润 8 000 000 元,经董事会讨论决定除提取法定盈余公积 800 000 元、任意盈余公积 400 000 元外,其余 6 800 000 元拟提交股东大会批准发放现金股利 4 000 000 元。

审计人员建议 AB 公司作如下调整：

    借：利润分配——应付普通股股利   4 000 000
      贷：应付股利——国家股   2 400 000
         ——法人股   400 000
         ——个人股   1 200 000

据此,审计人员编制应付股利审定表,如表5-40所示。

表 5-40

应付股利审定表

客户:AB公司　　　　　　编制人:李丽　　　日期:2007/3/2　　索引号:F14-2
截止日:2006年12月31日　　复核人:张磊　　　日期:2007/3/2　　页次:1/1

股份类型及股东名称	索引号	期初数	本期增加	本期减少	未审数	审计调整 借方	审计调整 贷方	审定数
国家股		3 000 000	2 400 000	3 000 000	2 400 000			2 400 000
法人股		500 000	400 000	500 000	400 000			400 000
个人股		1 500 000	1 200 000	1 500 000	1 200 000			1 200 000
合　　计		5 000 000	4 000 000	5 000 000	4 000 000			4 000 000

审计说明及调整分录:1月25日董事会会议决议按净利润50%分配普通股股利,提请股东大会批准。根据有关规定应作如下调整:
　　借:利润分配　　　　　　　　　　　　　　　　　　　　4 000 000
　　　贷:应付股利　　　　　　　　　　　　　　　　　　　　　　4 000 000

审计结论:经审计,余额4 000 000元可以确认。

第十六节　其他应付款审计工作底稿的编制

其他应付款核算企业应付、暂收其他单位或个人的款项,如应付经营租入固定资产和包装物租金、职工未按期领取的工资、存入保证金、应付暂收款项等,审计人员应重点关注被审计单位与关联方往来、企业间拆借、隐藏收入、成本和费用等事项相关的其他应付款项。

一、其他应付款审计程序

安排其他应付款审计程序,审计人员可以根据具体情况、专业判断增加或减少相应的审计程序,并把对常规审计程序的修改记录在审计程序表中。其他应付款审计程序表,如表5-41所示。

表 5-41

其他应付款审计程序表

客户：		签 名	日 期	索引号	F15-1
项目：其他应付款		编制人		页 次	1/1
截止日：		复核人		是否适用	索引号
1. 获取或编制其他应付款明细表： 1.1 核对加计，并与报表数、总账和明细账核对相符； 1.2 分析有借方余额的项目，查明原因，必要时作重分类调整； 1.3 结合应付账款、明细余额，查明是否有双方同时挂账的项目，核算内容是否重复，必要时作重分类调整； 1.4 标出应付关联方(包括持股 5% 以上的股东)的款项，并注明合并报表时应抵销的金额，标出其他大额占本项目余额 10%(含)以上的非关联方款项，并注意款项的性质及变动情况。 2. 请被审计单位协助，在其他应付款明细表上标出截至审计日已支付的其他应付款项，抽查付款凭证、银行对账单等，并注意这些凭证发生日期的合理性。 3. 判断选择金额为( )元以上和异常的明细余额，检查其原始凭证，并考虑向债权人函证。 4. 对非记账本位币结算的其他应付款，检查其折旧汇率是否正确。 5. 审核资产负债表日后( )天的付款事项，确定有无未及时入账的其他应付款。 6. 检查长期未结的其他应付款，并作妥善处理，注意长期未结的其他应付款是否已进行应纳税所得额的调整。 7. 检查是否存在超标准的职工教育经费和工会经费，必要时进行应纳税所得额的调整。 8. 检查其他应付款中关联方的余额是否正常，如数额较大或有异常现象，应查明原因，追查至原始凭证并作适当披露。 9. 查明其他应付款的披露是否恰当。					

二、其他应付款审定表

【案例 5-15】 AB 公司资产负债表"其他应付款"项目列示数额为 6 700 000 元，经审计，应付给 W 公司股东单位 670 万元，虽取得回函，但该应付款在 W 公司的账龄在 3 年以上且又为 AB 公司股东单位,原系 2003 年 8 月以借用资金为名,经董事长、经理签署收取,经办人员对此未做出合理解释,审计人员亦无法得出合理判断,故拟于在审计报告中发表保留意见。

据此,审计人员编制其他应付款审定表,如表 5-42 所示。

表 5-42

其他应付款审定表

客户:AB 公司　　　　　编制人:李丽　　　日期:2007/2/3　　索引号:F15-2
会计期间:2006 年 12 月 31 日　复核人:张磊　　　日期:2007/2/3　　页次:1/1

其他应付款单位	索引号	未审数	调整数	重分类调整数	审定数	备　　注
一、关联方						
W 公司		6 700 000			6 700 000	经查验,本款项系 2003 年 8 月以借用资金为名,经董事长和经理签署收取,虽已取得函证,但经办人员未能做出合理解释,无法做出合理判断,应予以保留。
小　　计		6 700 000			6 700 000	
二、非关联方						
A 公司		1 000 000			1 000 000	期后支付
B 公司		700 000			700 000	
小　　计		1 700 000			1 700 000	
合　　计		8 400 000			8 400 000	

审计说明及调整分录:经查验,应付 W 公司的款项系 2003 年 8 月以借用资金为名,经董事长和经理签署收取,虽已取得函证,但经办人员未能做出合理解释,无法做出合理判断,应予以保留。

审计结论:除 W 公司的 6 700 000 元外,其余数额予以确认。

第十七节　预计负债审计工作底稿的编制

预计负债核算企业各项预计的负债,包括对外提供担保、商业承兑票据贴现、未决诉讼、产品质量保证等可能产生的负债。审计人员应当重点在获取审计年度内所有或有事项的相关法律文书的基础上,判断被审计单位预计负债的估计是否合理、充分及其对会计报表的影响。

一、预计负债审计程序

安排预计负债审计程序表时,审计人员可以根据具体情况、专业判断增加或减少相应的审计程序,并把对常规审计程序的修改记录在审计程序表中。预计负债审计程序表,如表 5-43 所示。

表 5-43

预计负债审计程序表

客户:		签 名	日 期	索引号	F16-1
项目:预计负债	编制人			页 次	1/1
截止日:	复核人			是否适用	索引号
1. 获取或编制预计负债明细表,核对加计,并与报表数、总账和明细账核对相符。 2. 对期末预计负债余额与上期期末余额进行比较,揭示其波动原因。 3. 了解预计负债发生的情况,审查是否符合确认条件,会计处理是否正确: 3.1 对未决诉讼或仲裁事项向被审计单位律师进行函证,核实事项的真实性; 3.2 对已贴现商业承兑汇票、背书转让票据、为其他单位提供债务担保事项,检查其相关凭证资料; 3.3 抽查资产负债表日后预计负债的明细账及现金、银行存款日记账,核实其是否已经支付并转销。 4. 复核预计负债金额的计算,评价其合理性。 5. 审查是否存在预期补偿,其确认是否符合规定,会计处理是否正确。 6. 审查预计负债得以证实的会计处理是否正确。 7. 检查是否存在影响预计负债的期后事项: 7.1 结合管理当局声明书检查被审计单位在资产负债表日存在金额能够可靠计量,并且很可能导致经济利益流出的现时义务; 7.2 对资产负债表日后被审计单位因为已贴现商业承兑汇票、背书转让票据、未决诉讼或仲裁、为其他单位提供债务担保,以及其他或有负债导致的经济利益流出,检查其入账时间是否合理。 8. 验明预计负债的披露是否恰当。					

二、预计负债审定表

【案例 5-16】 AB 公司会计报表中预计负债为 520 000 元,经审计,审计人员证实预计负债 520 000 元为上年结转而来,与上年度预计负债审定表索引相符。但在检查或有事项时,审计人员发现如下事项:

AB 公司欠 B 公司货款 2 000 万元,按合同规定 AB 公司应于 2006 年 10 月底以前付清货款,但 AB 公司未按期付款,为此,B 公司向法院提起起诉。2006 年 12 月 15 日,法院一审判决 AB 公司向 B 公司支付所有货款,并按每日 10‰的利率支付货款延付期间的利息 90 万元;此外,还应承担诉讼费 2 万元。三项合计 2 092 万元。AB 公司不服判决,认为 AB 公司所提供的货物不符合双方原先约定条款的要求,并据此向上一级法院提起诉讼,向 B 公司提出索赔要求,金额为 40 万元。截至 2006 年 12 月 31 日,该诉讼仍在审理中。

审计人员通过向律师函证,获取律师声明书(参考格式 5-1),认为 AB 公司该未决诉讼符合或有负债确认的标准,应作如下调整分录:

借:管理费用——诉讼费　　　　　　　　　　　　　　20 000
　　营业外支出——罚息支出　　　　　　　　　　　　900 000
　　贷:预计负债——未决诉讼　　　　　　　　　　　　920 000

据此,审计人员形成预计负债审定表,如表 5-44 所示。

【参考格式 5-1】

律师询证函

索引号:

华兴律师事务所:
李永律师:

本公司已聘请精华会计师事务所对本公司 2006 年 12 月 31 日(以下简称资产负债表日)的资产负债表以及截至资产负债表日的该年度利润分配表和现金流量表进行审计,为配合该项审计,谨请贵律师基于受理本公司委托工作(诸如常年法律顾问、专项咨询和诉讼代理等),提供下述资料,并函告精华会计师事务所:

一、请说明存在于资产负债表日且自该日起至本函回复日止本公司委托贵公司律师代理进行的任何未决诉讼。该说明中谨请包含以下内容:

1. 案件的简要事实经过与目前的发展进程;

2. 在可能的范围内,贵律师对于本公司管理当局就上述案件所持的看法及处理计划(如庭外和解设想)的了解,及您对可能发生结果的意见;

3. 在可能的范围内,您对本公司可能发生的损失或收益的可能性及金额的估计。

二、请说明存在于资产负债表日并且自该日起至本函复函日止,本公司曾向贵律师咨询的其他诸如未决诉讼、追索债权、被追索债务以及政府有关部门对本公司进行的调查等可能涉及本公司法律责任的事件。

三、请说明截至资产负债表日本公司与贵律师事务所就律师服务费的结算情况(如有可能,请依据服务项目区分)。

烦请把回函,按以下地址,寄往精华会计师事务所。

精华会计师事务所地址:北京市海淀区增光路8号

　　邮政编码:100081　　　　　　传真:010-6228967

谢谢合作!

(AB公司盖章)

公司负责人:王浩

日期:2007年2月4日

律师询证函复函

精华会计师事务所:

有关你们对AB公司2006年12月31日会计报表的审计,我们证明如下:

1. 2006年度,我们代表AB公司参与的唯一法律诉讼事项是:AB公司欠B公司货款2 000万元,按合同规定AB公司应于2006年10月底以前付清货款,但AB公司未按期付款,为此,B公司向法院提起起诉。2006年12月15日,法院一审判决AB公司向B公司支付所有货款,并按每日10‰的利率支付货款延付期间的利息90万元;此外,还应承担诉讼费2万元。三项合计2 092万元。AB公司不服判决,认为AB公司所提供的货物不符合双方原先约定条款的要求,并据此向上一级法院提起诉讼,向B公司提出索赔要求,金额为40万元。截至2006年12月31日,该诉讼仍在审理中。

由一审判决结果表明,AB公司因诉讼承担了一项现实义务,可能导致92万元经济利益流出企业。

除此之外,我们未注意到存在针对AB公司的潜在诉讼案件。

2. 截至2006年12月31日,该公司未积欠律师任何服务费。

华兴律师事务所

李永(签章)

2007年2月10日

表 5-44

预计负债审定表

客户：AB公司　　　　编制人：李丽　　　日期：2007/2/3　　　索引号：F16-2
会计期间：2006年12月31日　复核人：张磊　　日期：2007/2/3　　　页次：1/1

项　目	索引号	期初数	本期增加	本期减少	未审数	审计调整 借方	审计调整 贷方	审定数
或有诉讼		520 000			520 000		920 000	1 440 000
合　计		520 000			520 000		920 000	1 440 000

审计说明：索引上年度审计工作底稿，确认期初数。向律师发函证实本年度或有诉讼中最有可能发生的损失920 000元，建议调整分录为：

　　借：管理费用——诉讼费　　　　　　　　　　　　　　　20 000
　　　　营业外支出——罚息支出　　　　　　　　　　　　　900 000
　　贷：预计负债——未决诉讼　　　　　　　　　　　　　　920 000

审计结论：经调整后，余额1 440 000元可以确认。

第十八节　应付债券审计工作底稿的编制

应付债券是企业依照法定程序发行的，约定在一定时间内还本付息的有价债券，其核算内容包括企业为筹集长期资金而实际发行的债券及应付利息。审计人员应当重点关注应付债券的偿还、应计利息、债券折（溢）价的摊销及其对会计报表的影响。

一、应付债券审计程序

安排应付债券审计程序时，审计人员应当根据具体情况、专业判断增加或减少相应的审计程序，并把对常规审计程序的修改记录在审计程序表中。应付债券审计程序表，如表5-45所示。

表 5-45

应付债券审计程序表

客户：		签 名	日 期	索引号	F17-1
项目：应付债券	编制人			页 次	1/1
截止日：	复核人			是否适用	索引号
1. 获取或编制应付债券明细表，复核加计，与报表数、总账和明细账核对相符。 2. 检查债券发行的依据和有关审批文件，与会计记录核对是否相符。 3. 检查应计利息的计算、债券溢（折）价摊销是否准确，会计处理是否符合会计制度的规定；检查借款费用的会计处理是否正确；用于购建固定资产的应付债券，其利息资本化处理是否正确。 4. 必要时向债券包销人函证债券余额的真实性。 5. 检查是否存在到期未付债券偿还的原始凭证，了解原因，做出相应的处理。 6. 检查到期债券偿还的原始凭证及会计处理是否正确。 7. 对可转换公司债券的转股，应索取确定转股价格的依据，并检查其会计处理是否正确。 8. 验明应付债券的披露是否恰当，注意 1 年内到期的应付债权应列入流动负债。					

二、应付债券审定表

审计人员应通过查验"应付债券"科目所有明细项目会计记录原始凭证，确认其处理的合法性和完整性，如系本期新发行的债券，还应索取获得发行的批准文件和有关发行方案，作为审验确认的审计证据。

【案例 5-17】 AB 公司 2004 年 8 月 1 日发行 5 年期企业债券，面值 2 元，票面利率年息 6％，溢价发行价格 2.20 元，发行总面值 4 000 万元。2006 年度资产负债表"应付债券"项目列示数额 46 266 674 元，经审验：

1. 该债券截至期末已发行日期为 17 个月（5＋12），按每月溢价应摊销额 66 666 元（4 000 000÷60），累计摊销 1 133 322 元，本年期末未摊销数应结余 2 866 678 元。

2. 该债券截至期末已发行日期为 17 个月（5＋12），按每月应计利息 200 000 元［(40 000 000×6％)÷12］，计算累计应计利息 3 400 000 元。

据此，审计人员编制应付债券审定表，如表 5-46 所示。

表 5-46

应付债券审定表

客户：AB公司　　　　　编制人：李丽　　　日期：2007/3/2　　　索引号：F17-2
截止日：2006年12月31日　　复核人：张磊　　　日期：2007/3/2　　　页次：1/1

索引号	项　目	发行日期	面　值	溢　价	折　价	应计利息	合　计
（略）	5年期企业债券	2004.8.1	40 000 000	3 666 670		1 000 000	44 666 670
（略）	本年增加或摊销			799 992			799 992
	本期偿还						
	应计利息						
	期末余额		40 000 000	2 866 678		3 400 000	46 266 678
	调整数						
	审定数		40 000 000	2 866 678		3 400 000	46 266 678
审计说明及调整分录：经按发行债券票面利率和溢价摊销办法计算，报表数额正确。							
审计结论：经审计，报表数额46 266 678元可以确认。							

第十九节　长期应付款审计工作底稿的编制

长期应付款核算企业除长期借款和应付债券外的其他各种长期性质的应付款项，主要包括应付款融资租入固定资产的租赁费用，应付采用补偿贸易方式引入国外设备的价款等。由于长期应付款是在未来一定时期内需要偿还的债务，数额的真实性不仅影响到被审计单位的负债结构，同时也影响到未来期间的财务状况的变化，因此，审计人员应当重点核查有关合同资料，以确认长期应付款真实性和记录完整性。

一、长期应付款审计程序

安排长期应付款审计程序时，审计人员可根据具体情况增加或减少相应的审计程序，并把对常规审计程序的修改记录在审计程序表中。长期应付款审计程序表，如表5-47所示。

表 5-47

长期应付款审计程序表

客户：		签　名	日　期	索引号	F18-1
项目：长期应付款		编制人		页　次	1/1
截止日：		复核人		是否适用	索引号
1. 获取或编制长期应付款明细表： 1.1 复核加计正确，并与报表数、总账和明细账核对相符； 1.2 检查长期应付款内容是否符合相关会计制度的规定。					

(续表)

2. 审查各项长期应付款相关的契约,有无抵押情况。对融资租赁固定资产应付款,还应审阅融资租赁合约规定的付款条件是否履行,检查授权批准手续是否齐全,并作适当记录。 3. 向债权人函证重大的长期应付款。 4. 检查各项长期应付款本息的计算是否准确,会计处理是否正确;注意因购建固定资产而发生的利息等费用的处理是否正确。 5. 检查与长期应付款有关的汇兑损益是否按规定进行了会计处理。 6. 验明长期应付款的披露是否恰当,注意1年内到期的长期应付款应列入的流动负债。	

二、长期应付款审定表

审计人员应根据被审计单位长期应付款项目所有明细项目,逐项索取相关协议、合同,查验会计记录及相关附件,确认其计价以及应付款数额的正确性。

【案例5-18】 AB公司资产负债表"长期应付款"项目6 000 000元,审计人员经索取融资租赁合同,查验相关内容,发现该项目系2006年1月1日向某金融租赁公司租赁某设备,按合同约定每年支付租赁费2 000 000元,根据上述条款审验会计记录完整,数额正确。

据此,审计人员编制长期应付款审定表,如表5-48所示。

表5-48

长期应付款审定表

客户：AB公司　　　　　　　编制人：李丽　　　　日期：2007/3/2　　　索引号：F18-2
截止日：2006年12月31日　　复核人：张磊　　　　日期：2007/3/2　　　页次：1/1

索引号	项目	原始价值	每年支付余额	未审数	调整数	审定数	
	某租赁公司						
	某设备	10 000 000	2 000 000	6 000 000		6 000 000	
审计说明及调整分录：经审阅租赁合同,会计处理及数额正确。							
审计结论：经审计,长期应付款余额6 000 000元,可以确认。							

第二十节　专项应付款审计工作底稿的编制

专项应付款核算企业接受国家拨入的具有专门用途的拨款,如专项用于技术改造、技术研究等,以及从其他来源取得的款项。审计人员应当重点检查专项应付款拨入的相关文件及其会计处理,以确定专项应付款发生的真实性。

一、专项应付款审计程序

安排专项应付款审计程序时,审计人员应当根据具体情况、专业判断增加或减少相应的审计程序,并把对常规审计程序的修改记录在审计程序表中。专项应付款审计程序表,如表 5-49 所示。

表 5-49

专项应付款审计程序表

客户:		签 名	日 期	索引号	F19-1
项目:专项应付款	编制人			页 次	1/1
会计期间:	复核人			是否适用	索引号
1. 获取或编制专项应付款明细表; 1.1 复核加计正确,并与报表数、总账和明细账核对相符; 1.2 检查专项应付款内容是否符合相关会计制度的规定。 2. 审查专项应付款的批准文件,确定专项应付款发生的真实性。 3. 检查专项应付款转销的会计处理是否正确,特别注意未形成相应资产的专项应付款,其核销是否经批准。 4. 检查拨款项目完成情况,关注其结余上交的会计处理是否正确。 5. 验明专项应付款的披露是否恰当,注意 1 年内到期的专项应付款应列入的流动负债。					

二、专项应付款审定表

【案例 5-19】 AB 公司会计报表中列示专项应付款为 240 000 元,经审计,审计人员发现:

1. 2006 年 3 月 4 日,国家拨给 AB 公司研制某产品的款项 6 000 000 元,2006 年度研制该产品支出 2 000 000 元。AB 公司的会计处理为:

  借:银行存款   6 000 000
    贷:专项应付款   6 000 000
  借:生产成本   4 000 000
    贷:银行存款   4 000 000

2. 2006 年 12 月份,AB 公司把研制成功的 Y 技术运用于生产,Y 技术属于国家 2006 年 1 月专项拨款 8 240 000 元扶持 AB 公司研制开发的,研制 Y 技术的研究开发支出为 10 040 000 元。AB 公司的会计处理为:

>   借：无形资产——Y技术　　　　　　　　　　　　　　　　10 040 000
>   贷：生产成本　　　　　　　　　　　　　　　　　　　　　　10 040 000

审计人员获取了国家拨付 AB 公司的专项款项的相关文件及其原始凭证，并检查了研究开发时成本归集，没有异议。

由于 Y 技术归 AB 公司自己使用，应当在结转成本的同时，将专项应付款转入资本公积，因此，审计人员建议的调整分录为：

>   借：专项应付款——Y技术　　　　　　　　　　　　　　　 8 240 000
>   贷：资本公积　　　　　　　　　　　　　　　　　　　　　　 8 240 000

据此，审计人员形成了专项应付款审定表，如表 5-50 所示。

表 5-50

专项应付款审定表

客户：AB公司		编制人：李丽	日期：2007/3/2	索引号：F19-2
截止日：2006年12月31日		复核人：张磊	日期：2007/3/2	页次：1/1

投资类型	索引号	未审数	审计调整		审定数
			借方	贷方	
X产品		6 000 000			6 000 000
Y产品		8 240 000	8 240 000		0
合　计		14 240 000	8 240 000		6 000 000

审计说明：获取了国家拨付 AB 公司的专项款项的相关文件及其原始凭证，并检查了研究开发时成本归集，没有异议。

将专项应付款转入资本公积的调整分录为：

>   借：专项应付款——Y技术　　　　　　　　　　　　　　　 8 240 000
>   贷：资本公积　　　　　　　　　　　　　　　　　　　　　　 8 240 000

审计结论：经调整，专项应付款余额 6 000 000 元可以确认。

第二十一节　实收资本（股本）审计工作底稿的编制

实收资本（股本）是指企业实际收到投资者投入的资本或依照公司章程的规定，实际收到股东投入公司的股本,是企业承担民事法律责任的最高数额,而且除非在符合增资条件并经有关部门批准增资或按法定程序报经批准减少注册资本,其数额在会计期间不该发生变化。因此,审计人员在审计过程中应重点关注实收资本(股本)的数额的真实性以及增减变化的合法性。

一、实收资本(股本)审计程序

安排实收资本(股本)审计程序时,审计人员可以根据具体情况、专业判断增加或减少相应的审计程序,并把对常规审计程序的修改记录在审计程序表中。实收资本(股本)审计程序表,如表5-51所示。

表 5-51

实收资本(股本)审计程序表

客户:		签 名	日 期	索引号	F20-1
项目:实收资本(股本)	编制人			页 次	1/1
会计期间:	复核人			是否适用	索引号
1. 获取或编制实收资本(股本)增减变动情况明细表,复核加计,与报表数、总账和明细账核对相符。					
2. 审阅公司章程、股东大会、董事会会议纪要中有关实收资本(股本)的规定。收集与实收资本(股本)变动有关的董事会会议纪要、合同、协议、公司章程及营业执照,公司设立批文、验资报告等法律性文件,编制或更新永久性档案。					
3. 检查实收资本(股本)增减变动的原因,查阅其是否与董事会纪要、补充合同、协议及其他有关法律性文件的规定一致,会计处理是否正确,注意有无抽资或变相抽资的情况,如有,应取证核实,做恰当处理。					
4. 检查股东是否已按合同、协议、章程约定时间缴付出资额,其出资额是否也已经注册会计师审验,各种出资方式的比例是否符合相关规定,已验资者应查阅验资报告。					
5. 根据证券登记公司提供的股东名录,检查委托人及其子公司、合营企业与联营企业是否违反规定持有或相互持有原发行在外的股票。					
6. 以非记账本位币出资的,检查其折算汇率是否符合规定,折算差额的会计处理是否正确。					
7. 检查股票发行费用的会计处理是否正确。					
8. 审查认股权证及其有关交易,确定委托人及认股人是否遵守认股合约或认股权证中的有关规定。					
9. 验明实收资本(股本)的披露是否恰当。					

表 5-52

实收资本（股本）审定表

客户：AB公司　　　　　　　　　　　编制人：李丽　　　　日期：2007/3/2　　　索引号：F20-2
截止日：2006年12月31日　　　　　　复核人：张磊　　　　日期：2007/3/2　　　页次：1/1

索引号	项目	期初数				本期增减数				期末记账本位币		
		注册资本	金额	已验资数		注册资本	金额	已验资数		未审数	调整数	审定数
		币种		原币	记账本位币	币数		原币	记账本位币			
		人民币	160 000 000	160 000 000	160 000 000B	人民币	64 000 000	64 000 000	64 000 000G	224 000 000		224 000 000
	合计		160 000 000		160 000 000B		64 000 000		64 000 000G	224 000 000		224 000 000T/B

审计说明及调整分录：取得相关部门批准的增资文件和某会计师事务所的验资报告，股东大会决议核对无误；送股部分已查阅会计凭证号由未分配利润转入，配股部分已查验某证券交易所转来款项凭证，会计凭证某号。

审计结论：实收资本（股本）余额224 000 000元可以确认。

二、实收资本(或股本)审定表

审计人员审验资本(或股本)数额应取得公司章程协议以及有关部门批准的增资或减资的文件(含上市股份有限公司的转股配股),并按照有关条款和提供的相关验资报告核对投资单位、数额、比例,以确认实收资本(或股本)数额的存在性。

【案例 5-20】 AB 公司资产负债表"实收股本"项目列示余额 224 000 000 元(年初数为 160 000 000 元),本期增加 64 000 000 元,系根据某年某月某日股东大会决议,每 10 股送 2 股或配 2 股所形成本期实收股本的增加。

1. 审计人员查验了某月某日转字某号凭证,其会计分录为:

  借:利润分配   32 000 000
    贷:股本   32 000 000

(后附股东大会决议文件,审计人员取得复印件)

2. 审计人员查验了某月某日银字某号汇集凭证,其会计分录为:

  借:银行存款   110 000 000
    贷:股本   32 000 000
      资本公积   78 000 000

(每股配售价为 3.5 元,扣除各种费用 100 万元)已查验证券交易所的通知单和银行入账单。

3. 已取得相关部门批准的增资文件和某会计师事务所的验资报告。

根据以上情况,注册会计师编制实收资本(或股本)审定表,如表 5-52 所示。

第二十二节 资本公积审计工作底稿的编制

资本公积是企业非经营性因素或非公允的关联方交易形成的,不能计入收入和实收资本(股本),但由所有者享有的权益。它包括实收资本(股本)溢价、接受非现金资产捐赠准备、接受现金捐赠、股权投资准备、拨款转入、外币资本折算差额、关联交易差额和其他资本公积。审计人员应重点关注资本公积的提取和使用情况及其对会计报表的影响。

一、资本公积审计程序

安排资本公积审计程序时,审计人员可以根据具体情况、专业判断增加或减少相应的审计程序,并把对常规审计程序的修改记录在审计程序表中。资本公积审计程序表,如表 5-53 所示。

表 5-53

资本公积审计程序表

客户：		签　名	日　期	索引号	F21-1
项目：资本公积		编制人		页　次	1/1
会计期间：		复核人		是否适用	索引号
1. 获取或编制资本公积明细表,复核加计正确,并与报表数、总账和明细账核对相符。 2. 收集与资本公积变动有关的股东大会决议、董事会会议纪要、资产评估报告等文件资料,更新永久性档案。对首次接受委托的单位,应对年初的资本公积进行追溯,检查原始发生的依据是否充分。 3. 根据资本公积明细账,对股本溢价、接受非现金资产捐赠准备、接受现金捐赠、股权投资准备、拨款转入、外币资本折算差额、其他资本公积等资本公积项目的发生额进行审查： 3.1 对股本溢价,应取得董事会会议纪要、股东大会决议、有关合同、政府批文,检查股票溢价收入的计算是否正确,是否已扣除股票发行费用,并追查至银行收款凭证； 3.2 对接受捐赠,检查捐赠的手续是否齐全。如为现金捐赠,查明会计处理是否正确；如为非现金捐赠,审查资本公积的入账金额是否正确； 3.3 对股权投资准备,检查因被投资单位股权投资溢价、接受实物资产捐赠及外币折算差额等引起的所有者权益变动,被审计单位是否已按其分享的份额入账,会计处理是否正确,并查明该股权处置时的会计处理是否正确； 3.4 对拨款转入,结合专项应付款的审计,查阅相关文件,检查入账依据是否充分,会计处理是否正确。注意对实行国家拨补流动资本的企业,应单独设置"补充流动资本"明细科目进行核算； 3.5 对资本折算差额,结合股本的审计,复核折算汇率是否正确； 3.6 对资产评估值,应取得资产评估资料及确认文件,并据以审查会计处理是否正确；注意评估的资产处置时,相应的增值准备会计处理是否恰当； 3.7 对债务重组产生的资本公积,结合债务重组审计,审查其确认资本公积的金额是否正确,会计处理是否恰当； 3.8 对资本公积转增股本,应取得股东大会决议、董事会会议纪要和政府批文等,检查其是否符合有关规定,会计处理是否正确； 3.9 对关联交易产生的资本公积,应结合收入、成本审计,审查关联交易的定价和公允价格,确定会计处理和披露内容是否恰当。 4. 验明资本公积的披露是否恰当。对资本公积中不能转增资本的项目应单独列示,并说明原因。					

二、资本公积审计工作底稿

审计人员对资本公积数额的增减变化,应逐项查阅会计凭证及有关资料,并应取得相关文件(如批准增加、减少注册资本的合法文件、董事会及股东大会有关决议和复印件等),对照国家法规制度规定,审查其合法性和完整性。

【案例 5-21】 AB 公司资产负债表"资本公积"项目列示金额为 331 000 000 元,经审计人员核对明细分类账和总分类账,与报表数相符。审计过程中审计人员发现以下经济事项:

1. AB 公司本年接受某公司非现金资产捐赠,其发票价值为 3 000 000 元,AB 公司会计分录(某月某日某号转账凭证)为:

  借:固定资产   3 000 000
    贷:资本公积——接受捐赠非现金资产准备   3 000 000

根据有关文件规定,接受捐赠非现金资产其价值应扣除未来应交税费记入"资本公积"账户。AB 公司所得税税率为 33%,因此审计人员建议作如下调整:

  借:资本公积——接受捐赠非现金资产准备(3 000 000×33%)   990 000
    贷:递延税款——接受捐赠未来应交税费   990 000

2. AB 公司本年度以非现金资产对外投资,经过资产评估部门对外投资的资产进行评估,其增值数额为 24 000 000 元,AB 公司所得税税率为 33%。AB 公司会计分录(某月某日转字某凭证)为:

  借:长期股权投资——某公司   90 000 000
    累计折旧   1 600 000
    贷:固定资产——某资产   67 600 000
      资本公积——股权投资准备   24 000 000

根据有关文件规定,公司以非现金资产经过评估对外投资,其增值部分应扣除未来应交税费后计入资本公积,因此审计人员建议作如下调整:

  借:资本公积——股权投资准备(24 000 000×33%)   7 920 000
    贷:递延资产——评估增值未来应交税费   7 920 000

根据以上审验情况,审计人员编制资本公积审定表,如表 5-54 所示。

表 5-54

资本公积审定表

客户:AB公司	编制人:李丽	日期:2007/3/2	索引号:F21-2
截止日:2006年12月31日	复核人:张磊	日期:2007/3/2	页次:1/1

索引号	项目	期初数	本期增加数	本期减少数	期末未审数	调整数	审定数
	1. 实收资本(股本)溢价	304 000 000			304 000 000		304 000 000
	2. 接受非现金资产捐赠		3 000 000		3 000 000	990 000	2 010 000

(续表)

索引号	项目	期初数	本期增加数	本期减少数	期末未审数	调整数	审定数
	3. 股权投资准备		24 000 000		24 000 000	7 920 000	16 080 000
	4. 接受现金捐赠						
	5. 拨款转入						
	6. 外币资本折算差额						
	7. 关联交易差价						
	8. 其他资本公积						
	合　　计	304 000 000	27 000 000		331 000 000	8 910 000	322 090 000

资本折算差额查证情况：

收到投入资金时间	出资方式	原币金额	折合注册资本	资产账户		实收资本账户		资本折算差额		
				汇率	记账本位币	汇率	记账本位币	未审数	调整数	审定数

审计说明及调整分录：经审验未审数字与明细分类账、总分类账数字相符。但经审计以下事项需进行调整：
1. 接受非现金资产捐赠应扣除未来应交税费：
　　借：资本公积——接受非现金资产捐赠　　　　　　　　　　990 000
　　　贷：递延税款　　　　　　　　　　　　　　　　　　　　990 000
2. 资产评估增值应扣除未来应交税费：
　　借：资本公积——股权投资准备　　　　　　　　　　　　7 920 000
　　　贷：递延税款　　　　　　　　　　　　　　　　　　　7 920 000

审计结论：经调整后，资本公积余额 322 090 000 元，可以确认。

第二十三节　盈余公积审计工作底稿的编制

盈余公积属于企业的留存收益，它是按照规定从税后净利润中提取的，主要用于弥补亏损和转增资本两个方面，符合条件的企业也可用于分派现金股利。审计人员应重点关注其各明细项目的发生额及其使用。

一、盈余公积审计程序

安排盈余公积审计程序时，审计人员应根据具体情况、专业判断增加或减少相应的审计程序，并把对常规审计程序的修改记录在审计程序表中。盈余公积审计程序表，如表5-55所示。

表 5-55

盈余公积审计程序表

客户：		签 名	日 期	索引号	F22-1
项目：盈余公积	编制人			页 次	1/1
会计期间：	复核人			是否适用	索引号
1. 获取或编制盈余公积明细表，复核加计，并与报表数、总账和明细账核对相符。					
2. 收集与盈余公积变动有关的董事会会议纪要、股东大会决议等文件资料，并编制或更新永久性档案。					
3. 对法定盈余公积、任意盈余公积的发生额逐项审查至原始凭证：					
3.1 审查法定盈余公积、任意盈余公积的计提顺序、计提基数、计提比例是否符合有关规定，会计处理是否正确。					
3.2 审查法定盈余公积的减少是否符合有关规定，取得董事会会议纪要、股东大会决议，予以核实，检查有关会计处理是否正确。注意用盈余公积转增股本，转增后的余额不得低于注册资本的25%；用盈余公积支付股利，支付比率不超过股票面值的6%。					
4. 验明盈余公积的披露是否恰当。					

二、盈余公积审定表

【案例5-22】 AB公司资产负债表"盈余公积"项目列示金额29 100 000元，经审计人员核对明细分类账和总分类账，与审定表未审数额相符。但审计人员发现以下经济事项：

AB公司本期由任意盈余公积转增法定盈余公积，价值4 000 000元。

根据制度规定，审计人员建议作如下调整：

借：盈余公积——任意盈余公积　　　　　　　　　　　　4 000 000
　　贷：盈余公积——法定盈余公积　　　　　　　　　　　　4 000 000

根据以上审验情况，审计人员编制盈余公积审定表，如表5-56所示。

表 5-56

盈余公积审定表

客户：AB公司　　　　编制人：李丽　　　日期：2007/3/2　　索引号：F22-2
截止日：2006年12月31日　　复核人：张磊　　日期：2007/3/2　　页次：1/1

项　目	索引号	期初数	本期增加	本期减少	未审数	审计调整 借方	审计调整 贷方	审定数
法定盈余公积		17 000 000	2 400 000		19 400 000		4 000 000	23 400 000
任意盈余公积		8 500 000	1 200 000		9 700 000	4 000 000		5 700 000
储备基金								
企业发展基金								
利润归还基金								
合　计		25 500 000	3 600 000		29 100 000	4 000 000	4 000 000	29 100 000

审计说明：结转集体福利设施——托儿所游艺室 4 000 000 元应由法定盈余公积列支：
　　借：盈余公积——任意盈余公积　　　　　　　　　　　　　　4 000 000
　　　　贷：盈余公积——法定盈余公积　　　　　　　　　　　　　　4 000 000

审计结论：经调整，盈余公积余额 29 100 000 元，可以确认。

第二十四节　未分配利润审计工作底稿的编制

未分配利润是企业当年税后利润在弥补以前年度亏损、提取法定盈余公积和任意盈余公积以后加上上年年末未分配利润，在扣除向所有者分配的利润后的结余额，是企业留于以后年度分配的利润。它应根据"利润分配——未分配利润"明细科目核算，其年末余额反映历年积存的未分配利润或未弥补的亏损。在审计中，审计人员是在核实本年利润和利润分配后，确认是否存在影响未分配利润的事项及其对会计报表的影响。

一、未分配利润审计程序

安排未分配利润审计程序时，审计人员可以根据具体情况增加或减少相应的审计程序，并把对常规审计程序的修改记录在审计程序表中。未分配利润审计程序表，如表5-57所示。

表 5-57

未分配利润审计程序表

客　户：		签　名	日　期	索引号	F23-1
项目：未分配利润		编制人		页　次	1/1
会计期间：		复核人		是否适用	索引号
1. 获取或编制未分配利润明细表,复核加计,并与报表数、总账和明细账核对相符。					
2. 收集与未分配利润有关的董事会会议纪要、股东大会决议、有关合同、协议、公司章程等文件资料,编制或更新永久性档案。					
3. 检查董事会会议纪要、股东大会决议、利润分配方案等资料,对照有关规定确认利润分配的合法性;注意被审计单位计提法定盈余公积和任意盈余公积的基数是否正确。					
4. 检查未分配利润变动的相关凭证,结合所获取的文件资料,确定其会计处理是否正确。					
5. 了解本年利润弥补以前年度亏损情况,如果弥补期间已过,必须对应纳税所得额进行调整。					
6. 对于股份有限公司,检查以前年度损益调整的内容是否真实、合理,有无调整年初未分配利润,注意对以前年度所得税费用的影响。对于重大调整事项应逐项核实其发生原因、依据和有关资料,复核数据的正确性,并取得有效证据。					
7. 验明未分配利润的披露是否恰当。					

二、未分配利润审定表

审计人员应在对会计报表损益类项目审核确认的基础上,对未分配利润项目进行审验,审计时应当注意:

(1) 审计过程中损益类其他项目如有审计调整事项,审计人员应注意相应调整未分配利润,并利用交叉索引查明期间的勾稽关系。

(2) 对会计期间提取的各项基金,除应取得董事会、股东大会会议通过利润分配方案等审计证据外,还应对照我国《公司法》的规定确认其合法性。

(3) 已分配利润,除应取得董事会、股东大会会议通过的分配方案等审计证据外,审计人员还应结合合同、章程、协议以及实收资本所反映存在的股权比例,审验其分配计算的正确性。

(4) 对利润分配的顺序和标准,审计人员应注意被审计单位是否存在未交纳企业所得税或未弥补亏损前进行利润分配、盈余公积的提取或增减变动不符合相关规定或相关会计处理不正确,未按照合同、章程规定的比例进行利润分配等事项。

【案例 5-23】 AB 公司利润表"净利润"项目列示数额 15 000 000 元,经核对利润分配科目明细分类账和总分类账,数额与未审数相符,审计人员在审计其他项目时,涉及本期净利润的调整事项,如表 5-58 所示。

表 5-58

本期净利润调整事项表

事 项 内 容	调整本期利润总额	调减本期利润总额	未分配利润增减数
1. 调减"产品销售成本"	2 200 000		
2. 调增"管理费用——固定资产折旧"		1 000 000	
3. 其他业务成本——补计土地增值税		3 000 000	
4. 调减"财务费用——利息支出"	3 000 000		
合　　　计	5 200 000	4 000 000	1 200 000
应补交所得税费用			(一)396 000
提取法定盈余公积			(一)80 400
提取任意盈余公积			(一)40 200
合　　　计			683 400

因此,未分配利润数额应调增 683 400 元。据此,审计人员编制未分配利润审定表,如表 5-59 所示。

表 5-59

未分配利润审定表

客户:AB 公司　　　　编制人:李丽　　　日期:2007/3/2　　索引号:F23-2
截止日:2006 年 12 月 31 日　复核人:张磊　　日期:2007/3/2　　页次:1/1

索引号	项　　　　目	未审数	调整数	审定数	备　　注
(略)	一、本年净利润	15 000 000	804 000	15 804 000	
	加:年初未分配利润	3 000 000		3 000 000	
(略)	减:提取法定盈余公积	1 500 000	80 400	1 580 400	
	提取任意盈余公积	750 000	40 200	790 200	

(续表)

索引号	项　目	未审数	调整数	审定数	备　注
	职工奖励及福利基金				
	储备基金				
	企业发展基金				
	二、可供分配利润	15 750 000	683 400	16 433 400	
（略）	减：已分配利润	8 000 000		8 000 000	
	其中：中方股利				
	外方股利				
	股东甲	4 800 000		4 800 000	
	股东乙	1 600 000		1 600 000	
	股东丙	1 600 000		1 600 000	
（略）	三、年末未分配利润	7 750 000	683 400	8 433 400	

审计说明及调整分录：由于销售成本减少 3 000 000 元，管理费用调增 1 000 000 元，其他业务成本调增 3 000 000 元，财务费用调增 2 200 000 元，而使本期利润总额增加 1 200 000 元，应补交所得税 396 000 元，并提取法定盈余公积 80 400 元，任意盈余公积 40 200 元，未分配利润增加 683 400 元。

审计结论：调整后，余额 8 433 400 元可以确认。

第二十五节　管理费用审计工作底稿的编制

管理费用是会计期间内管理当局为组织生产经营活动而发生的各项费用。其中有些是根据国家法律法规或者地方规章所决定的法定性的支出，如职工福利、工会经费、职工教育费、劳动保险费、待业保险费、各种税金等；也有些费用是由管理当局的决策所支付的，如技术开发费等。在审计中，审计人员应当重点注意费用支出的合法性和记录的完整性。

一、管理费用审计程序

安排管理费用审计程序时，审计人员应当根据具体情况、专业判断增加或减少相应的审计程序，并把常规审计程序的修改记录在审计程序表中。管理费用审计程序表，如表 5-60 所示。

表 5-60

管理费用审计程序表

客户:		签 名	日 期	索引号	F24-1
项目：管理费用		编制人		页 次	1/1
截止日:		复核人		是否适用	索引号
1. 取得或编制管理费用明细表，复核加计，与报表数、总账及明细账核对相符。					
2. 检查其明细项目的设置是否符合规定的核算内容与范围。					
3. 将本期、上期管理费用各明细项目作比较分析，必要时比较本期各月份管理费用，对重大波动和异常情况的项目应查明原因，作适当处理。					
4. 选择管理费用中数额较大，以及本期与上期相比变化异常的项目追查至原始凭证：					
4.1 董事会费用是否已按实际支出并有合法依据；					
4.2 对于坏账损失按实际发生数列支的，应逐项审查其原因、报批手续；					
4.3 业务招待费的支出是否合理，如超过规定限额，应在计算应纳税所得额时调整；					
4.4 差旅费支出是否符合企业开支标准及报销手续；					
4.5 咨询费支出是否符合规定，有无诉讼费及赔偿款项支出；					
4.6 支付外资机构的特许权使用费支出是否超过规定限额，必要时应进行纳税所得额调整；					
4.7 上交母公司或其他关联方的管理费用是否有合法的单据及证明文件；					
4.8 检查大额支出和有疑问支出的内容和审批手续、权限是否符合有关规定；					
4.9 注意管理费用中的其他支出内容，有无不正常开支。					
5. 将管理费用中的工资、福利费、折旧费及无形资产、长期待摊费用、其他长期资产的摊销额、存货跌价准备、坏账准备等项目与各项有关账户的贷方发生额进行交叉稽核，并做出相应记录；对存货跌价准备和超过税法规定限额的坏账准备进行纳税调整。					
6. 复核本期发生的房产税、土地使用税、印花税等税费是否正确。					
7. 审阅下期期初的管理费用明细账，检查管理费用各明细项目有无跨期入账的现象，对于重大跨期项目，作必要调整。					
8. 验明管理费用的披露是否恰当。					

二、管理费用审定表

【案例 5-24】 AB 公司被审计年度利润表列示"管理费用"820 万元,经审计人员审验管理费用明细分类账,加计所有项目发生数额与表列数额相符,各明细项目数额如管理费用审定表列示的"未审数"。

审计人员在审计中发现的问题及其相应处理如下:

1. 在审计"固定资产"和"累计折旧"项目数额中,验算 AB 公司本年计提折旧数额时,发现应记入"管理费用"项目,折旧少提 550 000 元。建议调整会计分录为:

借:管理费用——折旧	550 000
贷:累计折旧	550 000

2. 在审计"管理费用——办公费"项目数额中,发现 6 月 5 日购入复印机 1 台,含税价格为 70 000 元;电脑 2 台为 50 000 元,打印机 1 台为 7 000 元,均计入上述项目。建议调整会计分录为:

(1) 将上述设备价值转入固定资产:

借:固定资产——复印机	70 000
——电脑	50 000
——打印机	7 000
贷:管理费用——办公费	127 000

(2) 根据有关财务规定,AB 公司上述设备使用年限为 5 年,折旧方法为使用年限法(为简化起见,不考虑残值),年折旧率 20%,应从 7 月份开始计提,应补提折旧数额为 12 700元(127 000×20%×6÷12)。

借:管理费用——折旧	12 700
贷:累计折旧	12 700

3. AB 公司本年度销售净收入为 36 000 000 元,实际支出业务招待费 240 000 元。

AB 公司本年度销售净收入 36 000 000 元,根据有关规定,业务招待费税前允许扣除数额为 168 000 元[30 000 000×5‰+(36 000 000-30 000 000)×3‰],AB 公司本年度实际支出为 240 000 元,超过税前允许扣除数额 72 000 元(240 000-168 000),应调整本年度应纳税所得额 72 000 元,此事项结果应在审计说明中予以列示。

4. 经审验,AB 公司"应付职工薪酬"项目本年度贷方发生额 1 472 万元按比例计提福利费数额与分配各费用数额一致,但各费用中福利费数额均有差异。

AB 公司"管理费用"报表项目列示工资 2 840 000 元,按规定应计提福利费 397 600元(2 840 000×14%),而管理费用项目仅列有福利费 448 000 元,而查验"应付职工薪酬——应付福利费"报表项目全年数额计提正确,复验各有关项目的福利费(制造费用、销售费用、管理费用等)提取数额也均不相符,说明分配过程有误,但不影响总额,可不予以调整。

5. 经审验,AB公司"管理费用"项目中未按规定计提统筹养老保险金,少计240万元。

AB公司未按规定计交"统筹养老保险金"240万元,应补提,会计分录为:

借:管理费用　　　　　　　　　　　　　　　　　　　　　　2 400 000
　　贷:其他应付款　　　　　　　　　　　　　　　　　　　　2 400 000

6. 经审验,AB公司"管理费用"项目中工会经费少136 520元(1 472 600×2%－15 800)。

AB公司应补提工会经费136 520元,会计分录为:

借:管理费用——工会经费　　　　　　　　　　　　　　　　136 520
　　贷:其他应付款——应交工会经费款　　　　　　　　　　　136 520

(所有调整事项,影响涉及"所得税费用"、"未分配利润"及"盈余公积"的调整均未予列示)

根据以上审计情况编制管理费用审定表,如表5-61所示。

表5-61

管理费用审定表

客户:AB公司　　　　　　编制人:李丽　　　日期:2007/3/2　　索引号:F24-2
截止日:2006年12月31日　　复核人:张磊　　　日期:2007/3/2　　页次:1/1

索引号	项目	未审数	调整数	审定数	备注
	管理费用合计	8 200 000	2 972 220	11 072 220	
	本期转销数				
	其中				
(略)	工资	2 840 000		2 840 000	
(略)	福利费	448 000		448 000	工资总额 14 726 000
(略)	折旧	353 600	562 700	916 300	
(略)	工会经费	158 000	136 520	294 520	
(略)	业务招待费	240 000		240 000	
(略)	职工教育经费	30 000		30 000	
	开办费摊销				

(续表)

索引号	项 目	未 审 数	调 整 数	审 定 数	备 注
	无形资产摊销				
	低值易耗品摊销				
	办公费	386 400	(一)127 000	259 400	
	绿化费				
	排污费				
	劳动保险费		2 400 000	2 400 000	
	待业保险基金	150 000		150 000	
(略)	坏账损失	(一)50 000		(一)50 000	
	房产税	360 000		360 000	
	土地使用税	174 000		174 000	
	差旅费	1 000 000		1 000 000	
	其他	2 110 000		2 110 000	

审计说明及调整分录:
1. 应提本年折旧少提 550 000 元。
2. 办公费中应计入固定资产项目 127 000 元,由于固定资产调整增加,应补计折旧 12 700 元。
3. 应补提工会经费 136 520 元。
4. 本年漏缴统筹养老保险金 2 400 000 元,应增加管理费用——劳动保险费。
5. 按标准招待费超支 72 000 元,应调整交税所得额 19 100 元。

审计结论:对上述调整后管理费用审定数额 11 172 220 元,可以确认。

第二十六节 财务费用审计工作底稿的编制

财务费用是企业为了生产经营的需要向金融机构或非金融机构融资而支付的费用和由于外币汇率变化而发生的汇兑损益。财务费用的高低,直接反映所使用外部借款而付出的报酬,因而影响到股东权益(或净资产)报酬率。在审计中,审计人员应当重点关注会计期间财务费用数额的记录完整性和计价正确性。

一、财务费用审计程序

安排财务费用审计程序时,审计人员可以根据具体情况、专业判断增加或减少相应审计程序,并把常规审计程序的修改记录在审计程序表中。财务费用审计程序表,如表5-62所示。

表 5-62

财务费用审计程序表

客　户：		签　名	日　期	索引号	F25-1
项目：财务费用		编制人		页　次	1/1
会计期间：		复核人		是否适用	索引号
1. 获取或编制财务费用明细表，复核加计，与报表数、总账及明细账核对是否相符。					
2. 将本期、上期财务费用各明细项目做比较分析，必要时比较本期各月份财务费用，如有重大波动和异常情况应追查原因，扩大审计范围或增加测试量。					
3. 审计利息支出明细账，确认利息支出的真实性及正确性。审查各项借款期末以及利息有无预计入账。					
4. 审查汇兑损失明细账，检查汇兑损益计算方法是否正确，核对所用汇率是否正确，前后期是否一致。					
5. 复核应收票据贴现息的计算与会计处理是否正确。					
6. 审查"财务费用——其他"明细账，注意检查大额金融机构手续费的真实性与正确性。					
7. 审阅下期期初的财务费用明细账，检查财务费用各项有无跨期入账的现象，对于重大跨期项目，应做必要调整。					
8. 审查财务费用贷方发生额，注意有无应计入"资本公积——关联交易差价"的关联方资金占用费。					
9. 检查从其他企业或非银行金融机构取得的利息收入是否按规定计交营业税。					
10. 验明财务费用的披露是否恰当。					

二、财务费用审计工作底稿

【案例 5-25】 AB 公司审计年度利润表列示"财务费用"项目 3 739 466 元，审计人员实施的主要测试及其内容为：

1. 审查利息支出，见所附的短期借款应计利息计算表、长期借款应计利息计算表、应计利息支出数额，与表列数额 3 644 266 元核对相符。

2. 审查汇兑损失 94 200 元，应计入汇兑损益，数额与表列数 94 200 元核对相符。

第五章 筹资与投资循环审计工作底稿的编制

3. 审验相关报表"在建工程"项目,公司未对借款费用利息资本化,根据"在建工程"项目计算全年平均占用余额为 1 107.68 万元,依据借款利息计算加权平均利率 6.675%,应资本化的数额为 739 200 元,对此应对"财务费用"数额进行调整:

借:在建工程　　　　　　　　　　　　　　　　　　　　　　739 200
　　贷:财务费用——利息支出　　　　　　　　　　　　　　　　　739 200

根据以上审计情况编制财务费用审定表,如表 5-63 所示。

表 5-63

财务费用审定表

客户:AB公司　　　　　　编制人:李丽　　　日期:2007/3/2　　索引号:F25-2
截止日:2006 年 12 月 31 日　　复核人:张磊　　日期:2007/3/2　　页次:1/1

索引号	项目	总账金额	明细账金额				备注
			利息支出	汇兑损失	手续费		
	本期发生未审定数	3 739 466	3 644 266	94 200	1 000		
	本期转出数		0	0			
	调整数	−739 200	−739 200				
	审定数	3 000 266	2 905 066	94 200	1 000		

金融、非金融机构、内部集资利息支出查证情况:

项目	本金数			计息时间	按规定计算利息			账面实际发生利息			按规定与账面差异	调整数	审定数
	年	月	日 金额		利率		金额	利率		金额			
					年%	月%		年%	月%				
审计说明及调整分录:经查"在建工程"平均占用余额为 11 076 800 元,按加权平均利率 6.675% 计算,应资本化的数额为 739 200 元,即													
借:在建工程　　　　　　　　　　　　　　　　　　　　　　　　　　　　739 200													
贷:财务费用　　　　　　　　　　　　　　　　　　　　　　　　　　　　739 200													
审计结论:经调整后,财务费用余额 3 000 266 元可以确认。													

附:利息费用资本化的计算参考方法:在建工程平均占用余额为 11 076 800 元 [(4 001 600＋5 000 000＋6 400 000＋8 000 000＋9 000 000＋9 600 000＋12 000 000＋13 000 000＋14 000 000＋15 000 000＋15 000 000＋16 000 000＋17 000 000)÷13],加权平均利率为:

$$6\% \times \frac{1\,800}{7\,260} + 5\% \times \frac{2\,000}{7\,260} + 8\% \times \frac{3\,460}{7\,260} = 0.0149 + 0.0138 + 0.0381 = 0.06675$$

应分配在建工程利息资本化数额为 $1\,107.68 \times 0.06675 = 73.92$(万元)。

表 5-64

应计利息计算表(短期借款)

客户：AB 公司　　　　编制人：李丽　　　日期：2007/3/2　　索引号：F25-3
截止日：2006 年 12 月 31 日　　复核人：张磊　　日期：2007/3/2　　页次：1/1

借款合同号	借款银行	借款余额	借款期限	借款利息(%)	借款应计利息			逾期应计利息			应计利息
					还款日	应计息期	应计利息	逾期累计日数	罚息率	逾期利息	
(1)	(2)	(3)	(4)	(5)	(6)	(7)	(8)	(9)	(10)	(11)	(12)
9825	工行	8 000 000	2003.3.1~2004.2.29	6	2004.3.1	60	80 000				80 000
9840	农行	6 000 000	2003.8.1~2004.7.31	6	2004.8.1	210	210 000				210 000
9887	中行	4 000 000	2003.10.1~2004.9.30	6	2004.10.1	240	160 000				160 000
9975	建行	10 000 000	2004.6.1~2005.9.30	5	2005.10.1	210	291666				291666
9980	交行	10 000 000	2004.10.1~2005.9.30	5	2005.10.1	90	125 000				125 000

注：(7)=(月数×30)+(还款日-1)，(8)=(7)×(5)÷360×(3)，(12)=(8)+(11)。

第二十七节　投资收益审计工作底稿的编制

投资收益项目反映企业以现金或实物等各种形式进行股权投资、债券投资或其他投资所取得的收益或损失。因对不同种类投资的核算方法不同(如对外股权投资的权益法和成本法)，审计人员应重点关注投资收益项目数额记录的完整性和计价的准确性。

一、投资收益审计程序

安排投资收益审计程序时，审计人员可根据具体情况、专业判断增加或减少相应审计程序，并把对常规审计程序的修改记录在审计程序表中。投资收益审计程序表，如表5-65所示。

表 5-65

投资收益审计程序表

客户：		签 名	日 期	索引号	F26-1
项目：投资收益		编制人		页 次	1/1
会计期间：		复核人		是否适用	索引号

1. 获取或编制投资收益明细表，复核加计，与总账数及明细账数核对相符。
2. 与上期投资收益比较，结合长短期投资收益的变动情况，分析本期投资收益是否存在异常情况，如有，应查明原因，并做出适当处理。
3. 检查投资收益的会计凭证，结合长短期投资收益的审计，取证核实投资收益的计算方法是否正确，依据是否充分，期间归属是否恰当。
4. 按权益法核算的长期投资，应审核被投资单位的会计报表，注意其是否经审计，是否按权益比例计算投资收益，会计处理是否正确；注意被投资单位当年增加的资本公积是否按权益比例计算并入母公司资本公积，是否误计入投资收益；按成本法核算的长期投资，应取得相关原始凭证，确定会计处理是否正确；注意清算性投资收益是否误计入投资收益。
5. 计算投资收益占利润总额的比例，判断被审计单位盈利能力的稳定性，将当期确定的投资收益与被投资单位实际获得的现金流量进行比较分析，将重大的投资项目与以前年度进行比较，分析是否存在异常波动。
6. 检查国外投资收益汇回是否存在重大限制，若存在重大限制，应说明原因。
7. 检查股权投资差额的摊销和长期投资减值损失的会计处理是否正确。
8. 检查转让出售股票债券的交易凭证是否安全合法，会计处理是否正确。
9. 检查是否存在需要做纳税调整的项目，如已纳税的投资收益、国库券利息收入、交易性金融资产减值准备、长期投资减值准备和委托贷款减值准备等。
10. 验明投资收益的披露是否恰当。

二、投资收益审定表

【案例 5-26】 AB 公司 2006 年度利润表列示"投资收益"1 088 000 元。经审计有以下事项：

1. "交易性金融资产"股票投资成本为 240 000 元，AB 公司期末未按制度计提跌价准备。

经查按市价与投资成本相比，市价低于成本 500 000 元，审计人员建议作如下调整：

借：投资收益 500 000
  贷：交易性金融资产减值准备 500 000

2. W公司是AB公司的子公司,系外商投资企业,2006年度实现净利润1 000 000元,按公司章程规定应按净利润的5%计提职工奖励及福利基金。AB公司投资占W公司股权的60%,2006年度受到W公司的已审计净利润通知单后,作如下会计处理:

借:长期股权投资——W公司　　　　　　　　　　　　　　　　600 000
　　贷:投资收益——股权投资收益　　　　　　　　　　　　　　　600 000

由于如果被投资单位实现的利润中包括法规或企业章程规定不属于投资企业的净利润,应扣除,不能由投资企业享有,因此,影响的投资收益为570 000元[1 000 000×(1－5%)×60%]。

借:投资收益　　　　　　　　　　　　　　　　　　　　　　　　30 000
　　贷:长期股权投资——W公司　　　　　　　　　　　　　　　　30 000

根据以上审计情况,审计人员编制投资收益审定表,如表5-66所示。

表5-66

投资收益审定表

客户:AB公司　　　　　　编制人:李丽　　　日期:2007/3/2　　索引号:F26-2
截止日:2006年12月31日　复核人:张磊　　　日期:2007/3/2　　页次:1/1

索引号	项目		投资金额	投资收益			备注
				未审数	调整数	审定数	
	一、债(国库)券投资						
	国债		600 000	48 000		48 000	
	二、股票投资						
	股票		2 400 000		(－)500 000	(－)500 000	
	三、	其他投资					
		被投资单位	所占(%)				
	A公司	15	3 000 000	440 000		440 000	
	W公司	60	4 000 000	600 000	(－)30 000	570 000	
	合计		10 000 000	1 088 000	(－)530 000	558 000	

审计说明和调整分录:股票投资已查验凭证及抽验交割单,国债已查验代售部门出具的凭证,长期股权投资已审查协议及章程。

1. 股票投资期末未按"市价与成本"孰低原则计提"交易性金融资产减值准备",应据实调整:

借:投资收益　　　　　　　　　　　　　　　　　　　　　　　　500 000
　　贷:交易性金融资产减值准备　　　　　　　　　　　　　　　　500 000

2. 长期股权投资W公司,应扣除法规或企业章程规定不属于投资企业的净利润进行调整:

借:投资收益　　　　　　　　　　　　　　　　　　　　　　　　30 000
　　贷:长期股权投资——W公司　　　　　　　　　　　　　　　　30 000

审计结论:经调整后投资收益发生额558 000元,可以确认。

第二十八节　营业外收支审计工作底稿的编制

营业外收支项目反映企业发生的与企业生产经营无直接关系的各项支出和收入,如固定资产盘盈盘亏、处置固定资产的净收益或净损失、确定无法支付的应付账款、教育费附加返还、罚款支出、非正常损失、非正常停工损失、公益性捐赠等。由于营业外支出项目均属非生产经营活动的收入和支出,其性质各异,在会计期间具有不可比性。因此,审计人员应重点关注营业外收支发生的内容及其真实性。

一、营业外收支审计程序

安排营业外收入审计程序和营业外支出审计程序时,审计人员可以根据具体情况、专业判断增加或减少相应的审计程序,并把常规的审计程序的修改记录在审计程序表中。营业外收入审计程序表和营业外支出审计程序表,如表 5-67、表 5-68 所示。

表 5-67

营业外收入审计程序表

客　户：		签　名	日　期	索引号	F27-1
项目：营业外收入	编制人			页　次	1/1
会计期间：	复核人			是否适用	索引号
1. 获取或编制营业外收入明细表,复核加计,并与报表数、总账及明细账核对是否相符。					
2. 检查营业外收入的内容是否符合相关会计制度的规定。					
3. 抽查营业外收入中金额较大的或性质特殊的项目,审核其内容的真实性和依据的充分性。					
4. 对营业外收入项目,包括处置固定资产净收益、处置无形资产净收益、固定资产盘盈、非货币性交易、罚款净收入等,检查会计处理是否符合相关规定,并追查与之相关原始凭证。					
5. 检查是否存在技术转让收益,必要时调减应纳税所得额。					
6. 验明营业外收入的披露是否恰当。					

表 5-68

营业外支出审计程序表

客户：		签 名	日 期	索引号	F27-2
项目：营业外支出	编制人			页 次	1/1
会计期间：	复核人			是否适用	索引号
1. 获取或编制营业外支出明细表，复核加计，并与报表数、总账及明细账核对是否相符。 2. 检查营业外支出的内容是否符合相关会计制度的规定。 3. 对营业外支出项目，包括固定资产盘亏、出售无形资产净损失、债务重组损失、计提无形资产减值准备、固定资产减值准备、在建工程减值准备等，与固定资产等相关账户记录核对是否相符，并追查与之相关原始凭证，并对无形资产减值准备、固定资产减值准备、在建工程减值准备进行应纳税所得额调整。 4. 检查是否存在非公益性捐赠支出、税收滞纳金、罚金、罚款支出、各种赞助性支出，必要时进行应纳税所得额调整。 5. 对非正常损失详细检查有关资料，包括被审计单位实际损失和保险理赔情况审批文件，检查有关会计处理是否正确。 6. 验明营业外支出的披露是否恰当。					

二、营业外收支审定表

【案例 5-27】 AB 公司年度利润表列示"营业外收入"2 700 000 元，"营业外支出" 310 000 元，经审计发现以下事项：

1. "营业外收入——处置固定资产净收益"1 500 000 元，"营业外支出——处置固定资产净损失"600 000 元与"固定资产清理"审定表审验结果相符。

2. 2006 年 11 月，AB 公司预计很可能败诉，赔偿金额估计在 200 万～300 万元之间，而且还需要支付诉讼费 4 万元。AB 公司已就该产品质量向保险公司投保，公司基本确定可从保险公司获取赔偿 100 万元，但尚未获得相关赔偿证明。AB 公司会计处理为：

（1）借：营业外支出——诉讼赔偿　　　　　　　　　　　　2 500 000
　　　　　管理费用——诉讼费用　　　　　　　　　　　　　 40 000
　　　　　贷：预计负债——未决诉讼　　　　　　　　　　　　2 540 000
（2）借：其他应收款——保险公司　　　　　　　　　　　　1 000 000
　　　　　贷：营业外收入——诉讼赔偿　　　　　　　　　　　1 000 000

审计人员检查了 AB 公司法律顾问的声明书，并与预计负债审定表相核对。

3. AB 公司 2006 年对确实无法支付的应付账款,作了如下会计处理:

借:应付账款   200 000
　　贷:营业外收入——无法支付的应付账款   200 000

审计人员在检查了相关原始凭证后,建议 AB 公司作如下调整:

借:营业外收入——无法支付的应付账款   200 000
　　贷:资本公积——其他资本公积   200 000

据此,审计人员编制营业外收支审定表,如表 5-69 所示。

表 5-69

营业外收支审定表

客户:AB 公司　　　　编制人:李丽　　　日期:2007/3/2　　索引号:F27-3
截止日:2006 年 12 月 31 日　　复核人:张磊　　日期:2007/3/2　　页次:1/1

索引号	项　　目	未 审 数	调 整 数	审 定 数	备　　注
	营业外收入合计	2 700 000	−200 000	2 500 000	
	固定资产盘盈				
	处置固定资产净收益	1 500 000		1 500 000	
	出售无形资产净收益				
	罚款净收入				
	教育费附加返还				
	非货币性交易收益				
	索赔收入	1 000 000		1 000 000	
	其他	200 000	−200 000	0	无法支付的应付账款
	营业外支出合计	3 100 000		200 000	
	固定资产盘亏				
	处置固定资产净损失	600 000		600 000	
	非常损失				
	出售无形资产损失				
	固定资产减值准备				
	在建工程减值准备				
	无形资产减值准备				

(续表)

索引号	项目	未审数	调整数	审定数	备注
	捐赠支出				
	各项税收滞纳金罚款				
	索赔支出	2 500 000	2 500 000		
	其他				

审计说明及调整分录：
1. 处理固定资产净收益 1 500 000 元，处置固定资产净损失 600 000 元与"固定资产清理"经核对相符。
2. 对于或有事项，检查法律顾问的说明书，并与预计负债审定表核对相符。
3. 对于确实无法支付的应付款，建议作如下调整分录：
　　借：营业外收入——无法支付的应付账款　　　　　　　　　　200 000
　　　贷：资本公积——其他资本公积　　　　　　　　　　　　　　200 000

审计结论：经调整，营业外收入 2 500 000 元和营业外支出 3 100 000 元，可以确认。

第二十九节　所得税费用审计工作底稿的编制

所得税费用项目反映企业本会计期间所实现的利润总额扣除的应交所得税。审计人员在确认会计期间各项损益的基础上，按税法相关规定加减各项增减调整因素来确认本期应交所得税额记录的完整性和计价的正确性。

一、所得税费用审计程序

安排所得税费用审计程序时，审计人员可以根据具体情况，专业判断增加或减少相应的审计程序，并把常规审计程序的修改记录在审计程序表中。所得税费用审计程序表，如表 5-70 所示。

表 5-70

所得税费用审计程序表

客户：		签名	日期	索引号	F28-1
项目：所得税费用		编制人		页次	1/1
会计期间：		复核人		是否适用	索引号
1. 将会计报表与总账核对相符。 2. 核实所得税费用计税依据，取得纳税鉴定，核对是否相符。					

第五章 筹资与投资循环审计工作底稿的编制

(续表)

3. 索取或编制应纳税所得额调整计算表,复核相关纳税调整事项。
4. 检查企业所得税费用会计处理方法是否正确,应付税款法或纳税影响会计法的采用前后是否保持一致。
5. 根据审计结果和税法规定,计算本年永久性差异和时间差异,确定应纳税所得额。对于采用纳税影响会计法的,应检查时间性差异是否转作递延税款借项和贷项;以前年度递延税款应属本期负担的部分,是否已转销,并计入本年所得税。
6. 检查以前年度损益调整对企业所得税的影响。
7. 根据调整后的计税利润和规定的企业所得税税率,复核本期所得税费用是否正确。
8. 验明所得税费用的披露是否恰当。

二、所得税费用审定表

【**案例 5-28**】 AB 公司审计年度"利润表"列示"所得税"772 200 元,审计人员由被投资单位××公司分回利润 400 000 元,两地执行税率均为 33%,根据税法有关规定,在计算应纳税所得额时,应予以扣除,故审计人员建议调整分录为:

借:应交税费——应交所得税　　　　　　　　　　　　　　　　　132 000
　　贷:所得税费用　　　　　　　　　　　　　　　　　　　　　　　　　　132 000

据此,审计人员编制所得税审定表,如表 5-71 所示。

表 5-71

所得税审定表

客户:AB 公司　　　　　编制人:李丽　　　　日期:2007/3/2　　　索引号:F28-2
截止日:2006 年 12 月 31 日　复核人:张磊　　　日期:2007/3/2　　　页次:1/1

索引号	项目	行次	未审数	调整数	审定数	备注
	本年利润总额	1	1 700 000		1 700 000	
	减:按规定弥补以前年度亏损	2				
	经批准单项留利	3				
		4				
	加:税法不允许列支的项目金额小计	5	70 000		70 000	
	其中:违法经营罚没损失	6				

(续表)

索引号	项　　目	行次	未审数	调整数	审定数	备注
	各项税收的滞纳金、罚金、罚款	7				
	各种非法救济性、公益性赞助支出	8	70 000		70 000	
		9				
		10				
	加：税法规定的金额小计	11	600 000		600 000	
	其中：超过规定的利息支出	12				
	超过计税工资标准的工资费用	13	500 000		500 000	
	超过计税工资部分计提的"三项"费用	14				
	公益性救济性捐赠超过3%的部分	15				
	超过规定的交际应酬费、业务招待费	16	100 000		100 000	
		17				
		18				
	减：国库券利息收入	19	30 000		30 000	
	已纳税投资收益	20		（－）400 000	（－）400 000	
		21				
		22				
	加或减：时间性差异影响纳税所得额	23				
		24				
		25				
	本年应纳税所得额 26＝(1－2－3－4)＋(5＋11)－ (19＋20)±(23、24、25)	26	2 940 000	（－）400 000	19 400 000	
	适用所得税税率	27	33％		33％	
	本年应交所得税税额	28	772 200	（－）132 000	640 200	
	本年预交所得税税额	29	500 000		500 000	
	本年应交所得税税额	30	272 200	－132 000	140 200	

审计说明及调整分录：因为被投资单位××公司分回利润，两地执行所得税税率均为33％，根据税法规定，不再交纳所得税，故应有以下调整分录：
　　借：应交税费——应交所得税　　　　　　　　　　　　　132 000
　　　　贷：所得税费用　　　　　　　　　　　　　　　　　　　132 000

审计结论：经调整后，所得税费用数额132 000元，可以确认。

第三十节 以前年度损益调整审计工作底稿的编制

以前年度损益调整核算企业本年度发生的调整以前年度损益的事项,也包括企业在年度资产负债表日至财务报告批准报出日之间发生的需要调整报告年度损益事项,本年度发生的以前年度重大会计差错的调整。审计人员应当根据本审计单位以前年度损益调整会计分录,逐项审计其经济事项的性质和内容,判断其是否属于以前年度经济业务的延续,对数额进行复核,以确认其会计处理的合法性以及调整数额的准确性。

一、以前年度损益调整审计程序

安排以前年度损益调整审计程序时,审计人员可以根据具体情况、专业判断增加或减少相应的审计程序,并把常规审计程序的修改记录在审计程序表中。以前年度损益调整审计程序表,如表 5-72 所示。

表 5-72

以前年度损益调整审计程序表

客户：		签 名	日 期	索引号	F29-1
项目：以前年度损益调整	编制人			页 次	1/1
会计期间：	复核人			是否适用	索引号
1. 逐项审查以前年度损益调整的内容是否真实、合理,会计处理是否正确。对重大事项的调整应逐项审核其发生的原因,依据和有关资料,复核数据的正确性,并取得有效证据。 2. 查明调整以前年度损益是否相继调整报告年度损益事项,是否已按规定调整相关会计报表项目数字。					

二、以前年度损益调整审定表

【案例 5-29】 AB 公司在 2006 年把一笔应付款 380 000 元转作营业外收入,审计人员建议作以下调整分录：

(1) 借：以前年度损益调整　　　　　　　　　　　　　　　　380 000
　　　贷：应付账款——保险公司　　　　　　　　　　　　　　380 000
(2) 借：应交税费——应交所得税　　　　　　　　　　　　　125 400
　　　贷：以前年度损益调整　　　　　　　　　　　　　　　　125 400
(3) 借：利润分配——未分配利润(年初数)　　　　　　　　 254 600
　　　贷：以前年度损益调整　　　　　　　　　　　　　　　　254 600

（4）借：盈余公积——法定盈余公积（年初数）　　　　　　　　　　　　25 460
　　　　　　——任意盈余公积（年初数）　　　　　　　　　　　　12 730
　　　贷：利润分配——未分配利润（年初数）　　　　　　　　　　　　38 190

据此，审计人员编制以前年度损益调整明细检查表，如表5-73所示。

表5-73

以前年度损益调整明细检查表

客户：AB公司　　　　　　编制人：李丽　　　日期：2007/3/2　　索引号：F29-2
截止日：2006年12月31日　　复核人：张磊　　　日期：2007/3/2　　页次：1/1

索引号	事　项　内　容	发生额		结转数		
		借方	贷方	未审数	调整数	审定数
	2006年把一笔应付款380 000元转作营业外支出	380 000	125 400		254 600	254 600
	合　　计	380 000	125 400		254 600	254 600

审计说明及调整：资产负债表日后批准待处理财产损溢的金额与已暂估入账金额不一致，审计人员建议作以下调整分录：
　（1）借：以前年度损益调整　　　　　　　　　　　　　　　　　　　　380 000
　　　　贷：应付账款——保险公司　　　　　　　　　　　　　　　　　　380 000
　（2）借：应交税费——应交所得税　　　　　　　　　　　　　　　　　125 400
　　　　贷：以前年度损益调整　　　　　　　　　　　　　　　　　　　　125 400
　（3）借：利润分配——未分配利润（年初数）　　　　　　　　　　　　254 600
　　　　贷：以前年度损益调整　　　　　　　　　　　　　　　　　　　　254 600
　（4）借：盈余公积——法定盈余公积（年初数）　　　　　　　　　　　25 460
　　　　　　　——任意盈余公积（年初数）　　　　　　　　　　　　　12 730
　　　　贷：利润分配——未分配利润（年初数）　　　　　　　　　　　　38 190

审计结论：以前年度损益调整的发生与结转数可以确认。

一、复习思考题

1. 如何理解筹资与投资类审计工作底稿的特征？
2. 筹资与投资类审计工作底稿的作用有哪些？如何填制？
3. 以前年度损益调整审计程序表如何填制？
4. 法定盈余公积与任意盈余公积审定表如何填制？
5. 投资收益审定表如何填制？

二、案例分析

资本审计工作底稿的填制

××合资企业中方投资份额为 20 万美元,企业合同约定的折合汇率为 1 美元折合 8 元人民币,中方出资将以人民币于规定期限内分两次出资。5 月 1 日出资 88 万元人民币,当日外汇牌价为 8.00;6 月 1 日出资 84.7 万元人民币,当日外汇牌价为 8.30。注册会计师在审查中发现,该企业对中方投入资本的账面记录为:

借:银行存款　　　　　　　　　　　　　　　　　　　　　　1 727 000
　　贷:实收资本　　　　　　　　　　　　　　　　　　　　　1 600 000
　　　　资本公积　　　　　　　　　　　　　　　　　　　　　　127 000

要求:
(1) 审查中方投入资本的账务处理,指出存在的问题,并加以纠正;
(2) 填写以下审计工作底稿。

实收资本审定表

被审计单位名称	ABC 公司		签　　名	日　　期	索引号
		编制人			H1
审计项目	实收资本	复核人			页次
会计期间或截止日	20　　年 12 月 31 日				1
索引号	内　　容	合　　计	合营中方×%	合营外方×%	备　　注
	期初余额				
	加:本年分配数				
	减:本年支付数				
	审定数				
	审计标示说明: G　与总分类账核对一致 T/B　与试算平衡表核对一致 纵加核对审计说明: 1. 已查验企业合同、章程规定的各投资人的出资比例和认缴的资本金额(有关文件参见永久性档案)。 2. 经查注册会计师编制的验资报告,与其相符(参见永久性档案)。 3. ×××公司已交注册资本×××元,尚欠缴注册资本×××元,其余两家均已交足。 审计结论:实收资本可以确认。				

资本公积审定表

被审计单位名称	ABC公司		签名	日期	索引号
		编制人			H2
审计项目	资本公积	复核人			页次
会计期间或截止日	20 年12月31日				1
索引号	项　　目		金　　额	备　　注	
	年初余额				
	其中：资本折本差额				
	资产评估增值				
	审计标识说明： B　与上年结转数核对一致 G　与总分类账核对一致 T/B　与试算平衡表核对一致 审计结论：资本公积年末余额可以确认。				

第六章 生产循环审计工作底稿的编制

生产循环涉及的内容主要有存货的管理及生产成本的计算等。该循环所涉及的资产负债项目主要有存货、长期待摊费用、应付职工薪酬、应付股利等,所涉及的利润表项目主要有营业成本等项目。存货又包括:材料采购或在途物资、原材料、包装物、低值易耗品、材料加工物资、委托代销商品、受托代销商品、分期收款发出商品、生产成本、制造费用、劳务成本、存货跌价准备、代销商品款等。

第一节 生产循环控制测试工作底稿的编制

一、生产循环控制测试程序

安排生产循环控制测试程序,审计人员可以根据具体情况、专业判断增加或减少相应的审计程序,并把对常规审计程序的修改记录在审计程序表中。生产循环控制测试程序表,如表6-1所示。

表6-1

生产循环控制测试程序表

客户:		签名	日　　期	索引号	P00-1
项目:生产循环	编制人			页次	1/1
截止日:	复核人			执行情况	索引号
1. 成本会计制度的符合性测试时,选择并获取某一成本报告期(　　)种具有代表性的主要产品计算单,对其成本及核算过程做如下检查: 1.1 直接材料成本测试: 1.1.1 获取样本的生产指令或产量统计记录及其直接材料单位消耗定额,根据材料明细账或采购业务测试工作底稿中各项直接材料的单位实际成本,计算直接材料的总消耗量和总成本,与该样本计算单中直接材料成本核对,并注意下列事项: ——生产指令是否经授权批准; ——单位消耗定额和材料成本计价方法是否适当,在当年度有何重大变更。					

(续表)

1.1.2 非采用年定额单耗的企业获取材料费用分配汇总表、材料发出汇总表(或领料单)、材料明细账(或采购业务测试工作底稿)中各项直接材料的单位成本,做如下检查:成本计算单中直接材料成本与材料费用分配汇总表中该产品负担的直接材料费用是否相符,分配的标准是否合理;抽取材料发出汇总表或领料单中若干种直接材料的发出总量和各该种材料的实际单位成本相乘,与材料费用分配汇总表中各项材料费用进行比较,并注意下列事项: ——领料单的签发是否经过授权; ——材料发出汇总表是否经适当的人员复核; ——材料单位成本计价方法是否适当,在年度内有何重大变更。 1.1.3 采用标准成本法的企业获取样本的生产指令或产量统计记录、直接材料单位标准用量、直接材料标准单价及发出材料汇总表或领料单,检查下列事项:根据生产量、直接材料单位标准用量及标准单价计算的标准成本与成本计算单中直接材料成本是否相符;直接材料成本差异的计算账务处理是否正确,并注意直接材料的标准成本在当年度内有何重大变更。 1.2 直接人工成本测试: 1.2.1 采用计时工资制的企业获取样本的实际工时统计记录、职员分类表和职员工资手册(工资率)及人工费用分配汇总表做如下检查:成本计算单中直接人工成本与人工费用分配汇总表中该样本的直接人工费用是否相符;样本的实际工时统计记录与人工费用汇总表中该样本的实际工时是否相符;生产部门若干天的工时台账与实际工时统计记录是否相符;当没有实际工时统计记录时,根据职员分类表及职员工资手册中的工资率,计算复核人工费用分配汇总表中该样本的直接人工费用是否合理。 1.2.2 采用计件工资制企业获取样本的产量统计报告、个人(小组)产量记录和经批准的单位工资标准或计件工资制度,检查下列事项:根据样本的统计产量和单位工资标准计算的人工费用与成本计算单中直接人工成本是否相符;抽取若干各直接人工(小组)的产量记录,检查是否被汇总计入产量统计报告。 1.2.3 采用标准成本法的企业获取样本的生产指令或产量统计报告、工时统计报告和批准的单位标准工时、标准工时工资率、直接人工的工资汇总表等资料,检查下列项目:根据产量和单位标准工时计算的标准工时工资率相乘,并与成本计算单中直接人工成本核对;直接人工成本差异的计算与账务处理是否正确,并注意直接人工的标准成本在本年度内有何重大变更。 1.3 制造费用的测试: 获取样本的制造费用分配汇总表、按项目分列的制造费用明细账和制造费用分配标准有关的统计报告及相关原始记录,作如下检查: 1.3.1 制造费用分配汇总表中,样本分担的制造费用与成本计算单中的制造费用是否相符; 1.3.2 制造费用分配汇总表的合计数与样本所属成本报告期的制造费用明细账总计数是否相符;		

(续表)

1.3.3 制造费用分配汇总表选择的分配标准(机器工时数、直接人工工资、直接人工工时数、产量等)与相关的统计报告或原始记录是否相符,并对费用分配标准的合理性作出评估; 1.3.4 如企业采用预计费用分配率分配制造费用,则应针对制造费用分配过多或过少的差额,检查其是否作了适当的账务处理; 1.3.5 如果企业采用标准成本法,则应检查样本中标准制造费用的确定是否合理,计入成本计算单的数额是否正确,制造费用差异的计算与账务处理是否正确,并注意标准制造费用在当年度内有何重大变更。 1.4 生产成本当年完工产品与产品之间分配的测试: 1.4.1 检查成本计算单中在产品数量与生产统计报告或产品盘点表中数量是否一致; 1.4.2 检查在产品约当量计算或其他分配标准是否合理。 1.5 计算复核样本的总成本和单位成本,最终对当年采用的成本会计制度作出评价。 2. 工资及应付职工薪酬内部会计控制符合性测试: 2.1 选择 2~3 个月份工资汇总表,作出如下检查: 2.1.1 计算复核每一月份工资汇总表; 2.1.2 检查每一份工资汇总表是否已经授权批准; 2.1.3 检查应付职工薪酬总额与人工费用分配汇总表中合计数是否相符; 2.1.4 检查其代扣款项的账务处理是否正确; 2.1.5 检查实发工资总额与银行付款凭证是否相符,并正确计入相关账户。 2.2 从工资单中选出( )个样本(应包括各种不同类型人员)作如下检查: 2.2.1 检查员工工资卡或人事档案,以确定工资发放依据; 2.2.2 检查员工工资率及实发工资额的计算; 2.2.3 检查实际工时统计记录(或产量统计报告)与员工个人钟点卡(或产量记录)是否相符; 2.2.4 检查员工加班加点记录与主管人员签证的月度加班费汇总表是否相符; 2.2.5 检查员工扣款依据是否正确; 2.2.6 检查员工的工资签发证明; 2.2.7 实地抽查部分员工,证明其工资确在本公司发放,从工资单上抽取部分员工,证明其确在本公司工作。 2.3 工资及应付职工薪酬内部会计制度评价。 3. 存货采购业务内部会计制度的符合性测试: 3.1 选择( )份购货合同(或其他购货凭证),作如下检查: 3.1.1 对每份购货合同及请购单的下列项目进行核对:货物名称、规格、型号、请购量;授权批准、批准采购量、采购限价;单价、合计金额等。 3.2 审核每份购货合同相关的供应商发票(复核发票的加计)、验收报告、入库单、付款结算凭证、记账凭证并追查至明细账与总账(如选择其他凭证为样本,相应修订上述程序)。 4. 生产循环内部控制制度评价。		

二、生产循环内部控制调查问卷

审计人员编制生产循环内部控制调查问卷的目的是为了验证被审计单位内部控制制度中库存管理、工薪管理、制造费用和管理费用管理的相关规定设计的有效性。审计人员围绕以下问题进行询问,以对生产循环进行初步评价:

(1) 存货的数量与计价是否正确,其增减变动是否已正确、及时地记入有关账户;
(2) 是否按照确定的计价方法,将成本费用在在产品与产成品中予以分配;
(3) 毁损、陈旧、呆滞的存货是否已提取存货跌价准备;
(4) 工资及其相关费用是否仅为经授权批准并以完成的工作所发生的;
(5) 工资及其相关费用是否以适当的比率计算;
(6) 工资及其相关费用与负债是否已正确、及时地记入有关账户。

审计人员通过询问相关人员,初步评价被审计单位生产循环的内部控制,以决定控制测试的性质、时间和范围。如果通过询问了解到被审计单位的内部控制不存在或不值得信赖,审计人员可考虑直接进行实质性测试;如果通过询问了解到被审计单位的内部控制值得信赖,审计人员可考虑进行控制测试,以减少实质性测试的工作量。生产循环内部控制调查问卷,如表6-2所示。

表6-2

生产循环内部控制调查问卷

| 客户: | 编制人: | 日期: | 索引号:P00-2 |
| 截止日: | 复核人: | 日期: | 页次: |

调查问题	答案			
	是	弱	否	不适应
一、存货管理内部控制 1. 领料管理: 1.1 有关部门负责人是审批领料单? 1.2 领料单是否经过部门负责人签章? 1.3 领料单是否连续编号,按顺序使用? 1.4 领料单的发送是否根据授权发送的生产指令单发出? 2. 仓库管理: 2.1 仓库人员是否如实发出材料? 2.2 仓储人员是否在领料单上签章? 2.3 仓储人员与稽核员是否定期或不定期地盘点材料库存? 2.4 稽核员是否评价有关材料领发原始凭证? 3. 会计记录: 3.1 会计主管是否评价材料汇总表及所附原始凭证? 3.2 会计人员是否根据经过复核的记账凭证登记相关材料账? 3.3 总分类账是否由总账会计负责登记? 3.4 稽核员是否核对仓库部门材料明细账与财务部门有关材料账?				

(续表)

调 查 问 题	答案 是	弱	否	不适应
3.5 材料的有关误差处理是否经过授权批准？ 3.6 生产部门对月末剩余材料是否办理退库或假退库手续？ 4. 职位分离： 4.1 核发、记账、稽核、核对职务是否由不同的人员担任？ 5. 内部审计： 5.1 内部审计人员是否定期对材料控制系统进行内部审计、评价、改进？ 二、工薪内部控制 1. 人事管理： 1.1 员工的招聘、录用和辞退是否经授权批准？ 1.2 考勤人员是否经过授权考察员工绩效并签章？ 1.3 有无部分管理人员或职工的工资关系在公司的关联企业或其他单位？ 2. 工资管理： 2.1 公司的工资、福利是否包括期权、实物、疗养、医疗补贴等多种形式？ 2.2 工资核算范围是否符合规定？ 2.3 计时、计件工资的原始记录是否健全、工资表的计算依据是否与相关统计报表的数额相符？ 2.4 工时卡等原始工时记录是否经授权的业务主管批准？ 2.5 工资是否通过银行代发？ 2.6 有关人员记录工时是否签章？ 2.7 人事、劳动部门是否具备独立、完整的工资档案及台账？ 3. 会计记录： 3.1 会计主管是否评价工资表及所附原始凭证？ 3.2 原始工资发放表是否经领工资职工本人签字？ 3.3 会计人员是否将各种工资、福利形式进行了适当的会计处理？ 3.4 工资表的编制是否由劳动部门办理？ 3.5 稽核员是否定期评价工时明细表与工时汇总表、工资汇总表、工资费用分摊表？ 3.6 稽核员是否评价有关结算原始凭证和代扣款原始凭证？ 3.7 工资的有关附加费是否有欠缴、欠提的现象？ 3.8 退休职工的各种费用是否都由公司承担？ 4. 职位分离： 4.1 人事、考勤、记账、稽核、结算职务是否由不同的人员担任？ 5. 内部审计： 5.1 内部审计人员是否定期对工薪内部控制进行内部审计？ 5.2 内部审计人员是否不定期对工薪内部控制进行内部审计？ 三、制造费用内部控制 1. 生产管理： 1.1 是否根据批准（或调整后）的生产计划组织生产？ 1.2 车间定额管理是否完整、正确？ 1.3 车间在产品、自制半成品和产成品等的计量是否完整、正确？ 1.4 车间生产原始记录是否完整、正确？				

（续表）

调 查 问 题	答 案			
	是	弱	否	不适应
2. 成本管理：				
2.1 是否建立成本管理制度？				
2.2 成本核算方法是否适合企业的成产特点，是否严格执行？				
2.3 成本开支范围是否符合有关规定？				
2.4 是否定期进行成本分析，发现问题及时处理？				
2.5 固定资产折旧方法和期限选择是否与企业实际情况和国家规定相符？				
3. 会计记录：				
3.1 制造费用的支出和归集是否经评价并正确入账？				
3.2 制造费用的分配标准是否恰当，计算是否正确？				
3.3 制造费用分配汇总表选择的分配标准的统计报告与原始记录核对是否相符？				
3.4 对实际分配的制造费用与预计分配的费用或标准成本下确定的费用差异是否作了相应的账户处理？				
3.5 月末是否有非记账人员核对制造费用有关明细账与总账？				
4. 其他：				
4.1 制造费用总分类账与明细账登记人员是否由不同人员承担？				
4.2 内部审计人员是否定期对制造费用控制系统进行内部审计、评价、改进？				

三、生产循环符合性测试表

编制生产循环符合性测试表的目的，是为了验证被审计单位内部控制制度中生产费用的归集和分配过程的合规性。该表是根据被审计单位的经营规模和整体素质及内部控制的设置，随机抽取会计年度中3～4个月份（必须含12月份）的生产成本计算单的有关凭单进行验算复核而形成的。生产循环符合性测试表，如表6-3所示。

1. ××车间生产——产品

（1）项目栏应填写材料、直接人工、制造费用（如有从辅助生产部门转来生产过程所耗用的水、电、气、风、劳务等，可根据被审计单位成本核算对象项目的划分方法确定是否增加项目）。

（2）"直接材料"行按表列各栏顺序填列：

——车间仓库月初存货金额按车间仓库材料明细账所列所有品种数量、单价合计金额填列（如车间采用余料盘点表总计金额）。

——材料仓库发料单、限额领料单、发出材料汇总表金额（第2栏）填写车间本月由仓库所领入材料的总额（应包括执行计划价格核算所分配的材料成本差异）。

——车间仓库月末存货余额（第3栏）填写月末所有品种账面库存数量、单价所计算的库存材料总额（注：如被审计单位为了简化库存材料余额不分配本月领入材料成本差异，期末材料按计划价格计算应予确认）。

表6-3

生产循环符合性测试表

客户：AB公司　　　　　　　编制人：李丽　　　　日期：2007/3/2　　索引号：P00-3
截止日：2006年12月31日　　复核人：张磊　　　　日期：2007/3/2　　页次：

项目	车间仓库月初存货金额	材料仓库发料单、限额领料单、发出材料汇总表金额	车间仓库月末存货金额	本期应计入生产成本材料(制造费用)金额	在产品			入库产成品数量	产量合计	标准成本法或定额成本法			应计材料定额差异	在产品成本	产成品成本
					在产品数量	约当系数	约当产量			数量	单价	金额			
	1	2	3	4=1+2-3	5	6	7=5×6	8	9=7+8	10	11	12=10×11	13=4-12	14=(12+13)÷9×7	15=(12+13)÷9×8
各种电器	7 744 910.42	2 684 482.54	881 957.8	9 547 435.16	15 200	0.60	9 120	26 592	35 712				9 547 435.16	2 438 189.08	7 109 246.08

审计说明：各种电机平均每台1 938.24元，12月份制造费用1 367 318.02元，动力费354 745.14元，工资1 893 697.34元，材料22 155 114.66元。单位成本分配确定按计划成本确定单位实际成本。

审计结论：直接材料成本核算内部控制制度可以信赖，可考虑适当简化实质性测试。

——本期应计入生产成本材料(制造费用)金额(第4栏),本栏数额由(第1栏)+(第2栏)-(第3栏)计算填列。

——(第5栏)至(第13栏)为期间成本与产品成本分配计算过程。

在产品数量(第5栏)根据月底在产品盘点数量填写。

当量系数(第6栏)根据被审计单位成本核算规程(制度)所确定的当量系数填写。

约当产量(第7栏)根据(第5栏)×(第6栏)计算结果填写。

入库产成品数量(第8栏),根据产成品入库数量填写。

产量合计(第9栏)根据(第7栏)+(第8栏)计算结果填写。

标准成本法或定额成本法数量(第10至第12栏)填写被审计单位产成品生产成本实行标准成本或定额成本计价时的成本所计算的过程数额。

本期应计材料定额差异(第13栏)填列实行定额成本或标准成本方法所计算的产成品成本中材料数额与实际耗用材料数额的差异,应计入产成品成本的数额(本栏中在计算直接材料、直接人工、制造费用三项合计后计算填写)。

——在产品成本(第14栏)反映本期在产品所含直接材料扣除材料成本差异后的实际数额,由[(第12栏)+(第13栏)]÷(第9栏)×(第7栏)计算填列。

——产成品成本(第15栏)反映本期产成品中所含直接材料扣除材料成本差异后的实际数额,由[(第12栏)+(第13栏)]÷(第9栏)×(第8栏)计算填列。

被审计单位如采用实际价格核算而不采用实际标准成本法或定额成本法时,第10至第13栏不需填列。

——被审计单位如生产过程无在产品时,则第5至第7栏不需填列。

(3)直接人工项目应根据工资分配单对成本核算对象所根据的直接人工工资数额计入第4栏。

(4)制造费用项目应根据制造费用分配单对成本核算对象所分配的制造费用数额计入第4栏。

上述(2)、(3)、(4)款所列直接材料、直接人工、制造费用经合计后,其数额即为本期生产该产品期末在产品成本和产成品的成本总额(一般情况下,直接人工和制造费用数额不在在产品和成品之间分配)。若生产产品过程中有副产品或下脚料,可根据被审计单位成本核算规程(制度)规定的扣除方法验证。

2. ××车间多种产品

被审计单位××车间生产多种产品,审计人员履行生产循环符合性测试,首先,应按照直接材料、直接人工、制造费用项目按行序分别填入本表第1栏至第4栏,并加计其成本总额。其次,取得单位按其成本核算规程(制度)所规定的方法(如系数法、个别法等)进行成本分配并编制计算表,除检验其分配的合规性和正确性外,还应与本表第4栏加计总额核对勾稽。

3. 几个车间连续性生产

被审计单位的几个车间连续性生产某种产品或几种产品,应按其成本核算规程(制度)所规定的成本计算方法(如逐步结算法、平行结算法等),分别审核各个车间的成本后(每个车间视同生产单一产品或多种产品)填写,最后编制填列汇总表,核对并确认生产成本结转产品数额的正确性。

4. 审计结论

审计人员应根据上述符合性测试过程确认其成本核算规程(制度)执行的规范程度。

第二节 存货审计工作底稿的编制

存货是企业在生产经营过程中持有以备出售,或者仍然处在生产过程,或者在生产或提供劳务过程中将消耗的材料或物料等,包括各类材料、包装物、低值易耗品、委托加工物资、商品、在产品、半产品、产成品等。存货是企业有偿取得的实物资产,具有一定数量和价值,但流动性较强,发生潜在损失的可能性也较大。因此,审计人员应当重点关注存货的实物流转与价值流转的合理配比以及计价的合理性,并把审计过程及其专业判断记录在审计工作底稿中。

一、存货审计程序

安排存货审计程序,审计人员可以根据具体情况、专业判断增加或减少相应的审计程序,并把对常规审计程序的修改记录在审计程序表中。存货审计程序表,如表6-4所示。

表6-4

存货审计程序表

客户:		签名	日期	索引号	P01-1
项目:存货		编制人		页次	1/8
截止日:		复核人		执行情况	索引号
1. 获取或编制存货分类汇总表,复核加计,并与明细账和报表数额核对相符。 2. 分析性复核: 2.1 对存货进行分析性复核,利用存货周转率进行纵向比较或与其他同行业企业进行横向比较。 2.2 比较前后各期本年各月份存货余额及其构成,以确定期末存货余额及其构成的总体合理性。 3. 检查资产负债表日存货的实际存在: 3.1 取得被审计单位存货盘点计划,了解盘点范围、方法、组织、人员分工安排,并作记录和评价。 3.2 观察实际盘点是否按照计划进行,各组盘点、记录工作是否认真、可靠,被审计单位会计人员是否参与盘点,并作记录和评价。					

(续表)

3.3 在现场观察盘点时,关注是否存在残次、冷背存货,并作记录和评价,如有必要,要求取得被审计单位关于其对当年度(或以后年度)损益可能产生影响的声明书。
3.4 亲自参加存货中的重点项目盘点,并适当进行复盘(从账到物、从物到账双向),验证被审计单位盘点数据的真实性、准确性,编制存货盘点抽查表,并作记录和评价。
3.5 了解各类存货的盘存结果、盘盈盘亏、报废的初步数据,对盈亏较大的存货,与有关人员一起追查原因并作出处理意见,对需要查清的问题提请会计人员会同其他部门清查。
3.6 取得全部清点资料、盘盈盘亏处理意见等报告和管理部门的审批文件,进行审核,如有疑问或处理不妥之处,应及时提请被审计单位研究处理,并作记录和评价。
3.7 完成存货盘点问题。
3.8 如未直接参与客户存货盘点,则应在审计外勤日对被审计单位的重要存货项目进行实地盘点,并在获取有关存货项目在资产负债表日至盘点日之间所有增减变动的会计记录的基础上进行倒轧测试。
4. 检查债务重组、非货币性交易中涉及存货的会计处理是否正确。
5. 复核存货并转入营业成本的成本计算。
6. 复核存货总账,对任何异常分录或变动进行调查。
7. 复核销售日记账,调查存货盘点日前发生的所有异常的大额销售业务。
8. 如果使用标准成本法,复核差异账户的结转分配是否恰当。
9. "材料采购/在途物资":
9.1 获取或编制材料采购或在途物资明细表,复核加计,与总账、明细账核对相符;
9.2 检查期末采购或在途物资,核对有关凭证,查看是否存在不属于本科目核算的其他材料采购。对大额材料采购或在途物资,追查期后入库情况,必要时发函询证;
9.3 查阅资产负债表日前后( )天物资或在途物资增减变动的有关账簿记录和收料报告等资料检查有无跨期现象,如有,则应作出记录,必要时作调整。
9.4 如采用计划成本核算,审核材料采购账项有关材料成本差异发生额的计算是否正确。
9.5 审核有无长期挂账事项,如有,应查明原因,必要时应作调整。
9.6 检查月末转入原材料等科目的会计处理是否正确。
10. "原材料":
10.1 获取或编制原材料明细表,复核加计,并与总账、明细账核对;同时抽查核对明细账是否与仓库台账、卡片记录相符。
10.2 对原材料余额进行分析性复核:
10.2.1 对原材料余额与上期期末余额进行比较,解释其波动原因。
10.2.2 对大宗原材料本期各月间单位成本进行比较,分析波动原因。
10.2.3 对大额异常项目进行调查。
10.3 现场观察被审计单位的期末原材料盘点情况,取得原材料盘点资料和盘盈、盘亏报告表,作重点抽查,并注意查明账实不符原因,有关审批手续是否完备,账务处理是否正确,存放在外的库存资料,应现场查看或函询核实,对冷背、残次、呆滞的原材料,关注其计价是否合理。

(续表)

10.4 检查原材料的入账基础和计价方法是否正确,是否前后一致:
10.4.1 在以实际成本计价条件下,应以样本的单位成本与原材料明细账及购货发票核对。
10.4.2 在以计划成本计价条件下,应以样本的单位成本与原材料明细账、原材料成本差异明细账及购货发票核对。
10.5 检查发出材料的计价基础,抽查(　　)月发出材料汇总表的正确性、真实性及合理性,对集团内部购货,注意合并抵销是否正确。
10.6 根据被审计单位原材料计价方法,抽查年末结存量较大的原材料计价是否正确。若原材料以计划成本计价,还应检查"材料成本差异"账项发生额、转销额计算是否正确。
10.7 检查向关联公司购货是否正常,关注交易价格、交易金额。
10.8 审核有无长期挂账原材料事项,如有,应查明原因,必要时作调整。
10.9 查阅资产负债表日前后(　　)天的原材料增减变动的有关账簿记录和原始凭证,检查有无跨期现象,如有,则应作出记录,必要时调整。
10.10 结合原材料的盘点,检查期末有无料到单未到的情况,如有,应查明是否暂估入账,其暂估价是否合理。
11. "包装物":
11.1 获取或编制包装物明细表,复核加计,并与总账、明细账核对相符;同时抽查核对明细账是否与仓库台账、卡片记录相符。
11.2 对包装物余额进行分析性复核:对期末包装物余额与上期期末进行比较,解释其波动原因;对大额异常项目进行调查。
11.3 现场观察被审计单位的期末包装物盘点情况,取得包装物盘点资料和盘盈、盘亏报告表,并注意查明账实不符原因,有关审批手续是否完备,账务处理是否正确,存放在外的包装物,应现场查看或查询核实。
11.4 检查包装物的入账基础和计价方法是否正确,是否前后一致。
11.5 检查发出包装物的入账基础,抽查(　　)月发出包装物汇总表的正确性。
11.6 根据被审计单位包装物计价方法,抽查期末结存量较大的包装物的计价是否正确。若包装物以计划成本计价,还应检查"材料成本差异"账项发生额、转销额是否计算正确。
11.7 询问被审计单位是否存在包装物押金,若有,结合相关科目的审计,查明包装物押金,相应税金处理是否正确,必要时作调整。
11.8 审核长期挂账包装物事项,如有,应查明原因,必要时作调整。
11.9 查阅资产负债表日前后若干天的包装物增减变动的有关账簿记录和原始凭证,检查有无跨期现象,如有,则应作出记录,必要时作调整。
11.10 结合包装物的盘点,检查期末有无料到单未到情况,如有,查明是否已暂估入账,其暂估价是否合理。
11.11 检查出租、出借包装物的手续是否符合规定,会计处理是否正确。
12. "低值易耗品":
12.1 获取或编制低值易耗品明细表,复核加计正确,并与总账数、明细账核对数核对相符。

(续表)

12.2 检查低值易耗品与固定资产的划分是否符合规定。 12.3 检查低值易耗品的入库和领用手续是否健全,会计处理是否正确。 12.4 检查低值易耗品摊销方法是否正确,前后期是否一致。 12.5 审核有无长期挂账低值易耗品事项,如有,查明原因,必要时作调整。 13. "材料成本差异": 13.1 获取或编制材料成本差异明细表,复核加计,并与总账、明细账核对相符。 13.2 抽查材料成本差异的发生及材料成本差异的分配是否正确,注意分配方法前后期是否一致,并注意是否存在调节成本现象。 14. "自制半成品": 14.1 获取或编制半成品明细表,复核加计,并与明细账核对相符,同时与仓库台账、卡片抽查核对相符。 14.2 现场观察被审计单位自制半成品盘点情况,取得自制半成品盘点资料和盘盈、盘亏报告表,作重点抽查,并注意查明账实不符原因,有关审批手续是否完备,账务处理是否正确;对冷背、残次、呆滞的自制半成品,关注其计价是否合理。 14.3 对自制半成品进行分析性复核:对期末自制半成品余额与上期期末余额进行比较,分析其波动原因;对大额自制半成品各月间单位成本进行比较,分析波动原因,对异常项目进行调查。 14.4 查核自制半成品的计价方法,检查其前后是否一致:自制半成品在实际成本计价条件下,应以样本的单位成本与自制半成品明细表及成本计算单核对;在计划成本计价条件下,应以样本的单位成本与自制半成品明细账、半成品成本差额明细账及成本计算单核对;检查自制半成品等的发出计价是否正确。委托加工的自制半成品,在以实际成本计价条件下,应以样本的单位成本与委托加工半成品明细账及加工劳务发票等单据核对;在以计划成本计价条件下,应以样本的单位成本与委托加工半成品明细账、半成品成本差异明细账及加工劳务发票等单据核对;检查委托加工自制半成品转入自制半成品的账务处理是否正确;必要时现场察看委托外加工自制半成品或对委托加工自制半成品函证核实。 14.5 抽查自制半成品入库单,核对自制半成品的品种、数量与入账记录是否一致,并检查入库自制半成品的实际成本是否与"生产成本"科目的结转额相符。 14.6 抽查自制半成品发出凭证,核对转出自制半成品的品种、数量和实际成本与"生产成本"是否相符。 14.7 审阅自制半成品明细账,检查有无长期挂账自制半成品事项,如有,查明原因,必要时作调整。 15. "库存商品": 15.1 获取或编制库存商品明细表,复核加计,并与总账、明细账核对相符,同时与仓库台账、卡片抽查核对相符。 15.2 现场观察被审计单位库存商品盘点情况,取得库存商品盘点资料的盘盈、盘亏报告表,作重点抽查,并注意查明账实不符原因,有关审批手续是否完备,账务处理是否正确,对冷背、残次、呆滞的自制半成品,关注其计价是否合理。 15.3 对库存商品进行分析性复核。对大额库存商品余额与上期余额进行比较,分析其波动原因;对大额库存商品各月间单位成本进行比较,分析波动原因,对异常项目进行调查。	

(续表)

15.4 查核库存商品的计价方法,检查其前后期是否一致。自制商品产品等在以实际成本计价条件下,应以样本的单位成本与库存商品明细账及成本计算单核对;在以计划成本计价条件下,应以样本的单位成本与库存商品明细账、商品成本差异明细账及成本计算单核对;检查自制商品产品等的发出计价是否正确。库存外购商品在以实际成本计价条件下,应以样本的单位成本与库存商品明细账及购货发票核对;在以计划成本计价条件下,应以样本的单位成本与库存商品明细账、商品成本差异明细账及购货发票核对;检查库存商品等的发出计价是否正确。 15.5 抽查库存商品入库单,核对库存商品的品种、数量与入账记录是否一致,并检查入库库存商品的实际成本是否与"生产成本"科目的结转额相符。 15.6 抽查库存商品的发出凭证,核对转出库存商品的品种、数量和实际成本与"营业成本"是否相符。 15.7 审阅库存商品明细账,检查有无长期挂账库存商品事项,如有,查明原因,必要时作调整。 15.8 验明库存商品的披露是否恰当。 16."商品进销差价": 16.1 获取或编制商品进销差价明细表,复核加计,并与总账、明细账核对相符。 16.2 对商品进销差价进行分析性复核;对期末商品进销差价率与上期期末商品进销差价率进行比较,分析其波动原因。对大额商品各月间进销差价率进行比较,分析波动原因,对异常项目进行调查。 16.3 检查企业购入、加工收回以及销售退回等增加库存商品时,商品进销差价的账务处理是否正确。 16.4 审查期末分摊已销商品的进销差价账务处理是否正确,分摊金额计算是否无误,分摊使用的差价率是否正确。 16.5 验明商品的进销差价披露是否恰当。 17."委托加工物资": 17.1 获取或编制委托加工物资明细表,复核加计,并与总账、明细账核对相符。 17.2 检查( )份委托加工物资业务合同,抽查有关发料凭证、加工费、运费结算凭证,核对其计费、计价是否正确,会计处理是否及时、正确。 17.3 抽查加工完成物资的验收入库手续是否齐全,会计处理是否正确。 17.4 对委托加工物资的期末余额,应现场察看或函证核实。 17.5 审核查明有无长期挂账委托加工物资事项,如有,查明原因,必要时作调整。 18."委托代销商品": 18.1 获取或编制委托代销商品明细表,复核加计,并与总账、明细账核对相符。 18.2 检查( )份委托代销商品业务合同,抽查有关发货凭证、核对其会计处理是否及时、正确。 18.3 检查是否定期收到委托代销商品销售月结单(对账单),抽查( )月的销售月结单(对账单),验明会计处理是否及时、正确。 18.4 对委托代销商品的期末余额,应现场察看或函证核实。 18.5 审核是否存在长期挂账委托代销商品事项,如有,查明原因,必要时作调整。 19."受托代销商品":	

（续表）

19.1 获取或编制受托代销商品明细表，复核加计，并与总账、明细账核对相符。 19.2 检查（　　）份受托代销商品业务合同，抽查有关售货凭证、核对其会计处理是否及时正确。 19.3 检查是否定期发出受托代销商品月结单（对账单），抽查（　　）月的销售月结单（对账单），验明会计处理是否及时、正确。 19.4 对受托代销商品的期末余额，应现场察看其是否存在。 19.5 与受托代销商品款总额核对，若有差异，查明原因是否正常，并按明细账抽查核对。 19.6 审核有无长期挂账受托代销商品事项，如有，查明原因，必要时作调整。 20. "分期收款发出商品"： 20.1 获取或编制分期收款发出商品明细表，复核加计，并与总账、明细账核对相符。 20.2 检查（　　）份分期收款业务协议、合同，抽查有关发货凭证，核对其会计处理是否及时正确。 20.3 结合库存商品审计，抽查分期收款发出商品的入账基础，是否与库存商品结转额相符。 20.4 检查是否按合同约定时间分期收回货款，并复核其转销成本是否按约定收到货款比例配比，验明会计处理是否及时、正确。 20.5 对分期收款发出商品的期末余额，必要时应函证核实。 20.6 审核有无长期挂账分期收款发出的商品事项，如有，查明原因，必要时作调整。 21. 检查存货是否被抵押，年末的未完成订货单中是否存在需要加以披露的重要承诺。 22. 验明存货披露是否恰当。		

二、存货审计工作底稿

【**案例 6-1**】　AB 公司资产负债表列示"存货"项目数额为 19 107 968 元，审计人员通过计价测试（包括对实行计划成本核算原材料成本差异的测试）、抽查盘点和索取其他资料，发现的问题及相关处理建议如下：

1. 对存货进行计价测试，主要原材料 B 采用实际成本核算，在检查被审计单位计算过程时，发现企业每月月末均有估价入库、月初冲回的情况，但在计算各期加权平均价格时，其公式中，当月入库数量及金额为将股价冲回部分作为计算基数，故引起误差，经检查，全年发出成本为 75 913 590 元，实为 76 936 692 元（按月计算），少转成本 1 023 102 元，因为在产品和产成品在期初、期末数量变化较小，故可全部调整计入当期营业成本。调整分录为：

第六章 生产循环审计工作底稿的编制

　　借：主营业务成本　　　　　　　　　　　　　　　　　　1 023 102
　　　　贷：存货——原材料　　　　　　　　　　　　　　　　　　1 023 102

2. 通过对实行计划成本核算的原材料 A 成本差异率分配情况进行检查发现，由于被审计单位办理估价入库时，仅按计划单位计算估价数额，未考虑当期进货实际价格计算材料成本差异，经计算，应补计材料成本差异 720 000 元，应冲回营业成本 677 632 元。故应有如下调整分录为：

　　借：应付账款　　　　　　　　　　　　　　　　　　　720 000
　　　　贷：材料成本差异　　　　　　　　　　　　　　　　　　720 000

　　借：主营业务成本　　　　　　　　　　　　　　　　　　677 632
　　　　贷：材料成本差异　　　　　　　　　　　　　　　　　　677 632

3. 对存货进行抽盘，其结果如下：

（1）共抽验 13 721 118 元，占存货总额 71.8%。

（2）主要原材料 A、B 为散装材料，采用排方体积比重换算与原存量误差为 2‰和 0.0625‰，误差较小，可予以确认。

（3）委托代销产品共 24 户，数量 2 400 吨，价值 240 万元。仅有两户期末库存清单为 300 吨，其他 22 户，共计 2 100 吨、价值 210 万元，无法履行必要审计程序获得审计证据，应发表保留意见。

　　审计人员根据上述事项和审计结果，分别编制存货审定表、材料成本差异分配审定表、存货计价审定表、存货抽盘表、存货盘点情况汇总表，如表 6-5～6-9 所示。

表 6-5

存 货 审 定 表

客户：AB公司　　　　编制：李丽　　　　日期：2007/3/2　　　　索引号：P01-2
截止日：2006 年 12 月 31 日　　复核人：张磊　　日期：2007/3/2　　　　页次：

索引号	存货类别	期末账面未审数		存货盘存表金额	盘存与账面差异金额	差异原因	调整数	审定数
		结存金额	成本差异借（+）贷（-）					
	1. 库存材料	9 100 000G		9 100 000			(—)1 023 102	8 076 898
	（1）原材料	8 400 000		8 400 000			(—)1 023 102	7 376 898
	A. 原材料及主要材料	5 000 000		5 000 000			(—)1 023 102	3 976 898
	B. 辅助材料	2 400 000		2 400 000				2 400 000

(续表)

索引号	存货类别	期末账面未审数 结存金额	期末账面未审数 成本差异借(+)贷(—)	存货盘存表金额	盘存与账面差异金额	差异原因	调整数	审定数
	C. 外购半成品							
	D. 修理用配件	1 000 000		1 000 000				1 000 000
	(2) 包装物	700 000		700 000				700 000
	(3) 低值易耗品							
	2. 在途物资							
	3. 委托加工材料							
	4. 在产品	960 000G		960 000				960 000
	5. 自制半成品							
	6. 产成品	4 400 000G		4 400 000				4 400 000
	7. 分期收款发出商品							
	8. 库存商品							
	9. 材料成本差异	(—)152 032		(—)152 032			(—)677 632	(—)829 684
	10. 委托代销产品	4 800 000G		4 800 000				无法确认
	合计	19 107 968G		19 107 968			(—)1 700 734	

审计说明及调整分录：
 1. 经过存货计价测试,按实际成本核算的 B 材料应转作主营业务成本 1 023 102 元,调整分录为：
    借：主营业务成本   1 023 102
      贷：存货——原材料   1 023 102
 2. 经对按计划成本核算的 A 材料差异分配测试,应补估价入库差异(—)720 000 元,调整分录为：
    借：应付账款   720 000
      贷：材料成本差异   720 000
 减少销售成本 338 816 元,调整分录为：
    借：主营业务成本   677 632
      贷：材料成本差异   677 632
 3. 委托代销商品未取得 44 户存货清单,计 4 800 000 元无法确认。

审计结论：经调整,除委托代销商品因无审计证据确认予保留外,其他数额可以确认。

表 6-6

材料成本差异分配审定表

客户:AB公司　　　　　编制人:李丽　　　　日期:2007/3/2　　索引号:P01-3
截止日:2006年12月31日　　编制人:张磊　　　日期:2007/3/2　　页次:

项目	结存—进货—差异			本期发出			核对
	金额	差异	差异率	金额	差异	差异率	
1～6月份							
期初	3 160 000	(一)271 760	(一)8.6%	——	——	——	
本期进货	24 000 000	(一)960 000					
合计	27 160 000	(一)1 231 760	(一)4.535%	2 500 000	(一)1 133 750	(一)4.535%	
6～12月份							
期初	14 000 000	(一)604 800	(一)4.32%	——	——	——	
本期进货	20 000 000	(一)1 980 000					
合计	34 000 000	(一)2 584 800	(一)7.6024%	32 000 000	(一)2 432 768	(一)7.6024%	

审计说明及调整分录:经审计,虽各月材料成本差异率计算和分配数额正确。但经查验有关原始会计凭证发现 AB 公司未办理估价入库,仅按计划成本计算入库,未考虑当期实际购入价格水平,同时计算结转成本差异,根据对其成本影响,在不影响总体合理性前提下对 12 月份估价入库部分补计结转材料成本差异-720 000 元,重新计算分配应调减成本 677 632 元,调整分录为:

　　借:应付账款　　　　　　　　　　　　　　　　　　　　720 000
　　　　贷:材料成本差异　　　　　　　　　　　　　　　　　　720 000
　　借:主营业务成本　　　　　　　　　　　　　　　　　　677 632
　　　　贷:材料成本差异　　　　　　　　　　　　　　　　　　677 632

审计结论:经调整后余额可以确认。

1. 存货审定表

存货审定表是审计人员履行抽盘、计价测试等审计程序后在汇总所有工作底稿后形成的。

(1) 按各类存货类别汇总填写所有行次金额,对被审计单位提供的差异原因进行分析并计入"差异原因"栏。

(2) 将实物盘点的差额计入"盘存与账面差异金额",对被审计单位提供的差异原因进行分析并计入"差异原因"栏。

(3) "调整数"栏填写存货数量和计价方面的差异涉及的应调整金额。

(4) 对分期收款发出商品应取得合同、验证接受方的收货凭证并取得复印件。

(5) 被审计人员如有发出本地或异地代销、代管商品和委托加工材料时,应取得相应保管凭证的复印件。

(6) 审计说明及调整分录中应说明对存货验证所采取的审计过程及有关情况。

2. 材料成本差异分配审定表

材料成本差异分配审定表是审计人员对被审计单位采用计划成本核算库存材料时审验其发出成本计价正确性的审定表。

(1) 本表适用于对计划价格核算单位的材料成本计价准确性的审核。

(2) 审计人员应根据审计计划所确定的重点审计领域和被审计单位内部控制制度的完善程度来确定所要抽查审验的月份和品种。一般应重点关注耗用多且对损益影响较大以及易于发生舞弊行为的12月份。

(3) 审计过程中,审计人员应按规定的材料成本差异分配率计算公式进行审验:

$$\frac{本期材料成本}{差异分配率} = \left(\frac{月初材料}{成本差异额} + \frac{本月入库材料}{成本差异率}\right) \div \left(\frac{月初按计划价格}{计算的存货金额} + \frac{本月按计划价格}{计算的入库金额}\right)$$

审定表内合计行中"结存—进货—差异"栏中差异率的计算如下:

$$\frac{本期材料成本}{差异分配率} = \left(\frac{差异栏}{期初数} + \frac{本期进}{货差异}\right) \div \left(\frac{金额栏}{期初数} + \frac{本期进}{货金额}\right) = \frac{差异栏}{合计} \div \frac{余额栏}{合计} = \frac{差异率}{(合计栏)}$$

(4) 如"本期发出"栏所使用的差异率与上式计算结果相同或有很小差异(计算时取位不同),审计人员即可确认为正确,倘若差异率使用不正确或误差很大,应提请被审计单位调整。

3. 存货计价审定表

存货计价审定表是审计人员对被审计单位采用实际价格核算库存材料和产成品时审验其发出成本价值正确性的审定表。

(1) 根据审计计划所确定的重点审计领域和被审计单位内部控制制度的完善程度来确定审验的月份和品种。一般应重点关注对损益数额影响较大的主要品种以及易于发生舞弊行为的12月份。

(2) 根据被审计单位的账面记录分别填入期初、本期入库、本期发出、期末(月日)和计价方法各栏次。

(3) 对不同计价方法的审验:

第一,先进先出法。本期入库栏的数量、单价、金额应分批行填列。

审验方法如下:

本期发出数量小于期初数量时:

$$本期发出成本 = 发出数量 \times 期初栏单价$$

本期发出数量大于期初数量时:

$$\begin{aligned}\text{本期发}\\\text{出成本}\end{aligned} = \begin{pmatrix}\text{期初}\\\text{数量}\end{pmatrix}\times\begin{pmatrix}\text{期初栏}\\\text{单 价}\end{pmatrix} + \begin{pmatrix}\text{第一批本期}\\\text{入 库 数 量}\end{pmatrix}\times\begin{pmatrix}\text{本期入}\\\text{库单价}\end{pmatrix} + \begin{pmatrix}\text{第二批本期}\\\text{入 库 数 量}\end{pmatrix}\times\begin{pmatrix}\text{本批入}\\\text{库单价}\end{pmatrix} + \cdots +$$

$$\begin{pmatrix}\text{本期发}\\\text{出数量}\end{pmatrix} - \begin{pmatrix}\text{期初}\\\text{数量}\end{pmatrix} - \begin{pmatrix}\text{本期第一批}\\\text{入 库 数 量}\end{pmatrix} - \begin{pmatrix}\text{本期第二批}\\\text{入 库 数 量}\end{pmatrix} - \cdots - \begin{pmatrix}\text{第 n-1 批}\\\text{入库数量}\end{pmatrix}\times\begin{pmatrix}\text{第 n 批入}\\\text{库 单 价}\end{pmatrix}$$

第二,后进先出法。本期入库栏的数量、单价、金额应分行填列。

审验方法如下:

本期发出数量小于本期最后一批(即第 n 批)数量时:

$$\text{本期发出成本} = \text{本期发出数量} \times \text{第 n 批入库单价}$$

本期发出数量大于本期最后一批(即第 n 批)数量时:

$$\begin{aligned}\text{本期发}\\\text{出成本}\end{aligned} = \begin{pmatrix}\text{第 n 批入}\\\text{库 数 量}\end{pmatrix}\times\begin{pmatrix}\text{第 n 批}\\\text{单 价}\end{pmatrix} + \begin{pmatrix}\text{第 n-1 批}\\\text{入库数量}\end{pmatrix}\times\begin{pmatrix}\text{第 n-1}\\\text{批单价}\end{pmatrix} + \begin{pmatrix}\text{第 n-2 批}\\\text{入库数量}\end{pmatrix}\times\begin{pmatrix}\text{第 n-2}\\\text{批单价}\end{pmatrix} + \cdots +$$

$$\begin{pmatrix}\text{本期发}\\\text{出数量}\end{pmatrix} - \begin{pmatrix}\text{第 n 批入}\\\text{库 数 量}\end{pmatrix} - \begin{pmatrix}\text{第 n-1}\\\text{批数量}\end{pmatrix} - \cdots - \begin{pmatrix}\text{第 n-1}\\\text{批数量}\end{pmatrix}\times\begin{pmatrix}\text{第 n-1-1}\\\text{批 单 价}\end{pmatrix}$$

第三,加权平均法。本期入库栏本期发出栏可填列本期合计总额。

本期发出单价栏发出单价和金额的验证:

$$\begin{aligned}\text{本期发}\\\text{出单价}\end{aligned} = \begin{pmatrix}\text{期初}\\\text{金额}\end{pmatrix} + \begin{pmatrix}\text{本期入}\\\text{库金额}\end{pmatrix} \div \begin{pmatrix}\begin{pmatrix}\text{期初}\\\text{数量}\end{pmatrix} + \begin{pmatrix}\text{本期入}\\\text{库数量}\end{pmatrix}\end{pmatrix}$$

$$\text{本期发出金额} = \text{本期发出数量} \times \text{经验证确认本期发出单价}$$

(4) 经验证后所确认的单价和金额,如与本审计单位实际计算发出成本有差异时,应记入调整栏。

(5) 如应调整栏超出被分配的重要性水平时,应在审计说明及调整分录内说明审验情况及列出要求被审计单位调整数额及分录。

(6) 根据被审计单位存货计价方法执行情况及应调整数额,审计人员依据专业判断给出适当的审计结论。

4. 存货抽盘表

存货抽盘表是审计人员对被审计单位存货实施抽查审计程序以确定其存在性、真实性形成审计证据的工作记录。

(1) 存货抽盘是审计人员确定被审计单位"存货"项目存在性和归属性必须履行的审计程序,形成的存货抽盘表用来支持存货审定表。

(2) 根据被审计单位的内部控制制度的有效程度,审计人员适当选择顺查方法和逆查方法。

(3) 抽查的品种应选取一部分存货数量大且收发次数频繁的主要原材料,并按抽样方法选取相当比例的其他存货。

(4) 存货品种确定后,按清查日账面存货数量计入"账面结存"栏。

表 6-7

存货计价审定表

客户：AB公司　　　　　　　　　　　编制人：李丽　　　日期：2007/3/2　　　索引号：P01-4
截止日：2006年12月31日　　　　　　复核人：张磊　　　日期：2007/3/2　　　页次：
　　　　　　　　　　　　　　　　　　　　　　　　　　　　　　　　　　　　　金额单位：元

存货名称	计量单位	期初（上月末）			本期入库			本期发出			本期期末			计价方法	调整数	审定数
		数量	单价	金额	数量	单价	金额	数量	单价	金额	数量	单价	金额			
B材料	吨															
3月		12 000	320.00	3 840 000	15 000	303.3334	4 550 000	13 000	313.2432	4 072 162	14 000	308.416	4 317 824	加权平均		
7月		10 000	312.00	3 120 000	17 000	297.76	5 062 000	15 000	303.02	4 545 300	12 000	303.02	3 636 240	加权平均		
8月		12 000	303.02	3 636 240	20 000	308.00	6 160 000	19 000	310.4	5 897 600	13 000	298.376	3 878 888	加权平均		
9月		13 000	299.76	3 896 880	22 000	306.00	6 732 000	25 000	305.12	7 628 000	10 000	300.24	3 002 400	加权平均		
12月		12 000	297.46	3 569 520	24 000	314.16	7 540 000	28 000	306.72	8 588 160	8 000	315.14	2 521 120	加权平均	1 023 102	1 023 102

审计说明及调整分录：在审计过程中，对主要材料B抽查3,7,9,12月份的计价情况，发现被审计单位存货发出计价采用加权平均法执行不够规范，又扩大对8月份进行抽查测试，经检查每月份计算过程，发现在计算平均单价时均漏算估价冲回金额，以致引起发出单价与库存单价的不符而导致成本错转。经计算，全年共计少转成本1 023 102元。

（附计算单），应补充调整分录为：

借：主营业务成本
　贷：存货

审计结论：根据扩大计价的测试计算结果，应调整结转成本数额。

表 6-8

存 货 抽 盘 表

客户：AB公司　　　　　　　　　　　　编制人：李丽　　　　　日期：2007/3/2　　　　　索引号：P01-5
截止日：2006年12月31日　　　　　　　复核人：张磊　　　　　日期：2007/3/2　　　　　页次：
　　金额单位：元

序号	品名型号规格	计算单位	盘点实存量	加盘点日前付出量	减盘点日前收入量	账面结存 实存数量	账面结存 数量	账面结存 金额	差异 数量	差异 单价	差异 金额	调整数	审定数
	主要原材料 A	吨	13 000	57 200	60 000	10 200	10 000	2 000 000	200	200	40 000	0	2 000 000
	主要原材料 B	吨	19 900	48 000	52 000	15 900	16 000	2 520 000	−100	157.5	−15 750	0	2 520 000
	产成品甲	吨	6 000	10 000	11 600	4 400	4 400	4 400 000	0			0	4 400 000
	委托代销商品						4 800	4 800 000	×	×		大部分无代销部分清单	
	合　计	×	×	×	×	×			×	×			

审计说明：
1. 主要原材料 A,B 为散装材料，采用排方体积比重换算与原存量误差为 2%和 0.0625%，误差较小，可予以确认。
2. 委托代销产品共 48 户，数量 4 800 吨，价值 480 万元。仅有两户存清单为 600 吨，其他 44 户共计 4 200 吨，价值 420 万元，无法履行必要的审计程序获得审计证据。

审计结论：除 420 万元委托代销商品无代销清单外，其他存货账实基本相符。

(5) 现场盘点后将实存数量计入"盘点日实存量"栏。

(6) 根据保管员提供的合法有效凭证收发数量填入"加盘点日前付出量"和"减盘点日前收入量"栏。

(7) 计算并填写"实存数量"栏和"差异"栏。

(8) 比较实存数量和账面结存数量,计算"差异"栏。

(9) 根据抽查结果,对比所确定分配的重要性水平,填制"调整数"栏和"审定数"栏。

(10) 对现场的实盘,审计人员应书写盘点记录,包括存放地点、盘点计算[箱(件)+散存]或技术计算方法等。

(11) 如用逆查方法应由审计人员会同保管人员对现场某一品种盘存实物计入实存数量,然后顺序填写其他各栏。

表 6-9

存货盘点情况汇总表

被审计单位:　　　　编制人:　　　　日期:　　　　索引号:P01-6
截止日:　　　　　　复核人:　　　　日期:　　　　页次:

项目	盘点日期	盘点日账面额	尚未入账		盘点日应存额	盘点日实存额	盘点盘亏	盘亏已调整(√)	盘点日至截止日	截止日账面额	参与盘点人员
			入库额	出库额							
低值易耗品											
材料成本差异											
自制半成品											
库存商品											
商品进销差价											
委托加工物资											
委托代销商品											
分期收款发出商品											
合　计											

盘亏、毁损的原因及处理情况:

【参考格式 6-1】

存货监盘备忘录

索引号：

　　AB公司存货主要存放在位于北京海淀增光路18号的沿街店面和位于后半部的仓库，2006年12月29日，我们与AB公司经营部经理李芳、财务部经理杨洪一起观察了沿街的店面和仓库，发现存货都贴上了标签并且排列有序。

　　1. 2006年12月29日，商店于中午12:00关门。
　　2. 在商店关门之前，客户对仓库中的所有存货进行了清点并贴上了标签贴。
　　3. 余下需要盘点的部分在下午1:30左右盘点完毕。
　　4. 审计人员及其助理人员在下午1:00左右到达，并与经营部经理李芳、财务部经理杨洪一起复核盘点程序。
　　5. 在下午1:30以后开始抽样盘点。
　　6. 对于店面1、店面2和仓库6采用从存货到账的抽点；对于仓库1、仓库2和店面5采用从账面到存货的抽点。
　　7. 观察和抽点的结果表明，所有的存货项目都清楚地陈列并适当分组；存货通过计算机系统被记入永续盘存记录。
　　8. 2006年12月29日，从计算机系统中打印永续盘存记录，并加注标识后归入我们的存货盘点文件，存货盘点表的复印件也归入了存货盘点文件。

　　通过与客户交谈，了解店面或仓库是否包括代销商品时，客户表示没有；了解是否有客户已付款并由第三方代销的商品时，客户表示没有。同时，还确认客户为租用公共仓库，存放其存货、没有存货被抵押。

监盘人：李丽、雷花、张方自、李芳、杨洪
2006年12月29日

第三节　存货跌价准备审计工作底稿的编制

　　企业应当在期末对存货进行全面清查，如由于存货毁损、全部或部分陈旧过时或销售价格低于成本等原因，使存货成本高于可变现净值的，应按可变现净值低于存货成本部分，计提存货跌价准备。审计人员应当重点关注被审计单位存货跌价准备计提是否充分、合理及其对会计报表的影响，并把审计的过程及其专业判断记录在审计工作底稿中。

一、存货跌价准备审计程序

安排存货跌价准备审计程序时,审计人员可以根据具体情况增加或减少相应的审计程序,并把对常规审计程序的修改记录在审计程序中。存货跌价准备审计程序表,如表6-10所示。

表 6-10

存货跌价准备审计程序表

客户:		签名	日期	索引号	P02-1
项目:存货跌价准备		编制人		页 次	1/1
截止日:		复核人		执行情况	索引号
1. 获取或编制存货跌价准备明细表,复核加计,并与总账、明细账核对相符。 2. 检查存货跌价准备计提和核销批准程序,取得书面报告等证明文件。 3. 评价存货跌价准备所依据的资料、假设及计提方法。 4. 检查被审计单位是否于期末对存货作检查分析,计提的依据、方法前后各期是否一致,存货跌价准备的计算和账务处理是否正确,本期计提或回转是否与"管理费用"科目金额核对一致。 5. 抽查已提存货跌价准备的项目期后售价是否低于原始成本。 6. 验明存货跌价准备的披露是否恰当。					

二、存货跌价准备审定表

【案例 6-2】 AB 公司 2006 年度年初存货跌价准备为 28 万元,审计人员结合存货审计发现:

1. 2006 年 12 月 31 日,AB 公司对账面余额为 906 000 元,已计提 40 000 元跌价准备的原料 A 进行检查,发现受到市场行情的影响,该材料市值有所恢复,且已超过原账面价值余额,但 AB 公司对此没有做任何账务处理。

由于原材料 A 原有价值发生过减值,已计提了 4 万元的跌价准备,本期期末价值恢复,且已经超过了原有价值余额,因此,审计人员在检查原材料 A 已计提跌价准备的相关原始凭证,以及目前市值恢复的相关资料,建议 AB 公司作如下调整分录:

  借:存货跌价准备   40 000
    贷:存货减值损失   40 000

2. 2006 年 12 月 31 日,AB 公司对账面价值余额为 40 万元、已计提跌价准备 24 万元的存货商品 M 进行检查,发现库存商品 M 已霉烂变质,于是对库存商品 M 计提了 6 万元的跌价准备。

审计人员检查库存商品 M 已计提跌价准备的相关原始凭证，以及目前库存商品 M 的相关资料，建议 AB 公司作如下调整分录：

  借：存货减值损失   500 000
    贷：存货跌价准备   500 000

据此，审计人员形成存货跌价准备审定表，如表 6-11 所示。

表 6-11

存货跌价准备审定表

客户：AB公司 编制人：李丽 日期：2007/3/2 索引号：P02-2
截止日：2006年12月31日 复核人：张磊 日期：2007/3/2 页次：

存货类别	索引号	未审数	审计调整数		未审数	上期数
			借	贷		
原材料 A	（略）		40 000		（一）40 000	40 000
库存商品 W	（略）	60 000		500 000	560 000	240 000
合　　计		60 000	40 000	500 000	520 000	280 000

审计说明及其调整分录：
 1. 审计人员在检查原材料 A 已计提跌价准备的相关原始凭证，以及目前市值恢复的相关资料，建议 AB 公司作如下调整分录：
 2. 审计人员检查库存商品 M 已计提跌价准备的相关原始凭证，以及目前库存商品 M 符合全额计提跌价准备的条件，因此，审计人员建议 AB 公司作如下调整分录：
  借：存货减值损失   500 000
    贷：存货跌价准备   500 000

审计结论：经调整，本年度计提存货跌价准备 520 000 元，可以确认。

第四节 生产成本审计工作底稿的编制

  生产成本项目是工业企业进行工业生产，包括生产各种产品（包括产成品、自制半成品、提供劳务等）、自制材料、自制工具、自制设备等所发生的各项生产费用的归集和分配项目,会计报表此项目的数额反映的是尚未加工完成的各项在产品的成本。审计人员应当重点复核生产费用的归集和分配,以确认生产成本项目数额的记录完整和计价正确性,并把相应审计过程和专业判断记录在审计工作底稿中。

一、生产成本审计程序

安排生产成本审计程序,审计人员可以根据具体情况增加或减少相应的审计程序,并把对常规程序的修订记录在审计程序中。生产成本审计程序表,如表 6-12 所示。

表 6-12

生产成本审计程序表

客户:		签名	日期	索引号	P03-1
项目:生产成本		编制人		页 次	1/1
会计期间:		复核人		执行情况	

1. 获取或编制生产成本汇总明细表,复核加计,并与总账、明细账核对相符。
2. 对生产成本进行分析复核,检查各月即前后期同一产品的单位成本是否异常波动,注意是否存在调节成本现象。
3. 了解被审计单位的生产工艺流程和成本核算方法,检查成本核算方法与生产工艺流程是否适当,前后期是否适当,前后期是否一致,并作出记录。
4. 检查车间在产品盘存资料,与成本核算资料核对,检查车间月末余料是否办理假退料手续。
5. 复核生产明细汇总表的正确性,将直接材料与材料耗用汇总表、直接工资总额与工资分配表、制造费用总额与制造费用明细表及相关账项明细表核对一致,并作交叉索引。
6. 检查生产成本在完工产品之间分配是否正确,分配标准和计算方法是否有重大变化,是否合理、恰当。
7. 抽查成本计算单,检查直接材料、直接人工的计算是否正确,分配和计算方法是否合理、恰当,制造费用的分配是否合理、正确。
8. 选择重大在产品项目进行测试,检查其前后期是否一致:
8.1 在以实际成本计价条件下,应以样本的单位成本与生产明细账及成本计算单核对;
8.2 在以计划成本计价条件下,应以样本的单位成本明细账、材料成本差异明细账及成本计算单核对;
8.3 对采用标准成本或者是定额成本核算的,应监察材料成本差异的计算、分配和会计处理的正确性,并检查标准成本或定额成本,在本期有无重大变化,期末库存商品是否已按实际成本进行调整。
9. 验明生产成本余额的披露是否恰当。

二、生产成本审计工作底稿

生产成本审定表,如表 6-13 所示。

表 6-13

生产成本审定表

客户：AB公司　　　　编制人：李丽　　日期：2007/3/2　　索引号：P03-2
截止日：2006年12月31日　　复核人：张磊　　日期：2007/3/2　　页次：

索引号	项目及内容	期初数	本期发生数	本期转出数	期末未审数	调整数	审定数
	合计	24 000 000	406 600 000	523 000 000	21 000 000		21 000 000
	其中						
	A产品	8 000 000	124 000 000	125 000 000	7 000 000		7 000 000
	B产品	6 000 000	158 000 000	159 000 000	5 000 000		5 000 000
	C产品	3 000 000	126 000 000	126 600 000	2 400 000		2 400 000
	D产品	7 000 000	112 000 000	112 400 000	6 600 000		6 600 000
审计说明及调整分录：按被审计单位核算规程，结合生产循环符合性测试，经复核，有关生产费用的归集、分配方法合规，数额正确。							
审计结论：数额可以确认。							

（1）审计人员根据被审计单位成本核算规程（办法）及生产成本明细账行列示的核算对象（产品或车间工序），按期初数、本期转出数、期末未审数分别填入相关栏次中。

（2）审计人员在对生产成本的归集分配审计过程中，应根据会计期间原则、一贯性原则、可比性原则、配比性原则和谨慎性原则审验其产品成本与非产品成本界限、本期产品与下期产品成本之间的界限、各种核算成本对象之间的界限、完工产品与未完工产品（在产品）之间的界限，抽查和审验被审计单位一定月份的成本计算过程（分配方法、分配工具、分配数额）以支持生产成本审定表。

（3）本期转出数中对转出产成品项目的数额与生产成本及销售成本倒轧表中生产成本相勾稽。生产成本及销售成本倒轧表，如表6-14所示。

表 6-14

生产成本及销售成本倒轧表

客户：AB公司　　　　编制人：李丽　　日期：2007/3/2　　索引号：P03-3
截止日：2006年12月31日　　复核人：张磊　　日期：2007/3/2　　页次：

索引号	项　　目	未审数	调整数	审定数	备注
	直接材料成本	360 000 000		360 000 000	
（略）	加：直接人工成本	90 000 000		90 000 000	
	制造费用	50 000 000		50 000 000	

(续表)

索引号	项　　目	未审数	调整数	审定数	备　注
	外购动力等	20 000 000		20 000 000	
	委托加工费等				
（略）	生产成本	520 000 000		520 000 000	
	加：在产品期初余额	24 000 000		24 000 000	
	减：在产品期末余额	21 000 000		21 000 000	
	产品生产成本	523 000 000		523 000 000	
	加：产成品期初余额	56 000 000		56 000 000	
	分期收款发出商品期初余额				
	其他减少（报废）				
	减：产成品期末余额	44 000 000	1 557 700	45 557 700	
	分期收款发出商品期末余额				
	其他减少	1 000 000		1 000 000	
	营业成本	534 000 000	（一）1 557 700	532 442 300	
审计说明及调整分录：本表数额已经与相关明细账簿和审计项目审定表核对相符。根据销售成本审定表应调整"产成品"和"主营业务成本"项目余额。					
审计结论：经调整后，材料成本、生产成本和销售成本可以确认。					

（4）期末未审数一般应与生产过程中的半成品、在产品的数量及分配生产数额相一致，故审计人员形成在产品、半成品的抽盘记录等审计证据支持生产成本审定表。

（5）审计说明及调整分录栏，应说明所履行审计程序及抽样审查的结果和需要调整事项理由及发表意见。

第五节　制造费用审计工作底稿的编制

制造费用是企业为生产产品和提供劳务而发生的各项费用，包括工资和福利费、折旧费、修理费、办公费、水电费、机物料消耗、劳动保护费、季节性和修理期间的停工损失等。审计人员应当重点关注制造费用项目归集分配过程的完整性、合法性和正确性及其对会计报表的影响，并把审计的过程和专业判断记录在审计工作底稿中。

一、制造费用审计程序

安排制造费用审计程序时,审计人员可以根据具体情况增加或减少相应的审计程序,并把对常规审计程序的修改记录在审计程序中。制造费用审计程序表,如表 6-15 所示。

表 6-15

制造费用审计程序表

客户:		签名	日期	索引号	P04-1
项目:制造费用		编制人		页 次	1/1
会计期间:		复核人		执行情况	索引号

1. 获取或编制制造费用明细表,复核加计,并与总账、明细账核对相符。
2. 对制造费用进行分析性复核,将本期制造费用与上期进行比较,本期各月之间进行比较,是否有异常波动。
3. 选择重要或异常的制造费用项目,检查其原始凭证是否合法,会计处理是否正确。
4. 将制造费用明细表中的材料发生额与材料耗用汇总表、工资发生额与工资分配表、折旧发生额与折旧分配表、资产摊销发生额与各项资产摊销分配表及相关账项明细表核对一致,并作交叉索引。
5. 抽查成本计算单,检查制造费用的分配是否合理、正确。
6. 对采用标准成本核算的,应检查标准制造费用及分配率是否合理,计入成本计算单的数据是否正确,制造费用差异的计算、分配和会计处理是否正确,并检查标准成本在本期有无重大变动。
7. 检查制造费用中有无资本性支出。
8. 必要时,对制造费用实施截止性测试,检查资产负债表日前后(   )天内制造费用明细账和凭证,确定有无跨期现象。

二、制造费用审定表

【案例 6-3】 AB 公司利润表"制造费用"项目列示数额 6 300 000 元。在审计过程中,审计人员对 A、C 两车间制造费用进行了检查测试:

1. 工资数额与工资发放表数额相符。
2. 折旧数额与会计部门固定资产折旧分配数额相符。
3. 修理费用数额与辅助部门劳务通知单数额相符。
4. 保险费用与会计部门保险费用分配通知单相符。
5. 低值易耗品、物资消耗数额与领料数额相符。
6. 水电费数额与供水、供电部门的计量分配相符。
7. 劳动保护费与领料单和劳保费用通知单相符。
8. 办公费数额与会计部门的分配单相符。

根据以上审计情况,编制制造费用审定表,如表 6-16 所示。

表 6-16

制造费用审定表

客户:AB 公司　　　　　　编制人:李丽　　　日期:2007/3/2　　索引号:P05-1
截止日:2006 年 12 月 31 日　　复核人:张磊　　日期:2007/3/2　　页次:

索引号	项目	总账金额	明细(车间)账金额			
			A 车间	B 车间	C 车间	D 车间
	本期发生未审数	12 600 000	3 600 000	2 400 000	3 000 000	3 600 000
	本期转出数	12 600 000	3 600 000	2 400 000	3 000 000	3 600 000
	调整数					
	审定数					

查证情况(车间不足填列可加页)

明细项目	A 车间			B 车间		
	未审数	调整数	审定数	未审数	调整数	审定数
工资	900 000		900 000	600 000		600 000
福利费	126 000		126 000	84 000		84 000
折旧费	720 000		720 000	700 000		700 000
修理费	300 000		300 000	280 000		280 000
保险费	280 000		280 000	160 000		160 000
低值易耗品	60 000		60 000	40 000		40 000
机物料消耗	600 000		600 000	500 000		500 000
水电费	360 000		360 000	466 000		466 000
办公费	14 000		14 000	10 000		10 000
劳动保护费	240 000		240 000	160 000		160 000
合计	3 600 000		3 600 000	3 000 000		3 000 000

审计说明及调整分录:经对 A、C 车间进行抽查,各项通知单、领料单、发放单核对一致,无调整事项。

审计结论:数额可以确认。

第六节 待处理财产损溢审计工作底稿的编制

待处理财产损溢核算企业在清查财产过程中查明的各种财产盘亏、盘盈和损益的价值,审计人员应当重点审计企业在清查过程中各种财产盘亏、盘盈和毁损的价值如何处理及其对会计报表的影响,并把审计过程中的问题和专业判断记录在审计工作底稿中。

一、待处理财产损溢审计程序

安排待处理财产损溢审计程序表,审计人员可以根据具体情况增加或减少相应的审计程序,并把对常规审计程序的修改记录在审计程序中。待处理财产损溢审计程序表,如表 6-17 所示。

表 6-17

待处理财产损溢审计程序表

客户:		签名	日期	索引号	P06-1
项目:待处理财产损溢	编制人			页　次	1/1
会计期间:	复核人			执行情况	索引号
1. 获取或编制待处理财产损溢明细表,复核加计,并与总账和明细账核对相符。					
2. 结合存货、固定资产等账项审计,检查待处理财产损溢转入会计处理是否正确;其中存货报损时的增值税进项税额的处理是否正确。					
3. 检查损益原因,审查转销的审批手续是否齐备,会计处理是否正确,检查在结账日前尚未经批准处理的待处理财产损溢是否已按照规定进行处理,并在会计报表附注中做出说明。					
4. 检查期末有无应予处理而未处理、长期挂账的待处理财产损溢。如有,应查明原因,按照规定进行处理,并在会计报表附注中做出说明。					
5. 检查有关会计处理是否符合有关规定,注意报废、毁损产生的固定资产损溢和自然灾害造成的固定资产损失不在本账项中核算。					
6. 验明待处理财产损溢的披露是否恰当。					

二、待处理财产损溢审定表

【案例 6-4】 AB公司 2006 年 12 月 28 日对实物进行盘点,发现原材料 A 毁损 2 000 千克,单价为 200 元,增值税税率为 17%,经认定属于保管员王江工作疏忽所致,估计由王江赔偿 40 000 元,其余由公司负担,具体如何处理,需要得到董事会的批准;原材料 B 损失 2 000 千克,每千克进价 400 元,属于火灾损失,由于公司已投保,根据当初保险协议,估计可以从保险公司获取赔偿额 30 万元,其余损失由本公司负担。期末公司正在与保险公司协商,目前尚未有结果。盘盈了一台机器 W,已计提折旧 600 000 元,市场上同型号的新设备市价为 2 000 000 元。AB 公司的会计处理为：

借：待处理财产损溢　　　　　　　　　　　　　　　　　1 404 000
　　贷：原材料——A　　　　　　　　　　　　　　　　　　400 000
　　　　　　——B　　　　　　　　　　　　　　　　　　　800 000
　　　　应交税费——应交增值税（进项税额转出）　　　　204 000
借：固定资产　　　　　　　　　　　　　　　　　　　　　1 400 000
　　贷：待处理财产损溢　　　　　　　　　　　　　　　　1 400 000

审计人员建议 AB 公司在 2006 年年末对盘盈、盘亏的实物暂估入账，根据 AB 公司提供的相关资料，调整分录为：

借：其他应收款——王江　　　　　　　　　　　　　　　　40 000
　　　　　　——保险公司　　　　　　　　　　　　　　　300 000
　　管理费用——非常损失　　　　　　　　　　　　　　 1 064 000
　　贷：待处理财产损溢　　　　　　　　　　　　　　　 1 404 000
借：待处理财产损溢　　　　　　　　　　　　　　　　　 1 400 000
　　贷：营业外收入　　　　　　　　　　　　　　　　　　140 000

据此，审计人员形成待处理财产损溢审定表，如表 6-18 所示。

表 6-18

待处理财产损溢审定表

客户：AB 公司　　　　　编制人：李丽　　　日期：2007/3/2　　索引号：P06-2
截止日：2006 年 12 月 31 日　　复核人：张磊　　日期：2007/3/2　　页次：

项　目	索引号	未审数	审计调整 借方	审计调整 贷方	审定数	上期数
待处理流动资产损益		1 404 000		1 404 000	0	
待处理固定资产损溢		1 400 000	1 400 000		0	
合计						

审计说明：检查暂估入账的相应凭证，建议暂估入账的调整分录为：
　　借：其他应收款——王江　　　　　　　　　　　　　　　40 000
　　　　　　　——保险公司　　　　　　　　　　　　　　300 000
　　　　管理费用——非常损失　　　　　　　　　　　　 1 064 000
　　　　贷：待处理财产损溢　　　　　　　　　　　　　 1 404 000
　　借：待处理财产损溢　　　　　　　　　　　　　　　 1 400 000
　　　　贷：营业外收入　　　　　　　　　　　　　　　 1 400 000

审计结论：发生额可以确认。

第七节 应付职工薪酬审计工作底稿的编制

应付职工薪酬是企业从成本费用中提取的应付职工的劳动报酬,包括在工资总额内的各种工资、奖金、津贴等,不论是否在当月支付,都应当通过"应付职工薪酬"科目核算,但不包括在工资总额内发给职工的其他款项,如医药费、福利补助、退休费等。审计人员应当重点关注应付职工薪酬计提是否合理及其对会计报表的影响,并把审计过程和专业判断记录在审计工作底稿中。

一、应付职工薪酬审计程序

安排应付职工薪酬审计程序时,审计人员可以根据具体情况增加或减少相应审计程序,并把对常规审计程序的修改记录在审计程序表中。应付职工薪酬审计程序表,如表6-19 所示。

表 6-19

应付职工薪酬审计程序表

客户:		签名	日期	索引号	P07-1
项目:应付职工薪酬		编制人		页 次	1/1
会计期间:		复核人		执行情况	索引号
1. 获取或编制应付职工薪酬明细表,复核加计,并与报表数、总账和明细账核对相符。					
2. 对本期工资费用的发生情况进行分析性复核:					
2.1 检查各月工资费用的发生额是否有异常波动,如有则要求被审计单位予以解释;					
2.2 将本期各月工资费用总额与上期进行比较,要求被审计单位解释其增减变动原因,或取得公司当局关于员工工资水平的有关资料。					
3. 检查工资的计提是否正确,分配方法是否与上期一致,并将应付职工薪酬计提数与相关的成本、费用项目核对一致。					
4. 了解被审计单位实行的工资制度,并检查:					
4.1 如果被审计单位实行工效挂钩的,应取得有关主管部门确认的效益工资发放额认定证明,复核有关合同文件和实际完成的指标,检查其计提额、发放额是否正确,是否应作纳税调整;					
4.2 如果被审计单位实行计税工资制,应取得当地计税工资标准和公司平均人数,计算准予从应纳税所得额中扣除的工资费用,对超支部分的工资计附加作纳税调整。					
5. 验明应付职工薪酬的披露是否恰当。					

二、应付职工薪酬审定表

【案例 6-6】 AB 企业(实行计税工资制度)资产负债表中"应付职工薪酬"项目列

示贷方余额 704 800 元,经审计人员审验,明细分类账、总分类账本期发生额与余额均与会计报表勾稽相符。但在进行对相关项目及有关资料查验过程中发现如下事项:

"销售费用"项目中全年支出销售人员工资 1 120 000 元,未通过"应付职工薪酬"科目核算而直接由"银行存款"项目支付,应作如下调整:

  借:销售费用   1 120 000
   贷:应付职工薪酬   1 120 000

据此,审计人员编制"应付职工薪酬审定表(甲)",如表 6-20 所示。

表 6-20

应付职工薪酬审定表(甲)

客户:AB公司		编制人:李丽	日期:2007/3/2	索引号:P07-2
截止日:2006 年 12 月 31 日		复核人:张磊	日期:2007/3/2	页次:

索引号	明细项目		未审数	调整数	审定数	备注
	年初余额		800 000		800 000	
	本期贷方发生额	提取等合计	16 600 000	1 120 000	17 720 000	
		生产成本——直接人工工资	10 000 000		10 000 000	
		制造费用	3 000 000		3 000 000	
		管理费用	2 000 000		2 000 000	
		销售费用		1 120 000	1 120 000	
		应付职工薪酬——应付福利费	1 600 000		1 600 000	
	本期贷方发生额	发放等合计	16 695 200	1 120 000	17 815 200	
		生产成本——直接人工工资	10 100 000		10 100 000	
		制造费用	2 900 000		2 900 000	
		管理费用	2 095 200		2 095 200	
		销售费用		1 120 000	1 120 000	
		应付职工薪酬——应付福利费	1 600 000		1 600 000	
	年末余额		704 800		704 800	

职工人数:人事资料 886 人,财务资料   人,其中外籍   人。

未通过"应付职工薪酬"科目直接在成本、费用中列支数。

会计科目	销售费用				合 计	
金　额	1 120 000				1 120 000	
外籍人员	年末人数					
	月平均数		外　币	年初余额	外　币	
		年提取数	人民币		人民币	
	月工资标准					

审计说明及调整分录：经审验，除销售费用列支 1 120 000 元未通过"应付职工薪酬"科目核算，其余提取数和发放数均已核对。应作如下调整：

　　借：销售费用　　　　　　　　　　　　　　　　　　　　　　　1 120 000
　　　　贷：应付职工薪酬　　　　　　　　　　　　　　　　　　　　　　1 120 000

　全年提取数 17 720 000 元，平均人数为 1 772 人，人均工资 1 666.66 元，按有关文件计税工资总额为 17 011 200 元，故应调增应纳税所得额 708 800 元。

审计结论：经调整，上述提取额和发放后本期数额及期末余额可以确认。

【案例 6-7】 AB 公司实行工资挂钩办法，根据有关文件规定计算后按核定工资基数 18 000 000 元及相关指标完成情况，本年度应提工资增长近 1 000 000 元，另有单列工资 1 000 000 元，合计应计入成本费用的工资提取数为 20 000 000 元，但经审计"销售费用"列示销售人员工资 1 000 000 元，未通过"应付职工薪酬"科目核算。应作如下调整：

（1）应付职工薪酬项目发生额：

　　借：销售费用（销售人员工资）　　　　　　　　　　　　　　　1 000 000
　　　　贷：应付职工薪酬（销售人员工资）　　　　　　　　　　　　　1 000 000

（2）冲回超提部分：

　　借：管理费用——工资　　　　　　　　　　　　　　　　　　　1 000 000
　　　　贷：应付职工薪酬　　　　　　　　　　　　　　　　　　　　　1 000 000

　注：假定期末计算应补提工资数已全部计入管理费用。

　据此，审计人员编制应付职工薪酬审定表（乙），如表 6-21 所示。

表 6-21

应付职工薪酬审定表（乙）

客户：AB公司　　　　　　编制人：李丽　　　　日期：2007/3/2　　索引号：P07-3
截止日：2006年12月31日　复核人：张磊　　　　日期：2007/3/2　　页次：

索引号	明细项目年初余额		未审数	调整数	审定数	备注
			800 000		800 000	
	提取数合计		20 000 000		20 000 000	
	提取项目	核定工资基数	18 000 000		18 000 000	
		工资增长基金	1 000 000		1 000 000	
		单列工资	1 000 000		1 000 000	
	支付项目	支付数合计	20 095 200	（+）1 000 000	21 095 200	
		年末余额	704 800	（－）1 000 000	（－）295 200	
工资挂钩办法企业						
		挂钩人数	工资总额基数	挂钩指标	浮动比例	
	企业数		18 000 000		1：7	
	核定数					
未经过"应付职工薪酬"科目直接在成本、费用中列支						
会计项目	销售费用				合　　计	
金额	1 000 000				1 000 000	

审计说明及调整分录：经审验，被审计单位计提工资增长基金数额符合规定。对审计中发现销售人员工资未通过"应付职工薪酬"科目核算。应作调整：
　　借：销售费用（销售人员工资）　　　　　　　　　　　　　　　　1 000 000
　　　　贷：应付职工薪酬（销售人员工资）　　　　　　　　　　　　　　1 000 000
　　借：管理费用——工资　　　　　　　　　　　　　　　　　　　1 000 000
　　　　贷：应付职工薪酬　　　　　　　　　　　　　　　　　　　　　1 000 000

审计结论：经调整后，余额可以确认。

第八节　营业成本审计工作底稿的编制

　　营业成本核算企业因销售商品、提供劳务或让渡资产使用权等日常活动而发生的实际成本。它与主营业务收入具有严格的匹配关系，是生产经营活动中所付出的物化劳动和活劳动的价值。审计人员应当重点审计营业成本的结转是否与主营业务收入或提供的劳务内容相匹配以及营业成本的结转计价方法（含材料成本差异和商品进销差价）是否正确,并把审计过程及其专业判断记录在审计工作底稿中。

一、营业成本审计程序

安排营业成本审计程序时,审计人员可以根据具体情况增加或减少相应审计程序,并把对常规审计程序的修改记录在审计程序表中。营业成本审计程序表,如表 6-22 所示。

表 6-22

营业成本审计程序表

客户:		签名	日期	索引号	P08-1
项目:营业成本	编制人			页　次	1/1
会计期间:	复核人			执行情况	索引号

1. 获取或编制营业成本汇总表,复核加计,并与报表数、总账和明细账核对相符。
2. 检查营业成本的内容和计算方法是否符合会计制度规定,前后期是否一致。
3. 对营业成本进行分析性复核,通过测试毛利等指标进行分析,检查各月及前后期同一产品的单位成本是否有异常波动,注意是否存在调节成本现象。
4. 检查营业成本明细汇总表的正确性,与库存商品等各项的结转额核对一致,并编制生产成本与销售成本倒轧表。
5. 检查(　　)月营业成本结转明细清单,比较计入营业成本的品种、规格、数量和主营业务收入的口径是否一致,是否符合配比原则。
6. 检查营业成本中重大调整事项(如销售退回)的会计处理是否正确。
7. 对采用计划成本、定额成本或标准成本核算的,应检查商品成本差异的计算、分配和会计处理的正确性。
8. 验明营业成本的披露是否恰当。

二、营业成本审计工作底稿

【案例 6-7】 AB 公司利润表"营业成本"项目列示数额为 534 000 000 元,与明细账、总账数额核对相符。但经审计人员履行相关审计程序,有以下事项予以调整:

1. AB 公司产品实行加权平均法,在对产成品进行计价测试时,发现 11 月份 A 产品销售成本 900 000 元,C 产品销售成本 1 100 000 元,应作如下调整:

　　借:产品生产成本——A 产品　　　　　　　　　　　　　　　　900 000
　　　　　　　　　　——C 产品　　　　　　　　　　　　　　　1 100 000
　　　贷:产成品——A 产品　　　　　　　　　　　　　　　　　　900 000
　　　　　　　——C 产品　　　　　　　　　　　　　　　　　1 100 000

2. 审计外勤期间,AB 公司收回 12 月份销售×企业 A 产品由于质量问题退货 1 500 吨,1 月 5 日进行销售退货会计处理,根据对期后调整事项的规定,应调整的审计年度的销售成本,计 2 756 086 元,调整分录为:

借：营业成本　　　　　　　　　　　　　　　　　　　　　　　　　2 756 086
　　　　贷：产成品——A产品　　　　　　　　　　　　　　　　　　　　　　2 756 086

3. 对B产品进行存货抽盘发现账面应存数量大于实存数量200吨，经查询，系AB公司赊销事项，根据销售收入确认条件补充确认销售收入，故应及时结转销售成本，成本单价2 741.92元，销售成本共计548 384元，应作如下调整：

　　借：营业成本　　　　　　　　　　　　　　　　　　　　　　　　　　548 384
　　　　贷：产成品——B产品　　　　　　　　　　　　　　　　　　　　　　　548 384

4. 对C产品进行存货抽盘时发现账面数量小于实存数量300吨，经查询，系×企业一次购买2 000吨，发票开出以确认收入，分期提货，截至12月31日止，尚有300吨未提货，由于商品所有权尚未转移，未提货应于"预收账款"项目反映，故应调整产品营业收入及营业成本，成本单价为4 500元，销售成本计1 350 000元，应作如下调整分录：

　　借：营业成本　　　　　　　　　　　　　　　　　　　　　　　　　1 350 000
　　　　贷：产成品——C产品　　　　　　　　　　　　　　　　　　　　　1 350 000

根据各月间销售成本率进行分析性复核和以上审计情况，审计人员编制营业成本审定表、主营业务收入与营业成本分析表，如表6-23、表6-24所示。

表6-23

营业成本审定表

客户：AB公司　　　　　　编制人：李丽　　　　日期：2007/3/2　　索引号：P08-2
截止日：2006年12月31日　　复核人：张磊　　　　日期：2007/3/2　　页次

索引号	项目	合计	其中主要产(商)品或分类				
			A产品	B产品	C产品	D产品	
	1月	54 000 000	16 000T / 14 960 000	12 000T / 15 840 000	6 000T / 12 600 000		
	2月	42 000 000	12 000T / 11 540 000	10 000T / 12 900 000	5 000T / 10 750 000		
	3月	38 000 000	8 000T / 7 480 000	8 000T / 10 320 000	4 000T / 7 820 000		
	4月	34 000 000	75 000T / 6 400 000	8 000T / 11 000 000	3 600T / 8 000 000		
	5月	44 000 000	9 000T / 8 400 000	9 600T / 13 000 000	4 200T / 9 000 000		
	6月	40 000 000	8 400T / 8 000 000	9 000T / 12 000 000	4 400T / 10 000 000		

(续表)

索引号	项目	合计	其中主要产(商)品或分类			
			A产品	B产品	C产品	D产品
	7月	41 000 000	8 000T / 8 000 000	8 400T / 7 600 000	3 800T / 8 200 000	
	8月	43 000 000	9 000T / 8 400 000	8 000T / 11 000 000	4 500T / 10 400 000	
	9月	37 000 000	8 000T / 8 000 000	9 000T / 12 000 000	4 600T / 10 000 000	
	10月	49 600 000	10 000T / 11 600 000	10 000T / 14 000 000	5 000T / 11 600 000	
	11月	50 400 000	12 400T / 13 600 000	11 000T / 3 600 000	5 200T / 12 000 000	
	12月	61 000 000	16 400T / 19 000 000	12 400T / 17 000 000	6 000T / 14 400 000	
	未审数	534 000 000	124 600T / 125 380 000	115 400T / 157 460 000	56 700T / 124 770 000	
(略)	调整数	(-)1 557 700	(-)30 000 / (-)1 856 086	(-)400 / 548 386	(-)600 / (-)250 000	
	审定数	532 442 300	121 600T / 123 523 914	115 800T / 158 008 386	56 100T / 124 520 000	

审计说明及调整分录:经审验,账表相符。但有以下事项须作调整:
1. 经计价测试发现,A产品少计成本 900 000 元,C产品少计成本 1 100 000 元,调整分录为:
    借:营业成本   2 000 000
      贷:产成品   2 000 000
2. 外勤期间发现,12月销售退回A产品 1 500 吨,调整分录为:
    借:营业成本   2 756 086
      贷:产成品   2 756 086
3. 抽查存货发现,B产品 200 吨未确认收入,调整分录为:
    借:营业成本   548 384
      贷:产成品   548 384
4. 抽查存货,发现C产品分期提货未提 300 吨,调整分录为:
    借:营业成本   1 350 000
      贷:产成品   1 350 000

审计结论:经调整,余额 532 442 300 元可以确认。

表 6-24

营业收入与营业成本分析表

客户：AB公司　　　　　　　　　编制人：李丽　　　　　　　日期：2007/3/2　　　　　索引号：P08-3
截止日：2006年12月31日　　　　复核人：张磊　　　　　　　日期：2007/3/2　　　　　页次：

类别 月份	全部产（商）品			其中主要产（商）品或大类									备注
				A 产 品			B 产 品			C 产 品			
	营业收入	营业成本	营业成本率（%）	营业收入	营业成本	营业成本率（%）	营业收入	营业成本	营业成本率（%）	营业收入	营业成本	营业成本率（%）	
1	64 000 000	54 000 000	84.375	17 600 000	14 960 000	85	18 000 000	15 840 000	88	3 000 000	1 260 000	84	
2	48 000 000	42 000 000	87.5	13 200 000	11 540 000	87.4	15 000 000	12 900 000	86	12 500 000	10 750 000	86	
3	40 000 000	38 000 000	95	8 000 000	7 480 000	93.5	12 000 000	10 320 000	86	10 000 000	7 820 000	78.2	
4	36 000 000	34 000 000	94.44	7 000 000	6 400 000	91.42	12 000 000	11 000 000	91.67	9 000 000	8 000 000	88.88	
5	50 000 000	44 000 000	88	9 900 000	8 400 000	84.85	14 400 000	13 000 000	90.28	10 500 000	9 000 000	85.71	
6	46 000 000	40 000 000	86.95	9 240 000	8 000 000	86.5	13 500 000	12 000 000	88.8	11 000 000	10 000 000	90.9	
7	45 000 000	41 000 000	91.22	8 800 000	8 000 000	90.9	12 600 000	11 600 000	92.06	9 500 000	8 200 000	86.31	
8	48 000 000	43 000 000	84.58	9 900 000	8 400 000	84.85	12 000 000	11 000 000	91.67	11 250 000	10 400 000	92.44	
9	44 000 000	37 000 000	84.09	8 800 000	8 000 000	92.94	13 500 000	12 000 000	88.8	11 500 000	10 000 000	86.96	
10	56 000 000	49 600 000	88.57	12 480 000	11 600 000	90.9	16 000 000	14 000 000	87.5	12 500 000	11 600 000	92.8	
11	58 000 000	50 400 000	86.9	15 500 000	13 600 000	87.74	17 600 000	16 000 000	90.9	1 320 000	12 000 000	92.3	
12	70 000 000	61 000 000	87.14	20 500 000	19 000 000	92.68	19 840 000	17 000 000	85.69	16 000 000	14 400 000	90	
未审计数合计	605 000 000	534 000 000	88.264	140 920 000	125 380 000	88.97	176 440 000	156 660 000	89.24	118 070 000	113 430 000	88.02	
确定的重要审计内容	根据被审计单位生产产品特点，比照以前年度营业成本率的变化规律，趋势基本正常。但从本年度C产品的变化状况分析，3月份营业成本率为78.2%，较其他月份变动幅度较大，应予以适当关注。												

一、复习思考题

1. 存货项目审计工作底稿的填制有哪些要求?
2. 营业收入与营业成本分析表如何填制?
3. 应付职工薪酬审计工作底稿是如何编制的?
4. 待处理财产损溢审计工作底稿的编制有哪些要求?
5. 长期待摊费用审计工作底稿的编制有哪些要求?

二、案例分析

存货审计

ABC公司发出材料采用先进先出法。某月,甲材料明细账反映的情况为:上月结存1 000千克,单价100元,金额合计100 000元;5日购入1 000千克,单价110元,金额合计110 000元;10日购入2 500千克,单价120元,金额合计300 000元;15日购入1 500千克,单价105元,金额合计157 500元;25日购入2 500千克,单价110元,金额合计275 000元;本月生产领用共6 200千克,金额712 500元;本月末结存2 300千克,单价100元,金额合计230 000元。

要求:分析以上甲材料明细账反映的情况有无问题,如有问题,填制存货抽查表和存货计价测试表。

存 货 抽 查 表

被审计单位名称	ABC公司		签 名		日 期		索引号	A8-6
		编制人						
审计项目	存货抽查情况	复核人					页 次	1/1
会计期间或截止日		20 年12月31日						
存货名称和规格	单价	盘点前账面记录		尚未入账数			企业盘点记录	抽查记录	备 注
				入 库		发 出			
		单价	数量	金额	数量	金额	数量	金额		
合 计										

编制说明:

1. 本表主要用作审计人员现场监督被审计单位有关人员年终盘点时的记录,也可用于审计人员的临时性抽查记录。

2. 本表中数据可先由被审计单位提供,再由审计人员与实物和仓储记录核对,也可以由审计人员自行清点实物后登记,再与企业的盘点记录核对,实际核对时,应当运用核对标记和附注等加以说明。

3. 对于发现的误差,应当在"备注"栏内注明情况和处理办法。

4. 对存货的抽查比例和方法,应在工作底稿中加以说明。

存货计价测试表

被审计单位名称	ABC公司		签 名	日 期	索引号	A8-7
		编制人				
审计项目	存货抽查情况	复核人			页 次	1/1
会计期间或截止日		20 年12月31日				
存货编号	存货名称和规格	账面存货记录		进 货 发 票 内 容			
		数 量	单 价	卖方单位	日 期	发票号码	数量	单价

编制说明:

1. 本工作底稿用于测试某项存货所采用的计价方法,如先进先出法、加权平均法、移动加权法等。

2. 本表用于抽查时,应注明抽查部分占总额的金额比例。

3. 进货发票内容的选择应根据被审计单位实际确定的计价政策而定。

4. 结论应表明该项存货是按照某种计价政策执行的或未按规定计价政策执行,应调整的金额,并做出调整分录。

第七章 货币资金和特殊项目审计工作底稿的编制

四大业务循环与货币资金、期初余额、债务重组、非货币交易、会计估计、或有事项、期后事项和持续经营等均相关,但由于这些科目和事项不仅分散于各个业务循环中,而且在企业的会计核算中占有十分重要位置。因此,审计人员往往会在四大循环测试之外再次单独考虑这些科目或事项对会计报表的影响,以此来获取进一步的证据,提高审计质量。

第一节 货币资金控制测试工作底稿的编制

一、货币资金控制测试程序

安排货币资金控制测试程序时,审计人员可以根据具体情况、专业判断增加或减少相应的审计程序,并把对常规审计程序的修改记录在审计程序表中。货币资金控制测试程序表,如表7-1所示。

表7-1

货币资金控制测试程序表

客户:		签名	日期	索引号	M00-1
项目:货币资金	编制人			页 次	1/1
会计期间:	复核人			执行情况	索引号
1. 选择( )张现金、银行存款收款凭证,做如下检查:					
1.1 将收款凭证与存入银行账户的日期和金额核对;					
1.2 追查过入现金、银行存款日记账的数字是否正确;					
1.3 将收款凭证与银行对账单核对;					
1.4 将收款凭证与"应收账款"等其他科目明细账核对;					
1.5 将收款凭证与付款单位的户名核对;					
1.6 将实收金额与销售发票或其他原始单据核对。					

（续表）

2. 选择（　）张现金、银行存款付款凭证，做如下检查： 2.1 检查付款的授权批准手续； 2.2 追查过入现金、银行存款日记账的数字是否正确； 2.3 检查现金支付的内容是否符合相关规定； 2.4 将付款凭证与银行对账单核对； 2.5 将付款凭证与"应付账款"等其他科目明细账核对； 2.6 将实付金额与购货发票或其他原始单据核对。 3. 选择 2 个月的现金、银行存款日记账与总账核对。 4. 选择 2 个月的银行存款余额调节表，查验其是否按月及时、正确编制并经复核。 5. 检查现金、银行存款、其他货币资金记账汇率是否符合有关规定，并与上期一致。 6. 内部会计控制评估。		

二、货币资金控制测试工作底稿

1. 货币资金内部控制调查问卷

审计人员编制货币资金内部控制调查问卷的目的是为了验证被审计单位内部控制制度中货币资金收支管理的相关规定设计的有效性。审计人员围绕以下问题进行询问，以对货币资金收支进行初步评价：

（1）现金收入是否已正确、及时入账，并及时送存银行。

（2）现金支出业务是否经授权批准，并已正确、及时入账。

（3）不同货币因汇率而产生的换算差额是否已按适当的方法计算正确，并及时入账。

（4）银行借款、租赁债务及其相关费用是否已经授权批准，并已正确、及时入账。

审计人员通过询问相关人员，初步评价被审计单位货币资金收支的内部控制，以决定控制测试的性质、时间和范围。如果通过询问了解到被审计单位的内部控制不存在或不值得信赖，审计人员可考虑直接进行实质性测试；如果通过询问了解到被审计单位的内部控制值得信赖，审计人员可考虑进行符合性测试，以减少实质性测试的工作量。货币资金内部控制调查问卷如表 7-2 所示。

表 7-2

货币资金内部控制调查问卷

客户：　　　　　　编制人：　　　　　日期：　　　　　索引号：M00-2
截止日：　　　　　复核人：　　　　　日期：　　　　　页次：

调 查 问 题	答 案			
	是	弱	否	不适用
一、现金管理				
1. 经办人员办理有关现金业务是否得到批准。				
2. 经办人员是否在现金收支原始凭证上签字。				
3. 业务部门负责人是否审签现金收支原始凭证。				
4. 会计主管或指定人员是否审签现金收支原始凭证。				
5. 收款记账凭证和付款记账凭证是否连续编号。				
6. 作废的收款收据是否加盖"作废"戳记。				
7. 付款凭证是否经过会计主管或指定人员复核。				
8. 出纳员是否根据记账凭证收付现金,并登记日记账。				
9. 出纳员是否在原始凭证上加盖"收讫"戳记。				
10. 现金是否存放在保险柜等安全设施中。				
11. 现金支票、印鉴是否分别由不同的人保管。				
12. 出纳员是否负责凭证编制及账簿登记工作。				
13. 收款凭证、付款凭证是否经过稽核人员复核。				
14. 全公司所有的现金存放点是否在财务部门的直接控制下。				
15. 分管会计是否根据记账凭证登记相关明细账。				
16. 总账现金科目是否由总账会计登记。				
17. 出纳员是否每日清点库存现金并与现金日记账结余额相核对。				
18. 超过库存限额的现金是否当日送存银行。				
19. 现金清点余缺是否报告负责人审批处理。				
20. 月末是否有非记账人员核对现金日记账及有关明细账、总账。				
21. 账务误差是否报经负责人审批调整处理。				
22. 清点小组是否按期盘点库存现金并与现金日记账相核对。				
23. 现金清查余缺是否报经审批后处理。				
24. 收款、记账、稽核、核对职务是否由不同人员担任。				
二、银行存款管理				
1. 业务人员办理有关银行存款业务是否得到授权批准。				
2. 经办人员是否在银行存款收支原始凭证上签字。				
3. 业务部门负责人是否审签银行存款收支原始凭证。				
4. 是否采用银行管理方式。				
5. 是否有完整的资产存入、调剂、有偿使用、总体调度的管理制度。				

(续表)

调查问题	答案			
	是	弱	否	不适用
6. 材料采购、固定资产购置等付款事项是否经验收部门同意。				
7. 会计主管或指定人员是否审签银行存款结算原始凭证。				
8. 转账支票和结算凭证是否连续编号并按顺序使用。				
9. 作废的转账支票是否加盖"作废"戳记。				
10. 收付款项之后是否在原始凭证上加盖"收讫"或"付讫"戳记。				
11. 财务专用章、签发支票印章和财务负责人印章是否分别保管。				
12. 财务部门是否安排专门人员复核记账凭证及所附的结算凭证和原始凭证。				
13. 财务部门是否评价银行存款结算原始凭证。				
14. 出纳员是否根据经过复核的收付记账凭证逐笔登记银行存款日记账。				
15. 会计人员是否根据经过复核的收付记账凭证登记相应明细账。				
16. "银行存款"总账科目是否由总账会计登记。				
17. 银行存款是否与银行对账单逐笔核对。				
18. 银行存款余额调节表是否由非出纳员编制并核对。				
19. 是否由非记账人员定期核对银行存款日记账及存款明细账、总账。				
20. 结算、记账、稽核、核对等职务是否由不同人员担任。				
测试结论:				

2. 货币资金收支符合性测试表

货币资金控制测试可从货币资金收入和支出两个方面进行测试。审计人员在测试时,可以选择一个截止日,以截止日为标准,往前、往后选择若干样本进行检查,也可以事先根据某一特征随机选择样本进行测试。现金及银行存款收款符合性测试表、现金及银行存款付款符合性测试表,分别如表 7-3、7-4 所示。

表 7-3

现金及银行存款收款符合性测试表

客户:AB公司　　　编制人:李丽　　　日期:2007/2/3　　　索引号:M00-3
截止日:2006 年 12 月 31 日　　　复核人:张磊　　　日期:2007/2/3　　　页次:1/1

日期	凭证编号	业务内容	对应科目	收入金额	核对								备注
					1	2	3	4	5	6	7	8	
2006/12/20	银收48	货款	贷:应收账款	500 000	√	√	√	√	√	√			
2006/12/23	现收126	收回代垫差旅费	贷:其他应收账款	2 000	√	√	√	√	√	√			
2006/12/28	银收68	股东投资款	贷:实收资本	12 000 000	√	√	√	√	√	√			
……													

(续表)

日期	凭证编号	业务内容	对应科目	收入金额	核对 1	2	3	4	5	6	7	8	备注
2007/1/2	现收 4	收回员工暂借款	贷：其他应收款	5 000	√	√	√	√	√	√	√		
2007/1/5	银收 14	货款	贷：应收账款	200 000	√	√	√	√	√	√	√		
2007/1/8	银收 18	货款	贷：应收账款	160 000	√	√	√	√	√	√	√		

核对说明：
1. 收款凭证与存入银行账户的日期和金额相符；
2. 收款凭证金额已记入现金、银行存款日记账；
3. 银行收款凭证与银行对账单核对相符；
4. 收款凭证与销售发票、收据核对相符；
5. 收款凭证的对应科目与付款单位的户名一致；
6. 收款凭证账务处理正确；
7. 收款凭证与对应科目（销售或应收账款明细账记录一致）；
8. 所收款项与经营活动相关。

测试说明及结论：抽查 2006 年 12 月 20 日至 2007 年 1 月 10 日间发生的所有 1 000 元以上现金收入业务和 400 000 元以上的银行存款收入业务，未发现异常业务，可以适当简化实质性测试。

表 7-4

现金及银行存款付款符合性测试表

客户：AB 公司　　　　　编制人：李丽　　　日期：2007/3/2　　索引号：M00-4
截止日：2006 年 12 月 31 日　　复核人：张磊　　日期：2007/3/2　　页次：1/1

序号	日期	凭证编号	业务内容	对应科目	收入金额	核对 1	2	3	4	5	6	7	8	备注
1	1/2	银付 6	支付 2005 年 12 月水电费	借：其他应付款	2 400 000	√	√	√	√	√	√			
2	1/12	银付 26	提现发放工资	借：库存现金	1 500 000	√	√	√	√	√	√			

(续表)

序号	日期	凭证编号	业务内容	对应科目	收入金额	核 对 1	2	3	4	5	6	7	8	备注
3	3/21	银付140	采购材料	借:材料采购	22 000 000	√	√	√	√	√	√	√	√	
4	3/31	现付34	购买办公用品	借:管理费用	1 200	√	√	√	√		√	√	√	
……														
核对说明: 1. 付款的授权审批手续齐全; 2. 原始凭证具有合法的发票或依据; 3. 原始凭证的内容和金额与付款凭证核对一致; 4. 付款有关凭证签章完整; 5. 付款凭证与记入现金、银行存款日记账金额一致; 6. 付款凭证与银行对账单核对; 7. 付款凭证与对应科目(如应付账款)明细账的记录一致; 8. 付款凭证账务处理正确。					测试说明及结论:抽查1 000元以上现金支出业务20笔,400 000元以上的银行存款支出业务30笔,未发现异常业务,可以适当简化实质性测试审计程序。									

第二节 货币资金审计工作底稿的编制

货币资金是企业资产的重要组成部分,具有较强的流动性,保证货币资金的安全流动是企业管理者最关心的事项。如果企业的内部管理制度不严密,则容易产生舞弊行为,也会给审计工作带来很大风险。因此,审计人员对货币资金审计应予以高度重视,实施详细审计策略,并形成相应的审计工作底稿。

一、货币资金审计程序

安排现金、银行存款审计程序时,审计人员可以根据具体情况、专业判断增加或减少相应的审计,并把对常规审计程序的修改记录在审计程序表中。现金审计程序表、银行存款审计程序表,分别如表7-5、表7-6所示。

表 7-5

现金审计程序表

客户：			签名	日期	索引号	M01-1
项目：现金		编制人			页　次	1/1
会计期间：		复核人			执行情况	索引号
1. 核对现金日记账期末余额与总账数是否相符。 2. 监盘库存现金，将盘点金额与现金日记账余额进行核对，如有差异，应作出记录或作适当调整。在非资产负债表日进行盘点时，应调整至资产负债表日的金额，若有冲抵库存现金的借条、未提现支票、未作报销的原始凭证，需在盘点表中注明，必要时，应作调整。 3. 抽取单笔金额大于（　　）元的现金收支原始凭证进行测试，检查内容是否完整，有无授权批准，并核对相关账户的进账情况，注意大额的现金收支规定。 4. 抽查资产负债表日前后（　　）天的金额为（　　）元以上的现金收支凭证进行截止测试，如有跨期收支事项，应作适当调整。 5. 对于非记账本位币的现金，检查其采用的折算汇率是否正确。 6. 验明现金的披露是否恰当。						

表 7-6

银行存款审计程序表

客户：			签名	日期	索引号	M01-2
项目：银行存款		编制人			页　次	1/1
会计期间：		复核人			执行情况	索引号
1. 获取或编制银行存款明细表，复核加计，并与总账数和银行存款日记账核对相符。 2. 获取银行对账单、银行存款余额调节表，并与日记账核对： 2.1 经调节后的银行存款余额若有差异，应查明原因，作出记录或作适当的调整； 2.2 检查未达账项的真实性以及资产负债表日后的进账情况，对应于资产负债表日前进账的重大事项须作相应调整； 2.3 从对账单中抽查（　　）笔，将其内容与银行日记账比较，检查是否存在未入账的情况。 3. 对每一银行存款账户发询证函，若回函金额不符的，要采取替代程序，以确定银行存款余额的真实性。 4. 对大额的定期存款或限定用途的存款，查明情况，作出记录。 5. 计算定期存款及存放于非银行金融机构的存款占银行存款的比例，分析这些资金的安全性，注意被审计单位是否存在高息资金拆借。						

	(续表)
6. 对长期未能收回的银行存款,查明原因。对可能存在损失的,应转入其他应收款并计提坏账准备。	
7. 抽取单笔金额大于( )元的或有疑问的银行存款收支原始凭证进行测试,检查内容是否完整,有无授权批准,并核对相关账户的进账情况。	
8. 对于非记账本位币的银行存款,检查其采用的折算汇率是否正确。	
9. 复核上年工作底稿并询问,以确定银行存款账户是否完整,关注是否存在出租账户或与他人共用同一账户的现象。	
10. 抽查资产负债日前后( )天的金额为( )元以上的银行存款收支凭证进行截止性测试,如有跨期收支事项,应作适当的调整。	
11. 对不符合现金及现金等价物条件的银行存款应予以列明。	
12. 验明银行存款的披露是否适当。	

二、库存现金审计工作底稿

库存现金是流动性最强的资产,主要用于支付日常零星开支,一般库存金额不大。盘点现金是证实资产负债表所列现金是否存在的一项重要程序,在执行该程序时,应注意以下问题:

(1) 盘点方式。突击盘点,即不事先通知出纳员,防止出纳员在盘点前采取措施掩盖错弊。

(2) 盘点时间。一般应安排在外勤工作期间,在企业营业时间的上午上班前或下午下班前进行,避开现金收支的高峰时间,如遇发放工资日,应将盘点提前或错后。

(3) 盘点范围。一般包括企业各部门经营的现金,在盘点前应由出纳员将现金集中起来,以备清点。如企业现金存放部门有两处或两处以上者,应同时进行盘点。

(4) 盘点人员。被审计单位主管会计和出纳员必须参加,由注册会计师进行盘点。如遇出纳人员临时外出,可先暂封现金柜,待其返回后再盘点;如发现差错,应及时提请管理当局注意并检查原因,作出处理决定后,审计人员再据此提出审计意见。

(5) 盘点确认。审计人员填制"库存现金盘点表",由企业财务负责人和出纳员在盘点表上签字,并加盖单位公章或财务专用章。

在实务中,盘点一般在资产负债表日后进行,审计人员可逆推出报表日库存现金余额,即"报表日库存现金余额=盘点库存现金余额+报表日至盘点日的现金支出-报表日

第七章 货币资金和特殊项目审计工作底稿的编制

至盘点日现金收入"。由于现金日记账是逐笔序时登记的,如审计人员能确认盘点日的余额及报表日至盘点日的收支发生额是正确的,则可以判定报表日的库存现金余额也是正确的。

库存现金审定表分为查证核对记录和现金盘点记录两部分:

会同会计主管人员对出纳人员的实存现金进行清点,并记录于审定表右半部分"现金盘点记录"。盘点结果应由审计人员(盘点人)、出纳人员、会计主管共同签字确认。审定表左半部分"查证核对记录",系根据现场盘点结果,通过调整资产负债表日至现金清点日所发生的现金收付事项,与资产负债表日现金账面余额验证是否相符。

(1) 第1至第4行是盘点账面库存余额加出纳人员根据尚未记账的会计凭证已收已付数额调整为盘点日账面应存金额,即清点日清点时点的应存数额。

(2) 第5至第7行是对现金库存的实存现金经过清点,审查企业库存现金除实物货币外是否有白条抵库的现象,并对白条抵库的单据检查其付款的合法性及是否有会计主管人员的批准,然后将其数额记入第6行,将盘点库存实存金额(第5行)加计白条抵库数额,调整为盘点日实存现金金额(第7行)。

(3) 第四项"追溯至报表日账面实存金额"(第9至第13行)是根据盘点日账面现金数额计算资产负债表日账面数额的过程,其计算结果为"报表日应存数额"。审计人员应注意将其与资产负债表日记账金额核对一致。如有差额应记入第13行。

(4) 第14行和第15行是检查被审计单位外币现金账户折算记账人民币数额正确性。

审计说明及调整分录,应说明审验现金项目过程中,是否存在现金有大额差错或大额的跨期收支事项等。必要时,提请被审计单位调整并列出调整分录。

库存现金审定表,如表7-7所示。

表 7-7

库存现金审定表

客户:AB公司　　　编制人:李丽　　　日期:2007/2/3　　　索引号:M01-3
截止日:2006年12月31日　　复核人:张磊　　　日期:2007/2/3　　　页次:1/1

索引号	查 证 核 对 记 录			现 金 盘 点 记 录			
	项　　目	行 次	币别:人民币(元)	币别	面额	币别:人民币(元) || 币　　别	
						张(枚数)	金 额	张(枚数)	金额
	一、盘点日账面库存余额	1	24 700		100元	200	20 000		
	盘点日为记账收入(4张)金额	2	50 000		50元	240	12 000		
	盘点未记账支出(6张)金额	3	36 000		10元	400	4 000		

(续表)

索引号	查 证 核 对 记 录			币别	现 金 盘 点 记 录			
	项目	行次	币别：人民币（元）		面额	币别：人民币（元）		币别	
						张（枚数）	金额	张（枚数）	金额
	盘点日账面应存金额	4=1+2-3	38 700		5元	60	300		
	二、盘点库存实存金额	5	36 700		2元	200	400		
	白条抵库金额	6	2 000		1元				
	盘点日实存现金金额	7=5+6	38 700		5角				
	三、盘点日应存与实存差额	8=4-7	0		2角				
	四、追溯至报表日账面结存金额				1角				
	报表日至盘点日支出总额	9			5分				
	报表日至盘点日收入总额	10			2分				
	报表日应存金额	11=4+9-10			1分				
	报表日实存金额	12=7+9-10			实点合计		36 700		
	报表日应存与实存差额	13			存放地点：出纳人员保险柜				
	五、报表日账面汇率	14			盘点日期：2007年2月3日				
	六、报表日折合本位币金额	15=11×14			盘点人：李丽				
					出纳人员：王芸				
					会计主管：孙越				
审计说明及调整分录：在未予事先通知情况下，被审计单位会计主管孙越、现金出纳王芸及审计人员李丽共同清点2月3日14时库存现金为36 700元。王×临时借去2 000元（经会计主管签批），账实相符。								
审计结论：库存现金金额可以确认。								

三、银行存款审计工作底稿

1. 银行存款审定表

对于银行存款余额真实性、完整性的审定，最为直接有效的办法就是将报表日银行存款日记账余额与银行对账单余额核对，以此确认报表日余额的真实性、存在性。在审计实

第七章　货币资金和特殊项目审计工作底稿的编制

务中,审计人员首先应从银行存款日记账中获取企业的所有银行账号,依次分别对不同银行或账户索取银行对账单,并与该账户的账面余额相核对。

审计人员根据被审计的银行存款日记账,加计所有账户的余额与总分类账核对,经核对相符无误后,与取得的银行对账单和银行存款余额调节表逐户逐笔审验:

(1) 将被审计单位所有账户银行存款日记账的期末余额分别登记于本表银行存款账面余额栏内(对外币账户,应获取外币账户汇率及折算核对记录作为支持);

(2) 将取得的银行对账单(原件或复印件)的期末余额对应登记于"银行对账单余额"栏的相关行次;

(3) 被审计单位编制的余额调节表,经审验其结果调节相符或不相符分别以"√"或"×"登记于调节相符栏内;

(4) 对余额调节表所列示的应调整事项数额登记于相关账户的行次;

(5) 各个账户加减调整数额即为审计人员的审定数额。

在实务中,审计人员在形成银行存款审定表时,应当注意:

(1) 审计人员应当关注企业银行存款账面余额为负数、跨期收支以及未达账项中期限较长、数额较大的事项,查明原因,必要时提请被审计单位调整。

(2) 对于未达账项是否需要审计调整,一般取决于未达账项的性质和对会计报表整体影响程度。对于企业在正常经营和结算业务中存在的未达账项,一般不予调整;但对于企业管理层主观因素导致的长期未记录的事项和对影响会计报表使用者对报表整体判断的未达账项需要进行审计调整。

2. 银行存款余额调节表

一般来说,由于企业与银行之间结算时间不同步,在报表日,两者往往存在不一致,即存在未达账项。对此,被审计单位应弄清原因,编制"银行存款余额调节表"调节相符。

银行存款余额调节表正是审查资产负债表所列银行存款是否存在的重要程序。

【案例 7-1】 被审计单位 AB 公司资产负债表"货币资金"项目列示数额为 8 574 800 元,其中银行存款 8 544 000 元,现金 30 800 元,审计人员通过截止性测试和对相关账户大额收支的有关凭证审验,发现以下事项需调整:

(1) 中行××办账号 80043002 户,存款余额 800 000 美元,账面汇率 8.2 元,经查 12 月 31 日人行外汇牌价为 8.234 元,折算记账本位币数额为 6 587 200 元(800 000×8.234),应计汇兑损益为 27 200 元(6 587 200－6 560 000)。

借:银行存款　　　　　　　　　　　　　　　　　　　　　　27 200
　　贷:财务费用——汇兑损益　　　　　　　　　　　　　　　　　27 200

(2) 工行××办账号 3890004 户,银行已收企业尚未入账 1 660 000 元,经查系 12 月 27 日实现销售××商品所收到的货款,公司于次年 1 月 5 日对此进行销售收入会计处理,建议作如下调整分录:

借：银行存款　　　　　　　　　　　　　　　　　　　　　　　　　　1 660 000
　　　　贷：主营业务收入　　　　　　　　　　　　　　　　　　　　　　　1 367 520
　　　　　　应交税费——应交增值税　　　　　　　　　　　　　　　　　　292 480
　　注：其他调整分录从略。
　　（3）工行××办账号3890004户，银行已收企业尚未入账3 600 000元，经查系收到××企业预付货款，故应作如下调整分录：
　　借：银行存款　　　　　　　　　　　　　　　　　　　　　　　　　　3 600 000
　　　　贷：预收账款——××企业　　　　　　　　　　　　　　　　　　3 600 000
　　（4）工行××办账号3890004户，银行已付企业尚未入账1 800 000元，经查系被审计单位预付××单位设备订货款，故应作如下调整分录：
　　借：预付账款　　　　　　　　　　　　　　　　　　　　　　　　　　1 800 000
　　　　贷：银行存款　　　　　　　　　　　　　　　　　　　　　　　　1 800 000
　　根据以上事项，形成银行存款审定表和银行存款余额调节表，分别如表7-8、表7-9所示。
　　表7-8

银行存款审定表

客户：AB公司　　　　编制人：李丽　　　日期：2007/3/2　　　索引号：M01-4
截止日：2006年12月31日　　复核人：张磊　　日期：2007/3/2　　页次：1/1

索引号	开户银行名称及账号	银行存款账面余额			银行对账单余额	调节相符	调整数	审定表
		原币	汇率	记账本位币				
	中行××办 80043002	美元 800 000	8.2	6 560 000	800 000		27 200	6 587 200
	工行××办 3890004			1 660 000	4 300 000	√	3 400 000	5 060 000
	工行××办 3890004			3 600 000	3 600 000		0	3 600 000
	交行××办 2345001			324 000	324 000		0	324 000
	工行××办 3890004			1 800 000	1 800 000		0	1 800 000
	合　计			13 944 000			3 427 200	17 371 200

审计说明及调整分录：经与明细分类账和总账核对与未审数相符一致。
1. 工行389 0004账户银行已收企业尚未入账两笔，调整分录为：
　　（1）借：银行存款　　　　　　　　　　　　　　　　　　　　　　　1 660 000
　　　　　　贷：主营业务收入　　　　　　　　　　　　　　　　　　　　1 367 520
　　　　　　　　应交税费——应交增值税　　　　　　　　　　　　　　　292 480

（续表）

（2）借：银行存款	3 600 000
贷：预收账款	3 600 000
2. 中行 80043002 账户未调汇率的损益 27 200 元，调整分录为：	
借：银行存款	27 200
贷：财务费用	27 200
3. 工行 3890004 账户银行已付企业未付 1 800 000 元，调整分录为：	
借：预付账款	1 800 000
贷：银行存款	1 800 000
4. 其余未达账项属正常时间性差异，数额较小，不作调整。	
审计结论：经调整，银行存款余额 17 371 200 元，可以确认。	

表7-9

银行存款余额调节表

客户：AB公司	编制人：李丽	日期：2007/3/2	索引号：M01-5
截止日：2006年12月31日	复核人：张磊	日期：2007/3/2	页次：1/1

银行名称及账号：工行××办　3890004		币别：人民币	
企业银行日记账余额 1 660 000.00		银行对账单余额 4 300 000.00	
加：银行已收,企业尚未入账金额	减：银行已付,企业尚未入账金额	加：企业已收,银行尚未入账金额	减：企业已付,银行上未入账金额
12月27日,企 389 0004# 1 600 000.00	12月31日,企 389 0004# 180 000 000	12月30日,银 90# 1 160 000.00	12月28日,银 60# 110 000.00
12月31日企 389 0004# 3 600 000.00			12月29日银 100# 290 000.00
调整后余额 5 060 000.00		调整后余额 5 060 000.00	
编制人（客户）	王庆	编制日期	1.10
审计说明及调整分录：审计人员通过截止性测试和对大额未达事项的查验发现需进行调整，银行已收，企业未入账主营业务收入 160 万元、预售货款 360 万元和银行已付，企业未付 180 万元。其余未达账项，经查验凭证属正常时间差异。			
审计结论：本户数额可以确认。			

3. 银行往来询证函

审计人员要尽快收到银行往来询证函的回函。注册会计师在获取并审核银行往来询证函及回函时，应当注意：

(1) 注册会计师应向被审计单位在本年度存过款（含外埠存款、银行存款、银行本票存款、信用证存款等其他货币资金）的所有银行发函，其中包括企业存款账户已结清的银行，因为可能有存款账户已结清，但仍有银行借款或负债存在。因此，虽然注册会计师已直接从某一银行取得了银行对账单和所有已付支票，但仍应向这一银行函证。

(2) 函证过程应在注册会计师亲自控制下进行，不得将银行询证函交由被审计单位到银行去函证盖章。

(3) 审计人员应对询证函的回函进行分析，如果银行往来询证函回函表明有差额的存在，审计人员应适时追加审计程序查证产生差异的原因，必要时建议被审计单位调整。银行往来询证函，如表 7-10 所示。

表 7-10

银行往来询证函

索引号

致：工行××办   编号：97107

本公司聘请的英达会计师事务所正在对本公司会计报表进行审计，按照中国注册会计师独立审计准则的要求，应当询证本公司与贵行的存款、贷款往来等事项。下列数额出自本公司账簿记录，如与贵行记录相符，请在本函下端"数据证明无误"处签章证明；如有不符，请在"数据不符及说明事项"处列明不符金额。回函请直接寄至英达会计师事务所。

地址：北京市富兴路 143 号   邮编：100820   电话：68332137   传真：68332111

1. 存款户截至 2006 年 12 月 31 日

银 行 账 户	账 户 性 质	原 币 金 额	备　　注
3 890 004	人民币户	68 470 000	

2. 贷款户截至 2006 年 12 月 31 日

无贷款

AB 公司

（公司印鉴）

2007 年 1 月 18 日

数据证明无误

签章：   日期：

数据不符及需说明事项：年末余额应为 172 940 000 元，差额为 36 000 000 元，系 2006 年 12 月 30 日收到××企业预付货款。

签章：工行××办   日期：2007 年 1 月 28 日

第三节 期初余额审计工作底稿的编制

审计期初余额是指审计人员首次接受委托时,所审计会计期间期初已存在的余额,它以上期期末余额为基础,反映前期交易、事项及其会计处理的结果。在会计报表审计中,审计人员一般无须专门对期初余额发表审计意见,但应实施适当的审计程序,并充分考虑相关审计结论对所审会计报表的影响。

一、期初余额审计程序

安排期初余额审计程序时,审计人员可以根据具体情况、专业判断增加或减少相应程序,并把对常规审计程序的修改记录在审计程序表中。期初余额审计程序表,如表7-11所示。

表 7-11

期初余额审计程序表

客户:		签名	日期	索引号	E01-1
项目:期初余额		编制人		页 次	1/1
会计期间:		复核人		执行情况	索引号
1. 分析被审计单位所选用的会计政策是否恰当,是否一贯运用,如有变更,是否已作适当处理和充分披露。 2. 检查上期期末余额是否正确结转至本期,或者是否已适当地重新表述。 3. 了解上期会计报表是否经过其他注册会计师审计。如经审计,应考虑前任注册会计师的专业胜任能力和独立性。必要时,查阅相关审计工作底稿,以获取有关期初余额的审计证据。 4. 了解上期是否出具了非标准的无保留意见的审计报告,若是,应特别关注其原因,考虑其对本期会计报表的影响。 5. 评价报表项目期初余额的性质及在本期会计报表中被错报、漏报的风险。 6. 评价期初余额对本期的影响程度。 7. 如实施上述程序仍不能获取充分、适当的审计证据,或前期会计报表未经审计,应对期初余额实施以下审计程序: 7.1 询问被审计单位管理当局; 7.2 审阅上期会计记录相关资料; 7.3 通过对本期会计报表实施的审计程序进行证实; 7.4 补充实施适当的实质性测试程序。 8. 初次接受国有企业委托,如前期会计报表未经审计,应获取其管辖财政机关的有关批复。 9. 结合上述审计结果,形成对期初余额的审计结论,并确定其对本期审计意见类型的影响。					

二、期初余额的审计工作底稿

期初余额的审计是与会计报表各个会计科目的审计一起实施的,一般不单独形成审计工作底稿。但在形成相关审计工作底稿时,审计人员应注意:

(1) 期初余额账表不相符的事项。在实务中,期初余额账表不相符的事项产生的原因有四种:一是由于年度会计报表审计往往是在报表日后一段时间内进行,被审计单位一般都已结束旧账,开立新账,对于审计人员建议需要调整的事项,被审计单位统一调整,并出具了调整后的会计报表,但忽视了相应账项的调整,造成账表不符。二是被审计单位有意或无意错误结转期初余额。三是由于上期的期后事项的存在,或会计政策的变动。四是在会计报表公布日后被审计单位发现审计年度内仍存在严重错报影响会计报表,自己悄悄修改了账项。无论哪一种原因引起的期初余额账表不符事项,都隐藏着审计风险。因此,审计人员应重点关注期初余额账表不符的事项,追查原因,记录在相应的审计工作底稿中,并判断是否影响本年度会计报表以及如何影响,根据重要性水平,决定是否在审计报告中披露。

(2) 审计成本和审计质量的矛盾。首次接受委托对被审计单位的会计报表进行审计的问题,必然会涉及会计报表期初余额如何审计的问题,如果对期初余额审计过于详细,势必增大审计成本;如果对期初余额审计过于简单或者不审计,则势必影响审计人员对本期会计报表发表意见。因此,审计人员应当根据具体情况,谨慎地决策对期初余额的审计策略:如果被审计单位变更委托时,后任注册会计师可考虑查阅前任注册会计师有关工作底稿,并加以一般性复核;如果被审计单位以往未经注册会计师审计,审计人员应根据该项目对会计报表影响程度,决定是否对期初余额进行较全面的审计,即追查该项目发生的最原始的凭证及其相关的会计处理。

(3) 如果前任注册会计师出具了带说明段的审计报告,审计人员应当考虑相关事项对本期会计报表的影响,如果其影响尚未消除,审计人员仍应在审计报告中进行适当反映。

第四节 会计估计审计工作底稿的编制

会计估计是指企业对其结果不确定的交易或事项以最近可利用的信息为基础所作的判断。在实务中,八项资产减值准备的计提、或有事项的预计负债的确定和重新评价固定资产预计使用年限和残值都需要企业根据具体情况进行估计确认,审计人员应当获取充分、适当的审计证据,评价被审计单位作出的会计估计是否合理、披露是否适当。

安排会计估计审计程序时,审计人员可根据具体情况、专业判断增加或减少相应的审计程序,并把对常规审计程序的修改记录在审计程序表中。会计估计审计程序表,如表

7-12 所示。

表 7-12

会计估计审计程序表

客户：		签名	日期	索引号	E02-1
项目：会计估计	编制人			页 次	1/1
会计期间：	复核人			执行情况	索引号

1. 向被审计单位管理当局了解其作出会计估计的程序、方法和相关内部控制。
2. 获取被审计单位提供的会计估计说明，并复核和测试被审计单位作出会计估计的过程：
  2.1 评价会计估计依据数据的准确性、完整性和相关性，假设的合理性和使用的公式的正确性。当会计估计依据的数据是会计数据时，应判断其是否与会计系统的相关数据一致，必要时，可以考虑从被审计单位外部获取审计证据。
  2.2 测试会计估计的计算过程。
  2.3 如有可能，将以前期间作出的会计估计与其实际结果进行比较。
  2.4 考虑被审计单位管理当局对会计估计的批准程序。
3. 利用独立估计与被审计单位作出的会计估计进行比较，如存在明显差异应查明原因，分析判断该差异是否合理；如果该项差异不合理，应当予以调整。
4. 复核能够证实会计估计的资产负债表日后事项。
5. 查阅相关法规以及被审计单位董事会、管理当局有关会议记录，判断会计估计变更的合法性和合理性。
6. 审查与会计估计变更相关的会计记录，确定其会计处理是否正确。
7. 审查被审计单位是否存在滥用会计估计及其变更的情况，如果存在，审查其是否已作为差错予以更正。
8. 验明会计估计及其变更的披露是否恰当。					

第五节 债务重组审计工作底稿的编制

债务重组是指债权人按照其与债务人达成的协议或法院的裁定同意债务人修改条件的事项。对于特定企业的特定会计期间，债务重组毕竟是企业偶发的经济业务，在审计会计报表时，审计人员应对审计年度内发生的债务重组事项逐一详尽审计，以确定其对会计报表的影响。

一、债务重组审计程序

安排债务重组审计程序时，审计人员可以根据具体情况增加或减少相应的审计程序，并把对常规审计程序的修改记录在审计程序表中。债务重组审计程序表,如表 7-13 所示。

表 7-13

债务重组审计程序表

客户:		签名	日期	索引号	E03-1
项目:债务重组		编制人		页　次	1/1
会计期间:		复核人		执行情况	索引号
1. 取得并审阅股东大会、董事会和管理当局会议纪要等,查明被审计单位在报告期内是否发生债务重组事项。 2. 检查与债务重组相关的协议、合同、批文、法院裁决文件等,了解债务重组的方式与具体内容。 3. 对债务重组设计的资产或债务,须审计评估的,应取得审计报告、资产评估报告及资产评估结果确认文件,检查交易的合法性及金额的正确性。 4. 必要时,对债务重组所涉及的重要资产或债务,向有关方面发函询证。 5. 检查与债务重组有关的会计记录,以确定债务重组的会计处理是否正确。关注存在或有支出债务重组方式下,如果已记录的或有支出没有发生,检查有关会计处理是否恰当。 6. 审核债务重组中发生的增值税、增值税以外的其他税费及资产评估费、运杂费等其他费用的会计处理是否恰当。 7. 检查有关债务重组信息的披露是否恰当。					

二、债务重组审计工作底稿

债务重组应与相关的资产、负债项目一起形成审计工作底稿,一般不需要单独形成审计工作底稿,但在形成相应的审计工作底稿时,审计人员应当注意:

(1) 获取股东大会、董事会和管理当局会议纪要,以及与债务重组相关的协议、合同、批文、法院裁决文件等,作为支持审计人员确认债务重组相关事项的原始凭证。

(2) 债务重组是发生在债权人和债务人之间的经济活动,如果审计人员审阅债务重组相关的协议、合同、批文等时,发现已发生且已作会计处理的债务重组不是发生在债权人与债务人之间,或合同、协议中的相关条款在现实中没有实现,不能作为债务重组处理,应建议被审计单位作相应调整。

第六节　非货币性交易审计工作底稿的编制

非货币性交易是指交易双方以非货币性资产进行的交换(包括股权换股权,但不包括企业合并中所涉及的非货币性交易)。这种交易不涉及或只涉及少量的货币资产。在会计报表审计中,审计人员应当重点关注包括资产置换、股权交易在内的非货币性交易对会计报表的影响,以及被审计单位是否利用其操纵利润。

一、非货币性交易审计程序

安排非货币性交易的审计程序时,审计人员可以根据具体情况增加或减少相应的审计程序,并把对常规审计程序的修改记录在审计程序表中。非货币性交易的审计程序表,如表 7-14 所示。

表 7-14

非货币性交易的审计程序表

客户:		签名	日期	索引号	E04-1
项目:非货币性交易	编制人			页次	1/1
会计期间:	复核人			执行情况	索引号
1. 获取并审阅股东大会、董事会和管理当局会议纪要等,查明被审计单位在报告期内发生非货币性交易或事项。注意交易或事项是否不涉及或只涉及少量的货币性资产,即补价比例是否低于 25%(含 25%)。 2. 取得非货币性交易相关的协议、合同,审核交易的合法性。对于放弃股权以取得股权且不属于企业合并的,还应索取并检查政府有关部门的批准文件;对于交易所涉及资产按规定须经审计、评估的,还应索取并检查审计报告、评估报告及评估结果确认文件。 3. 检查非货币性交易的会计处理是否正确: 3.1 对于不涉及补价的非货币性交易,检查其换入资产的入账价值确定是否正确。 3.2 对于涉及补价的非货币性交易: 3.2.1 支付补价的,检查其换入资产的入账价值是否正确; 3.2.2 收到补价的,检查其换入资产的入账价值和应确认的收益的计算是否符合有关规定; 3.3 对于同时换入多项资产的,检查计算各项换入资产的入账价值的方法是否正确。 4. 审核非货币性交易中发生的增值税、增值税以外的其他税费及资产评估费、运杂费等其他费用会计处理是否恰当。 5. 必要时,对非货币性交易所涉及的重要资产发函询证。 6. 验明有关非货币性交易的披露是否恰当。					

二、非货币性交易审计工作底稿

审计人员对非货币性交易的审计与涉及非货币性交易的相关科目一起形成审计工作

底稿，一般不单独形成审计工作底稿。但在会计报表审计中，审计人员应当注意：
(1) 非货币性交易或事项是否符合条件。
(2) 换入、换出非货币性资产的计价，以及相关损益的确认是否合规。
(3) 2006年1月1日以前发生的债务重组是否进行了追溯调整。

第七节 关联方及其交易审计工作底稿的编制

关联方交易是指在关联方之间发生转移资源或义务的事项，而不论是否收取价款。审计人员应当获取充分、适当的审计证据，以确定被审计单位是否按照企业会计准则的要求识别和披露关联方及其交易。

一、关联方及其关联交易审计程序

安排关联方及其关联交易审计程序时，审计人员可以根据具体情况增加或减少相应的审计程序，并把对常规审计程序的修改记录在审计程序表中。关联方及其关联交易审计程序表，如表7-15所示。

表7-15

关联方及其关联交易审计程序表

客户：		签名	日期	索引号	E05-1
项目：关联方及其交易	编制人			页次	1/1
会计期间	复核人			执行情况	索引号
1. 获取、复核被审计单位提供的关联方清单，并实施以下审计程序，以识别关联方，确定关联方关系的性质： 1.1 了解被审计单位各组成部分及其相互关系、管理当局的职责分工，评价及识别和处理关联方及其交易的程序； 1.2 查阅以前年度的审计工作底稿； 1.3 查阅主要股东、关键管理人员名单； 1.4 询问关键管理人员和与其相关的其他单位的关系； 1.5 了解与主要投资者个人、关键管理人员关系密切的家庭成员和与其相关的其他单位的关系； 1.6 查阅股东大会、董事会会议及其他重要记录； 1.7 询问其他注册会计师及前任注册会计师； 1.8 审核所审计会计期间的投资业务及重组方案； 1.9 检查企业所得税申报资料及报送政府机构、交易所等的其他相关资料； 1.10 向负责审计被审计单位组成部分的其他注册会计师索要已知关联方交易清单。					

(续表)

2. 获取、复核被审计单位提供的关联方交易清单,并实施以下审计程序,以识别关联方交易: 2.1 查阅股东大会、董事会会议及其他重要记录,询问管理当局或与其讨论有关重大交易的授权情况; 2.2 了解被审计单位与其主要客户、供应商和债务人、债权人的交易性质与范围; 2.3 了解是否存在已经发生但未进行会计处理的交易; 2.4 查阅会计记录中数额较大的、异常的及不经常发生的交易或余额,尤其是资产负债表日前后确认的交易; 2.5 审阅有关存款、借款的询证函和贷款询证,检查是否存在担保关系; 2.6 审核关联方交易价格的合理性,关注对财务状况和经营成果产生重大影响的关联方交易的价格,是否与交易对象的账面价格或其市场公允价格存在较大差异。 3. 实施以下必要审计程序,以确定关联方交易是否已作适当记录: 3.1 询问管理当局,以了解关联方交易的目的; 3.2 检查有关发票、协议、合同以及其他有关文件; 3.3 确定有关交易是否已获股东大会、董事会或相关机构及管理人员批准; 3.4 检查会计报表中关联方交易金额及相关信息披露的合理性; 3.5 核对关联方之间同一时点的账户余额,必要时与其他注册会计师沟通核实关联方某些特殊的、重要的、有代表性的关联方交易; 3.6 检查有关抵押、质押品的价格及可流通性。 4. 必要时,追加以下审计程序,检查重大关联方交易: 4.1 询证关联方交易的条件及金额; 4.2 检查关联方拥有的相关证据; 4.3 向有关中介机构询证或与其讨论关联方交易的相关重要信息; 4.4 就重大应收款项及担保,获取关联方偿债能力的信息。 5. 向管理当局索取关联方及其交易的声明书。 6. 验明关联方及其交易的披露是否恰当。		

二、关联交易审计工作底稿

注册会计师应以审慎的态度通过查阅被审计单位董事会记录、章程、协议等,按照《企业会计准则》的规定,识别关联方是否存在交易性质、内容和金额,并充分关注其披露的充分性和完整性。

关联方关系检查表、关联方交易检查表,分别如表7-16、表7-17所示。

表7-16

关联方关系检查表

客户:AB公司	编制人:李丽	日期:2007/3/2	索引号:E05-2
截止日:2006年12月31日	复核人:张磊	日期:2007/3/2	页次:1/1

			(一) 存在控制关系的关联方									(二) 不存在控制关系的关联方		
企业名称	主营业务	与本企业关系	注册资本及其变化			所持股份及其变化						企业名称	与本企业关系	备注
			年初数(万元)	本年增加数	本年减少数	年末数(万元)	年初数		本年增加		本年减少		年末数	
							金额(万元)	(%)	金额(万元)	(%)	金额(万元)	(%)	金额(万元)	(%)

被审计单位提供:

企业名称	主营业务	与本企业关系	年初数	本年增加数	本年减少数	年末数	年初金额	(%)	本年增加金额	(%)	本年减少金额	(%)	年末金额	(%)
A公司	生产化工产品	投资方	3 400			3 400	200	50					200	80
C公司	化工产品销售	被投资方	1 000			1 000	600	60					600	50

被审计单位提供:

企业名称	与本企业关系	备注
B公司	投资方	参股比例为15%
D公司	投资方	参股比例为10%

注册会计师审核意见:

1. 根据C公司已审会计报表调整,AB公司调整投资收益5 393 173.58元;
   借:投资收益   5 393 173.58
   贷:长期投资   5 393 173.58
2. 充分披露A公司占用AB公司4 000 000 000元资金情况。

注册会计师审核意见:

B公司是AB公司的主要原材料供应商,充分披露其中购货情况。

表 7-17

关联方交易检查表

客户：AB公司　　　　　　编制人：李丽　　日期：2007/3/2　　索引号：E05-3
截止日：2006年12月31日　复核人：张磊　　日期：2007/3/2　　页次：1/19

项目	关联企业名称	被审计单位提供			注册会计师审核意见
		金额(或余额)(元)	占期间(购)销货金(余)额的(%)	价格执行情况或款项内容	
采购货物	C公司 B公司	32 744.54 55 178 401.68	2 7	以高于市场价的40%购入 以市场价购入	需要适当披露
销售货物					
往来货物	A公司	4 000 000 000	8	交付年占用费4 680 000元	需要适当披露
其他事项					

第八节　或有事项审计工作底稿的编制

或有事项是指过去的交易或事项形成的一种情况，其结果须通过未来不确定事项的发生或不发生予以证实。或有事项包括未决诉讼或未决仲裁、未决索赔、税务纠纷、产品质量保证、商业票据贴现、应收账款抵押、通融票据背书和其他债务担保等。审计人员应当重点结合相应的会计科目的审计，证实或有事项的存在及其对会计报表的影响。

一、或有事项的审计程序

安排或有事项审计程序时，审计人员可以根据具体情况增加或减少相应的审计程序，并把对常规的审计程序的修改记录到审计程序表中。或有事项审计程序表，如表7-18所示。

表 7-18

或有事项审计程序表

客户：		签名	日期	索引号	E06-1
项目：或有事项		编制人		页次	1/1
会计期间：		复核人		执行情况	索引号
1. 取得或有事项明细表和预计负债明细表，并与相关记录、明细账、总账核对。					
2. 向管理当局询问在确定、评价与控制或有事项方面的有关政策和措施。					

(续表)

3. 审阅截至审计工作完成日止各次股东大会、董事会纪要及其他重要文件(如合同、借款及担保协议、与银行往来函件、租赁契约、税务局或其他政府机构的相关文件等),确定是否存在未决公诉、未决索赔、税务纠纷、应收票据贴现、债务担保、产品质量保证等或有事项。		
4. 向审计单位查询、了解为其他单位的银行借款或其他债务提供的担保事项(性质、金额、时间)以及存在或有损失的可能性。		
5. 向被审计单位的法律顾问或律师了解对资产负债表日就已存在的以及之后发生的重大法律诉讼,索取与律师的往来信函及有关发票,估计可能发生的损失。必要时,要求管理当局向法律顾问或律师寄发律师询证函,对有关问题予以确认。		
6. 复核上期和被审计期间税务机关的税收结算报告,并向管理当局询问是否存在税务纠纷。		
7. 询问有关销售人员并获取被审计单位对产品质量保证方面的记录,确定存在损失的可能性。		
8. 必要时,向银行函证商业票据贴现、应收账款抵押、通融票据背书和其他债务等或有事项。		
9. 检查管理当局估计或有事项的可能结果(包括致使经济利益流出企业的可能性,以及最可能的金额)和影响时所依据的假设。		
10. 必要时,检查或有事项与期后不确定性事项的最终结果,并作审计调整。		
11. 需估计入账的,确定预计负债估计是否合理,会计处理是否恰当。		
12. 向管理当局索取关于或有事项的声明书。		
13. 复核现存的审计工作底稿,寻找任何可以说明潜在或有事项的资料。		
14. 验证或有事项的披露是否恰当。		

二、或有事项审计工作底稿

【案例 7-2】 注册会计师在审计 AB 公司 2006 年度会计报表时,关注并查证到或有损失如下:

1. AB 公司为 W 公司向银行借款 200 万元提供担保,2006 年 10 月,W 公司因经营严重亏损,进行破产清算,无力偿还已到期的该笔银行借款,银行因此向法院起诉,要求 AB 公司承担连带偿还责任,支付借款本息 240 万元。2007 年 2 月 20 日,法院终审判决,要求 AB 公司支付借款本息 240 万元,并于 2007 年 2 月 28 日执行完毕。

第七章 货币资金和特殊项目审计工作底稿的编制

这种或有损失是在资产负债表日明显存在某种迹象,并且赔偿金额确定的事项,需要被审计单位调整审计年度的会计报表。

2. 2007年3月1日,北京市高级人民法院最终裁定,2007年1月,AB公司被控告侵权,应赔偿S公司250万元。

这种或有损失是在资产负债表日后发生的,不影响审计年度的报表数额,但影响会计报表使用者的判断,需要提请被审计单位在会计报表附注中披露。

注册会计师经过必要的审计程序验证这些或有损失存在后,形成或有事项审定表,如表7-19所示。

表7-19

或有事项审定表

客户:AB公司　　　　　　编制人:李丽　　　　日期:2007/3/2　　　索引号:E06-2
截止日:2006年12月31日　复核人:张磊　　　　日期:2007/3/2　　　页次1/1

事项	查验过程记录	备注
需要调整的事项	经审核担保合同、董事会决议、法院判决和律师回函,证实2007年2月20日,法院终审判决,要求AB公司承担W公司借款的连带偿还责任,支付担保借款本息240万元,并于2007年2月28日执行完毕。	2007年2月28日转字113号提请被审计单位调整,调整分录为: 借:营业外支出　　2 400 000 　贷:预计负债　　　2 400 000
不需要调整但需要披露的事项	经审验,法院判决和律师回函,证实2007年3月1日,法院终审判决,AB公司因2007年1月被控告侵权,应赔偿S公司250万元。	2007年3月5日转字120号提请被审计单位在报表附注中适当披露。

第九节　期后事项审计工作底稿的编制

期后事项是指资产负债表日至审计报告日发生的,以及审计报告日至会计报表工作日发生的对会计报表发生影响的事项。它包括两类:一是为资产负债表日已存在情况提供补充证据的事项,如已证实资产发生的减损、销售退回、已确定获得或支付的赔偿以及董事会利润分配方案与会计报表不符等。二是虽不影响会计报表金额,但可能影响对会计报表的正确理解的事项,如股票和债券的发行、对一个企业的巨额投资、自然灾害导致的资产损失和外汇汇率发生较大变动等。审计人员应当重点结合会计报表项目审计,确认期后事项的存在与发生,根据其类型分别提出调整和充分披露的意见。

一、期后事项审计程序

安排期后事项审计程序时,审计人员可以根据具体情况增加或减少相应的审计程序,并把对常规程序的修改记录到审计程序表中。期后事项审计程序表,如表7-20所示。

表 7-20

期后事项审计程序表

客户：		签名	日期	索引号	E07-1
项目：期后事项		编制人		页 次	1/1
会计期间：		复核人		执行情况	索引号
1. 取得并审阅股东大会、董事会和管理当局的会议纪要等,查明资产负债表日后发生的对本期会计报表产生重大影响的事项,包括截止日后董事会批准的利润分配方案、已证实重大资产发生的减损、大额的销售退回、已确定获取或支付的大额赔偿等应予调整事项,以及股票和债券的发行、巨额对外投资、自然灾害导致资产重大损失、外汇汇率发生较大变动等应予以披露的非调整事项。 2. 询问管理当局确认的期后事项,了解其确认期后事项的程序。 3. 取得距审计结束日最近一期会计报表,对财务状况和经营成果进行分析,识别是否存在重大期后事项。 3.1 将距审计结束日最近一期资产负债表与审计资产负债表进行对比分析,对异常变动情况查明原因,识别是否存在重大期后事项。 3.2 将距审计结束日最近一期利润及利润分配表与上半年同期利润及利润分配表进行对比分析,对异常变动情况查明原因,识别是否存在重大期后事项。 4. 结合期末账户余额的审计,对应予调整的资产负债表日后事项进行审计,着重查明资产负债表日后的重大购销业务和重大的收付款业务,有无不寻常的转账交易或调整分录。 5. 审阅被审计单位资产负债表日后编制的会计记录。 6. 查明非调整期后事项的内容,合理估计其对财务状况、经营成果的影响,或查询、了解无法合理估计其影响的原因。 7. 检查审计结束日前增资配股(或减资)和债券的发行的批准情况,取证并作记录。 8. 检查审计结束日前企业合并与分立的有关文件,如协议、合同、审计报告、资产评估报告及确认文件、政府批文等,取得并作记录。 9. 查询了解资产负债表日或查询日已存在的重大财务承诺。 10. 取得并审阅资产负债表日对外投资的有关文件、协议和原始凭证,并作相应记录。 11. 必要时获取被审计单位律师或律师顾问关于期后事项的专门陈述。 12. 向管理当局索取关于期后事项的声明书。 13. 验明期后事项的披露是否恰当。					

二、期后事项审计工作底稿

【案例 7-3】 注册会计师在审计 AB 公司 2006 年的会计报表时,关注到以下期后事项:

1. AB 公司 2005 年 11 月 3 日为 A 公司担保贷款 4 000 万元,由于 A 公司经营状况不佳连年亏损不能按时归还,被 B 银行于 2006 年 4 月起诉,要求 AB 公司承担担保连带责任,经法院审理,于 2007 年 2 月 25 日判决,由 AB 公司负责偿还 2 400 万元。此款预计收回可能性甚小。

2. 2006 年 3 月 20 日至 11 月 3 日,AB 公司利用闲置资金购买股票 B、C 和 E,准备随时卖出,AB 公司报表中反映的"短期投资"为 1 280 万元。自 2007 年 2 月 8 日,股市大幅度下跌,如果 AB 公司在 3 月 8 日将短期投资的股票出售,将导致 840 万元的投资损失。据此,审计人员编制期后事项审核表,如表 7-21 所示。

表 7-21

期后事项审核表

客户:AB 公司	编制人:李丽	日期:2007/3/2	索引号:E07-2
截止日:2006 年 12 月 31 日	复核人:张磊	日期:2007/3/2	页次:1/1

时间	审验过程记录	备注
资产负债表日至审计报告日	经查阅相关合同、协议、董事会决议和法院判决文书和相关凭证,证实 2006 年 4 月 B 银行起诉,要求 AB 公司承担担保连带责任,经法院审理于 2007 年 2 月 25 日判决,由 AB 公司偿还 2 400 万元。经审查相关会计处理和函证等程序,证实 AB 公司所持有的股票如果在 3 月 8 日出售,将导致 840 万元的投资损失。	2007/2/26 转字 建议的调整分录为: 借:营业外支出——担保损失 24 000 000 　　贷:预计负债 24 000 000 建议 AB 公司在会计报表附注中披露。
审计报告日至审计报告发出日	查阅审计报告日至审计报告发出日前的会计资料和其他资料,未发现重大期后事项。	
审计报告发出日至会计报告公布日	经向管理当局了解,未发现重大期后事项。	

第十节　持续经营能力审计工作底稿的编制

持续经营假设是指被审计单位在编制会计报表时,假定其经营活动在可预见的将来会继续下去,不拟也不必终止经营或破产清算,可以在正常的经营过程中变现资产,清偿债务。这里的可预见的将来,通常是指资产负债表日12个月。审计人员应重点关注影响被审计单位持续经营能力的事项或情况是否危及持续经营假设或充分披露。

一、持续经营能力审计程序

安排持续经营能力审计程序时,审计人员可以根据具体情况增加或减少相应的审计程序,并把对常规程序的修改记录在审计程序中。持续经营能力审计程序表,如表7-22所示。

表 7-22

持续经营能力审计程序表

客户		签名	日期	索引号	E08-1
项目:持续经营能力		编制人		页 次	1/1
会计期间:		复核人		执行情况	索引号
1. 关注被审计单位在财务、经营等方面存在持续经营能力的各种事项或情况,并作出初步评价。					
2. 了解被审计单位管理当局对于存在的影响持续经营能力的各种事项或情况计划采取的措施,并判断其能否缓解对持续经营能力的影响。					
3. 与管理当局分析、讨论现金流量预测、盈利预测及其他预测。					
4. 审核影响持续经营能力的资产负债表日后事项、财务承诺及或有事项。					
5. 与管理当局分析、讨论最近的会计报表。					
6. 审查合同及债务契约条款的履行情况。					
7. 查阅股东大会、董事会会议及其他重要会议中有关财务困境的记录。					
8. 向被审计单位的法律顾问询问有关诉讼、索赔的情况。					
9. 审查有无改善措施及财务救助计划,并评估其合法性和可行性。					
10. 向被审计单位索取被审计单位管理当局关于持续经营能力评价的书面说明。					
11. 对于应予披露的持续经营事项,验证是否已作恰当披露。					

二、持续经营能力审计工作底稿

【案例 7-4】 注册会计师在审计 AB 公司 2006 年度的会计报表时,关注并审验了以下影响持续经营能力审计能力的事项:

1. 股东权益净额为 6 000 000 元,平均每股净资产为 1.18 元。

2. 期末营运资金为 24 702 元。

3. 公司已连续 2 年亏损,2006 年度报表利润 3 600 000 元,扣除本年度股东放弃债权而形成的非正常收益 41 820 000 元,本年度净亏损为 38 220 000 元。

4. 该公司将营业大楼分批作为贷款的抵押物。

5. 根据公司披露的重大事项内容,无近期内可以改善经营状况的举措。

注册会计师对此事实施适当的审计程序后,填制持续经营审核表,如表 7-23 所示。

表 7-23

持续经营审核表

客户:AB公司　　　　编制人:李丽　　　日期:2007/3/2　　　索引号:E08-2

截止日:2006年12月31日　　复核人:张磊　　　日期:2007/3/2　　　页次:1/1

事　　项	是	否	事　　项	是	否
一、企业财务状况			三、其他情况		
1. 无法偿还到期债务	√		1. 严重违反有关法律法规要求	—	—
2. 无法偿还即将到期且难以展期的借款	√		2. 异常原因导致停工、停产	—	—
3. 无法继续履行重大借款合同中有关条款	√		3. 国家法规、政策变化可能造成重大影响	—	—
4. 存在大额的逾期未交税金		—	4. 营业期限即将到期,无法继续经营	—	—
5. 累计营业性亏损数额巨大	√		5. 投资者未履行协议、合同、章程规定的义务,并有可能造成重大不利影响	—	—
6. 过度依赖短期借款筹资	√		6. 因自然灾害、战争、不可抗力因素遭受严重损失	—	—
7. 无法获得供应商正常商业信用	√		7. 其他导致企业无力持续经营的迹象	—	—
8. 难以获得开发必要新产品或进行必要投资所需的资金	—	—	四、管理当局采取的措施		
9. 资不抵债	√	—	1. 资产处置	—	—
10. 营业资金出现负数	√		2. 资产售后租回	—	—
11. 营业活动产生的现金流量净额为负数	√		3. 取得担保借款	—	—
12. 大股东长期占用大额资金	—	—	4. 实施资产重组	—	—
13. 重要子公司无法持续经营且未进行处理	—	—	5. 获得新的投资	—	—
14. 存在大量未作处理的不良资产	—	—	6. 削减或延缓营业开支	—	—
15. 存在因对外巨额担保等或有事项引发的或有责任	√	—	7. 获得重要原料的代替品	—	—
二、企业生产环境			8. 开拓新的市场	—	—
1. 关键管理人员离职,且无人代替	—	—	9. 其他措施	—	—
2. 主导产品不符合国家产业政策	—	—			
3. 失去主要市场、特许权或主要供应商	—	—			
4. 人力资源或重要原材料短缺	—	—			
审核结论:存在严重影响 AB 公司持续经营能力的因素,且没有采取相应的措施。					

在实务中,审计人员在形成持续经营能力相关的审计工作底稿时,应当注意:

在注册会计师审查被审计单位是否存在对其持续经营能力产生重大影响的情况及其是否存在改善措施消除注册会计师的疑虑后,一般可能出现以下几种情况和处理方法:

(1) 如果对被审计单位编制会计报表所依据的持续经营假设是合理的,但存在可能导致对其持续经营能力产生重大疑虑的事项或情况,注册会计师应当提请管理当局在会计报表中适当披露。

第一,导致对被审计单位持续经营能力产生重大疑虑的主要事项或情况以及管理当局拟采取的改善措施;

第二,被审计单位持续经营能力存在重大不确定性,可能无法在正常的经营过程中变现资产、清偿债务。

如果被审计单位在会计报表中进行适当披露,注册会计师应当出具无保留意见的审计报告,并在意见段之后增加强调事项段,描述导致对持续经营能力产生重大疑虑的主要事项或情况以及持续经营能力存在重大不确定性的事实,但不应使用附加条件的措施。

如果认为被审计单位未在会计报表中进行适当披露,注册会计师应当出具保留意见或否定意见的审计报告,并在意见段之后的说明段中描述导致对持续经营能力产生重大疑虑的主要事项或情况以及持续经营能力存在重大不确定性的事实,同时指明被审计单位未在会计报表中进行适当披露。

(2) 如果认为被审计单位编制会计报表所依据的持续经营假设不再合理,而被审计单位仍按持续经营假设编制会计报表,注册会计师应当出具否定意见的审计报告。

(3) 如果认为被审计单位编制会计报表所依据的持续经营假设不再合理,而被审计单位已按其他基础重新编制了会计报表,注册会计师应当按照《独立审计实务公告第6号——特殊目的业务审计报告》的规定办理。

(4) 如果对被审计单位存在可能导致对持续经营能力产生重大疑虑的主要事项或情况,但注册会计师无法确定被审计单位编制会计报表所依据的持续经营假设是否合理,注册会计师应当出具无法表示意见的审计报告。

(5) 如果决定出具无法表示意见的审计报告,注册会计师应当提请管理当局在会计报表中适当披露:

第一,导致对被审计单位持续经营能力产生重大疑虑的主要事项或情况以及管理当局拟采取的改善措施。

第二,被审计单位持续经营能力存在重大不确定性,可能无法在正常的经营过程中变现资产、清偿债务。

第三,注册会计师应当在意见段之前的说明段中充分说明无法表示意见理由。

一、复习思考题

1. 货币资金控制测试工作底稿有哪些?

2. 在实务中,审计人员在形成持续经营能力相关的审计工作底稿时,应当注意哪些要求?

3. 期后事项的审计工作底稿有哪些?

4. 在实务中,审计人员在形成银行存款相关的审计工作底稿时,应当注意哪些要求?

5. 实务中,审计人员在形成持续经营能力相关的审计工作底稿时,应当注意哪些要求?

二、案例分析

案例一 库存现金审计

2007年1月15日,审计人员高强和付蕾对ABC公司2006年12月31日资产负债表审计中查得"货币资金"项目中的库存现金金额为1452.80元。2007年1月15日上午8时,高强和付蕾对该企业出纳员李立所经管的现金进行了清点。清点结果如下:

(1) 2007年1月15日,现金日记账的余额为1460.80元。

(2) 清点现金计十元票65张、五元票84张、二元票20张、一元票59张、角票及分币共计11.80元。

(3) 1月14日,已收入现金而未入账的收款凭证1张,计50元。

(4) 1月14日已付款而未入账的付款凭证7张,计120元。

(5) 借条1张,系经总务科长批准,由采购员于12月3日暂借款200元。

(6) 邮票10元,系财务科购入作寄出邮件用,已在管理费用中报销。

(7) 经核对1月1日至1月15日的收付款凭证和现金日记账,核实1月1日至1月15日收入的现金数为1800元,支出的现金数为1940元,正确无误。

(8) 银行核定该企业库存现金限额为800元。

要求:

(1) 根据上述审查和清点结果,填制库存现金盘点表和审定表两份审计工作底稿;

(2) 针对该厂出纳工作中存在的问题,提出改进意见。

库存现金审定表

被审计单位名称	ABC公司		签名	日期	索引号	A1-1
		编制人				
审计项目	现　金	复核人			页次	1
会计期间或截止日						

(续表)

索 引 号	项 目	金 额	备 注
	现金清点日调整后现金余额		与实点数差××元为跨日借条
	加：审计截止日至现金清点日的支出		
	减：审计截止日至现金清点日的收入		
	12.31 账面余额		
	调整(1)		
	(2)		
	审定数		
	审计表示说明： G 与总分类账核对一致 T/B 与试算平衡表核对一致 T 与原始凭证核对一致 ^纵加 审计结论：经调整后库存现金余额可以确认。		

编制说明：

1. 经现金清点，如果清点数与账面余额一致，被审计单位内控手续比较严密等，审计人员经判断可省略倒轧程序直接填列"账面余额"项目。

2. "A1-1"为本底稿附属审计工作底稿编号。

3. 若有外币现金账户，可单独编制审计工作底稿，最终应编制现金汇总表。

4. 如采用统一审计标识，可不必在每张工作底稿中说明其含义，可以在综合类审计工作底稿中放入审计统一标识及说明表。

库存现金盘点表

被审计单位名称	ABC公司	签名	日期	索引号	A1-1/1
		编制人			
审计项目	现金人民币	复核人		页 次	1
会计期间日					

(续表)

清点现金			核对账目							
货币面额	张数	金额	年	月	日	至 年	月	日	项 目	金额
100元									现金账面余额	
50元									加：收入凭证未记账	
10元									减：付出凭证未记账	
5元									加：跨日收入	
2元									加：跨日借条	
1元									调整后现金余额	
5角									实点现金	
2角									长款	
1角									短款	
5分										
2分										
1分										
实 点	合计									

签字：企业负责人　　　　会计主管　　　　出纳员　　　　本所人员

编制说明：

1. 本工作底稿为现金汇总底稿的附表。
2. 根据盘点情况填列，注册会计师应监督盘点，并要求盘点人员签字。
3. 若有外币现金，应单独编制盘点表。

案例二　银行存款审计

审计人员在审查 ABC 公司银行存款账时，发现该厂 2006 年 11 月 30 日银行存款日记账账面余额为 84 400 元，银行对账单余额为 83 000 元。审计人员将银行存款日记账和银行对账单逐笔核对后，发现下列情况：

(1) 11 月 2 日，企业账上开出 #134905 转账支票 1 张，金额 3 200 元，银行对账单上无此记录。

(2) 11 月 8 日，银行对账单上有一笔收到外地汇款 30 000 元的业务，本厂银行存款日记账上无此记录。

(3) 11月14日,银行付出1 800元,经查系采购员王力不慎遗失的#134896空白转账支票,被人冒用所购物品的款项。

(4) 11月16日,银行付出28 400元,本厂银行存款日记账上无此记录。

(5) 11月21日,银行付出1 600元,本厂银行存款日记账上无此记录。

(6) 11月30日,本厂银行存款日记账记载存入转账支票1张,计2 800元,银行对账单上无此记录。

要求:

(1) 根据以上情况,编制银行存款审定表、银行存款余额调节表两份审计工作底稿。

(2) 根据以上情况,提出进一步审查的意见,并提出该厂银行存款管理上存在的问题和改进的建议。

银行存款审定表

被审计单位名称	ABC公司	签名	日期	索引号	A1-2
		编制人			
审计项目	银行存款	复核人		页次	1
会计期间或截止日	20 年12月31日				
索 引 号	开户银行及账户	未审数	调整借(贷)	审定数	
A2-1	中国银行××支行	S	C		
A2-2	合 计	G		T/B	

审计标识说明:

S 与明晰分类账核对一致   G 与总分类账核对一致

C 已发询证函   T/B 与试算平衡表核对一致

⌒纵加核对   <横加核对

审计结论:经调整后银行存款可以确认。

编制说明:

1. 本工作底稿按被审计单位全部银行存款各开户行和账号汇总反映。

2. 银行存款账面余额与银行对账单余额一致时,只将银行存款对账单或银行证明附后,不一致时,应将银行存款余额调节表及对账单或银行证明附后(银行存款余额调节表应提请被审计单位编制)。

3. 某账户银行存款若为外币银行存款应加说明栏注明币别、外币金额、折算汇率,若为定期存款应注明存款期间及利率。

4. 银行存款询证函附于本工作底稿之后。

第七章 货币资金和特殊项目审计工作底稿的编制

银行余额调节表

20 年 月 日

编制人：	日期：	索引号：A1-2/2
复核人：	日期：	页次：1
户别：	币别：	

项　　目

银行对账单余额（　年 月 日）

　加：企业已收,银行尚未入账金额
　　　其中：1. _____ 元
　　　　　　2. _____ 元
　　　　　　3. _____ 元
　减：企业已付,银行尚未入账金额
　　　其中：1. _____ 元
　　　　　　2. _____ 元
　　　　　　3. _____ 元
调整后银行对账单余额

企业银行存款日记账金额（　年 月 日）
　加：银行已收,企业尚未入账金额
　　　其中：1. _____ 元
　　　　　　2. _____ 元
　　　　　　3. _____ 元
　减：银行已付,企业尚未入账金额
　　　其中：1. _____ 元
　　　　　　2. _____ 元
　　　　　　3. _____ 元
调整后企业银行日记账金额

经办会计人员：(签字)　　　　　　　　　　　　　会计主管：(签字)

编制说明：
1. 本表应按不同的银行账户及货币种类由被审计单位分别编制。
2. 审计人员应对未达账项进行分析并确定是否需要调整,指出原因,将此调整反映在该账户具体审计工作底稿中。
3. 调整后银行对账单金额应与企业银行存款日记账金额一致。

附录

教学中审计工作底稿参考格式与填制要求

综合类工作底稿基本格式与填制要求

格式1

综合类工作底稿基本格式

	签 名	日 期	索 引
编制人			
复核人			页 次

被审计单位名称＿＿＿＿＿＿＿

审 计 项 目 名 称＿＿＿＿＿＿＿

会计期间或截止日期＿＿＿＿＿＿＿

索引号	审计内容及说明	金　　额
	审计程序实施记录 审计标识说明 资料来源说明	（交叉索引号）
审计结论：		

编制说明：

  1. 列明该审计项目的未审金额，即被审计单位的账簿记录或会计报表数。

  2. 列明需调整或重分类金额及原因。

  3. 计算审定后金额。

  4. 按《年度会计报表审计规范指南》要求实施审计程序，在底稿中列明抽查验证、计算确认、专业判断等审计过程，并应注明资料来源。

  5. 列明本审计工作底稿与其他审计工作底稿相互交叉索引关系。

  6. 列明各种审计表示意义。

  7. 明确表述审计结论。

附录　教学中审计工作底稿参考格式与填制要求

格式2

××会计师事务所
审计约定事项控制表

被审单位名称			
地　　址		委托目的	
联 系 人		约定书编号	
电话、传真		审计期间	
审计开始日		预计收费	
预定完成日		实际收费	
实际完成日		报告书份数	

重要事项完成核对表

　　　　　　　　完成　　　　　未完成　　　　　说　明

1. 审计计划

2. 内部控制制度问卷

3. 实物盘点

4. 复核审计工作底稿

5. 上年审计结转事项处理

6. 被审计单位说明书

7. 期后事项的财务影响

8. 或有损失的财务影响

9. 重要的董事会纪要

10. 审计总结

　　主任会计师_____　　　部门经理_____　　　项目经理_____

编制说明：
1. 本表控制审计约定事项报告阶段需关注的重要事项。
2. 重要事项完成核对表内容可以根据实际情况增减。
3. 如未完成某事项，应在"说明"栏中详细阐述原因，并分析该事项对审计意见的影响。

格式3

审计约定事项工时及费用控制表

	签 名	日 期	索 引
编制人			
复核人			页 次

被审计单位名称＿＿＿＿＿＿＿＿＿

会 计 期 间＿＿＿＿＿＿＿＿＿

职　别	工时费率(元/小时)	计　划		实　际	
		工　时	费　用	工　时	费　用
主任会计师					
部门经理					
项目经理					
助理人员					
其他人员					
合　　计					

审计费用　　　　　RMB

回收率

重大差异原因分析

编制说明：

1. 本表用于控制审计约定事项工时耗费,最终评价该事项的效率及收益。
2. 工时应根据审计计划预算数及实际耗用数分别填写。
3. 职别应根据各会计师事务所业务管理的要求填列。
4. 填写回收率是用未审计费用除以工时费用合计,以预算本项目的收益情况。
5. 重大差异原因分析应说明计划工时费用与实际工时费用之间的差异、实际收取审计费用与计划收取审计费用之间的差异,差异是否重大由会计师事务所根据所内管理之要求自行判断。
6. 其他人员是指会计师事务所聘用的专家或其他人员。

格式 4

试 算 平 衡 表

	签 名	日 期	索 引
编制人			
复核人			页 次

被审计单位名称_____

会计期间或截止日期_____

索引号	报表项目名称	未审金额	调整金额		重分类金额		审定金额	上年审定金额
			借方	贷方	借方	贷方		
合 计								

编制说明：

1. 通过编制本表可控制和汇总全部审计项目工作底稿。

2. 报表项目名称按资产负债表、利润表项目分别列示。

3. 未审金额即为被审计单位提供的未审计会计报表列示的金额。

4. 调整金额、重分类金额根据审计差异调整表——调整分录汇总表、重分类汇总表中列示的各会计科目金额填写。报表项目有若干笔调整或重分类分录先在"T"形账户汇总后过入本表。

5. 索引号系按该报表项目审计工作底稿索引号填列。

6. 本试算平衡表可根据资产类、负债类、损益类项目分别编制。

格式 5-1

审计差异调整表
——调整分录汇总表

	签 名	日 期	索 引
编制人			
复核人			页 次

被审计单位名称_____

会计期间或截止日期_____

序 号	索引号	调整分录及说明	资产负债表		利润表		被审计单位调整情况及未调整原因
			借方	贷方	借方	贷方	
合　　计						

编制说明：

1. 本表用于汇总审计过程中发现的应调整事项。

2. 根据调整分录借、贷方归属资产类、负债类或损益类，将其对应的金额分别填入"资产负债表"、"利润表"的"借方"、"贷方"。

3. 索引号根据调整分录所在审计工作底稿索引号填写。

4. 必须将调整原因列于调整分录之后。

格式 5-2

审计差异调整表
——重分类分录汇总表

	签名	日期	索引
编制人			
复核人			页次

被审计单位名称＿＿＿＿＿＿＿＿＿

会 计 期 间＿＿＿＿＿＿＿＿＿

序号	索引号	重分类分录及说明	资产负债表		利润表		被审计单位调整情况及未调整原因
			借方	贷方	借方	贷方	
		合计					

编制说明：

1. 本表用于汇总审计过程中发现的需重分类事项。

2. 根据重分类分录借、贷方归属资产类、负债类或损益类，将其对应的金额分别填入"资产负债表"、"利润表"的"借方"、"贷方"。

3. 索引号根据该重分类分录所在审计工作底稿索引号填写。

4. 必须将重分类原因列于重分类分录之后。

格式 5-3

审计差异调整表
——未调整不符事项汇总表

	签 名	日 期	索 引
编制人			
复核人			页　次

被审计单位名称_____

会 计 期 间_____

序　号	索引号	调整分录及说明	资产负债表借(贷)	利润表借(贷)
		合　　计		

未予调整的影响　　　项　目　　　　金　额　　　　百分比

1. 净利润　　　　　_____　　_____　　_____

2. 净资产　　　　　_____　　_____　　_____

3. 资产负债表　　　_____　　_____　　_____

　　　　　　　　　　_____　　_____　　_____

结论：_____

编制说明：

1. 本表用于汇总被审计单位未经调整的审计差异。

2. 如汇总后对净利润、净资产等影响超过重要性水平，则需提请被审计单位进行调整。

格式 6

审 计 程 序 表

被审计单位名称_____

审计项目名称_____

会 计 期 间_____

	签 名	日 期	索 引
编制人			
复核人			页 次

	执 行 情 况		
	工作底稿索引	执 行 人	日 期
一、审计目标 1. 2. …… 二、审计程序 1. 2. ……			

编制说明：

1. 本表可代替编制具体审计计划。
2. 目标及程序根据《年度会计报表审计规范指南》要求填列。
3. 执行情况根据实际执行人、时间和相关的工作底稿索引号填列。

格式 7

符合性测试工作底稿格式

被审计单位名称＿＿＿＿＿＿＿

审计项目名称＿＿＿＿＿＿＿

会 计 期 间＿＿＿＿＿＿＿

	签 名	日 期	索 引
编制人			
复核人			页 次

序号	样本	样本的主要内容			测试内容			备注

结论：

编制说明：

1. 本表用于测试某项业务内部控制制度的实际执行情况。
2. 样本应根据审计程序及公司业务特点抽取。
3. 测试内容应根据该项业务相关内部控制的关键控制点设置。
4. 结论为对该项业务相关内部控制制度执行情况作出的评价,应明确其是否可以信赖,并说明对实质性测试的影响。

附录　教学中审计工作底稿参考格式与填制要求　　　·325·

格式 8-1

截止性测试工作底稿格式

	签 名	日 期	索 引
编制人			
复核人			页 次

被审计单位名称_____

审计项目名称_____

会 计 期 间_____

序号	样　本	样　本　内　容			测　试　内　容			备　注
	本年度最后若干样本							
	下年度最初若干样本							

结论：

编制说明：

1. 本表用于测试某项业务是否按权责发生制原则进行账簿记录，并确认需要调整的跨年度事项。

2. 样本应根据《年度会计报表审计规范指南》要求，抽取本年度最后若干样本和下年度最初若干样本。

3. 测试内容根据审计程序按照反映权责发生制原则的要求设置。

格式 8-2

分析性测试工作底稿
——横向分析

	签 名	日 期	索 引
编制人			
复核人			页 次

被审计单位名称＿＿＿＿＿＿＿

会计期间或截止日＿＿＿＿＿＿＿

项　　目	20××		20××		20××	
	％	金额	％	金额	％	金额
（按有关项目设置）						
资产类						
负债类						
所有者权益类						
损益类						

结论：

编制说明：

1. 通过分析性测试工作底稿初步判断审计约定事项的重点区域及风险。
2. 分析性测试选取的项目根据要求计判断确定。
3. 分析性测试数据的审计当年度为第一栏，上年度为第二栏，以此类推，可选取若干年作对比，金额可根据实际情况以百元、千元为单位。
4. 选取以前年度数据为对比数时，如经审计应以审定数为准。
5. ％是同一项目当年度金额与上一年度金额比较的增长率。
6. 完成分析性测试后应初步评估重点审计区域，并对异常项目作出初步分析。

格式 8-3

分析性测试工作底稿
——纵向分析

被审计单位名称_____

会计期间或截止日_____

	签名	日期	索引
编制人			
复核人			页次

项目	20×× 金额	%	20×× 金额	%	20×× 金额	%
(按有关项目设置)						
流动资产						
长期资产						
资产总计		100		100		100
流动负债						
长期负债						
所有者权益						
负债及所有者权益总计		100		100		100
营业收入						
营业成本						
管理费用						
净利润		100		100		100

结论：

编制说明：

1. %是同一项目当年金额与上一年度金额比较的增长率。
2. 选取以前年度数据为对比数时，如经审计应以审定数为准。

格式 8-4

分析性测试工作底稿
——比率分析

	签 名	日 期	索 引
编制人			
复核人			页 次

被审计单位名称＿＿＿＿＿＿＿＿

会计期间或截止日＿＿＿＿＿＿＿＿

项　　目	20××	20××	20××
（按有关比率列示）			
流动比率			
速动比率			

结论：

编制说明：

1. 通过分析性测试工作底稿初步判断审计约定事项的重点区域及风险。

2. 分析性测试选取的比率项目根据要求判断确定。

3. 分析性测试数据的审计当年度为第一栏，上年度为第二栏，以此类推，可选择若干年作对比，金额可根据实际情况以百元、千元为单位。

4. 选取以前年度数据为对比数时，如经审计应以审定数为准。

5. 完成分析性测试后应初步评估重点审计区域，并对异常项目作出初步分析。

业务类审计工作底稿的填制与要求

格式 9-1

询 证 函

致：_____　　　　　　　　　　　　　　　　　编号：_____

　　本公司聘请的_____会计师事务所正在对本公司会计报表进行审计，按照《中国注册会计师独立审计准则》的要求，应当询证本公司与贵公司的往来账项，下列数据出自本公司账簿记录，如与贵公司记录相符，请在本函下端"数据证明无误"处签章证明；如有不符，请在"数据不符及需加说明事项"处详为指正。回函请直接寄至_____会计师事务所。

地址_____邮编_____电话_____

传真_____（本函仅为复核账目之用，并非催款结算）

截止日期	贵公司欠	欠贵公司	备　注

若款项在上述日期之后已经付清，仍请及时函复为盼。

　　　　　　　　　　　　　　　　　　　　　　　　　　_____
　　　　　　　　　　　　　　　　　　　　　　　　　　（公司印鉴）

数据证明无误

签章_____　　　　日期_____

数据不符需加说明事项

签章_____　　　　日期_____

格式 9-2

银行往来询证函

致：_____　　　　　　　　　　　　　　编号：_____

　　本公司聘请的_____会计师事务所正在对本公司会计报表进行审计，按照《中国注册会计师独立审计准则》的要求，应当询证本公司与贵行的存款、贷款往来，下列数额出自本公司账簿记录，如与贵行记录相符，请在本函下端"数据证明无误"处签章证明；如有不符，请在"数据不符及需加说明事项"处详为指正。回函请直接寄至_____会计师事务所。

地址_____ 邮编_____ 电话_____ 传真_____

1. 存款户　　　　　　　　　　　　　　　　　　截至　　年　　月　　日

银行账号	账户性质	原币金额	备注

2. 贷款户　　　　　　　　　　　　　　　　　　截至　　年　　月　　日

贷款性质	担保或抵押	贷款起止期	利率	贷款金额	备注

　　　　　　　　　　　　　　　　　　　　　　　　　　_____
　　　　　　　　　　　　　　　　　　　　　　　　　　　（公司印鉴）

数据证明无误

签章_____　　　日期_____

数据不符需加说明事项

签章_____　　　日期_____

格式 10

生产成本及销售成本倒轧表

被审计单位名称＿＿＿＿＿＿＿

审计项目名称＿＿＿＿＿＿＿

会 计 期 间＿＿＿＿＿＿＿

	签 名	日 期	索 引
编制人			
复核人			页 次

索引号	项　　　　目	未审数	调整或重分类金额借（贷）	审定数
	原材料期初余额			
	加：本期购进			
	减：原材料期末余额			
	其他发出额			
	直接材料成本			
	加：直接人工成本			
	制造费用			
	生产成本			
	加：在产品期初余额			
	减：在产品期末余额			
	产品生产成本			
	加：产成品期初余额			
	减：产成品期末余额			
	产品销售成本			
	审计标识说明： 审计结论：			

编制说明：

1. 本表用于控制各有关成本计算项目，以倒轧方式计算销售成本。
2. 原材料、在产品、产成品期初余额应与上年度审定数一致。
3. 本期购进、直接人工成本、制造费用与相关工作底稿一致。
4. 原材料、在产品、产成品期末余额应与存货汇总表中各有关项目审定数一致。
5. 索引号按各有关审计工作底稿索引号填列。
6. 可按不同产品分别编制本表。

格式 11

被审计单位基本概况表

被审计单位全称

  中文_____

  英文_____

  法人代表_____地址_____电话_____

  企业性质_____

生产经营范围 主营_____

        兼营_____

投资总额_____

注册资本_____

投资者名称及出资比例、出资额

公司内部组织结构图

管理人员结构图

会计与财务部门结构图

格式 12

内部控制制度调查问卷

被审计单位名称＿＿＿＿＿＿＿
会 计 期 间＿＿＿＿＿＿＿

	签　名	日　期	索　引
编制人			
复核人			页　次

问　　题	回　　答			
	是	否	不适用	说明

一、内部控制环境

　　1. 客户是否有当前组织结构图，如有，复印存档。

　　2. 客户是否由内审机构。

　　3. 客户是否定期编制会计报表等呈报管理部门。

二、内部控制程序

　　1. 现金收入

　　2. 现金支出

　　3. 采购或存货管理

　　　A. 采购存货是否由生产部门或仓库管理部门提出申请

　　　B. 是否设有永续盘存记录

　　4. 销货及应收账款、应收票据

编制说明：

　1. 本问卷根据被审计单位业务特点设置内控环节调查关键点(问题)。

　2. 本问卷应在符合性测试和实质性测试前完成。

　3. 对每项业务内控调查完成后，对被审计单位内控是否适当发表意见，对内控弱点，提出客户应采取的改进方法，并评价内控弱点对实质性测试的影响。

　4. 审计结束后，就被审计单位执行内控情况作出评价。

格式 13

库存现金审定表

被审计单位名称	×××公司	签 名	日 期	索引号	A1-1
		编制人			
审 计 项 目	现 金	复核人		页次	1
会计期间或截止日					
索 引 号	项 目	金 额		备 注	
	现金清点日调整后现金余额	**		与实点数差 **	
	加：审计截止日至现金清点日			元为跨日借条	
	的支出金额	** T			
	减：审计截止日至现金清点日				
	的收入金额	** T			
	12.31 账面余额	** G⌒			
	调整(1)	**			
	(2)	**			
	审定金额	** T/B			
	审计标识说明： 　G　与总分类账核对一致　　　　T/B　与试算平衡表核对一致 　T　与原始凭证核对一致　　　　⌒　纵加核对 审计结论：经调整后库存现金余额可以确认。				

编制说明：

1. 经现金清点，如果清点数与账面余额一致，被审计单位内控手续比较严密等，审计人员经判断可省略倒轧程序直接填列"账面余额"项目。

2. "A1-1/1"为本底稿附属审计工作底稿编号。

3. 若有外币现金账户，可单独编制审计工作底稿，最终应编制现金汇总表。

4. 如采用统一审计标识，可不必在每张审计工作底稿中说明其含义，可以在综合类审计工作底稿中放入审计统一标识及说明表。

附录　教学中审计工作底稿参考格式与填制要求

格式 14

库存现金盘点表或截止测试表

被审计单位名称	×××公司	签　名	日　期	索引号	A_1-1/1
		编制人			
审　计　项　目	现金人民币	复核人		页　次	1
会　计　期　间					

清　点　现　金			核　对　账　目						
货币面额	张数	金　额	年	月	日	至	年	月	日	项　　　目	金额
100元	*	***	**							现金账面余额	
50元	*	***									
10元	*	***								加:收入凭证未记账	
5元	*	***									
2元	*									减:付出凭证未记账	
1元	*										
5角	*									加:跨日收入	
2角	*	***									
1角	*									加:跨日借条	
5分	*										
2分	*	***								调整后现金余额	
1分	*	***								实点现金 　长款金额 　短款金额	
实点	合计	***									

签字：企业负责人　　　　会计主管　　　　　出纳员　　　　　本所人员

编制说明：

1. 本审计工作底稿为现金汇总底稿的附表。

2. 根据盘点情况填列,注册会计师应监督盘点进行,并要求盘点人员签字。

3. 若有外币现金,应单独编制盘点表。

格式 15

银行存款审定表

被审计单位名称	×××公司	签名	日期	索引号	A1-2
		编制人			
审计项目	银行存款	复核人		页次	1
会计期间或截止日	20 年12月31日				

索引号	开户银行及账户	未审数	调整借(贷)	审定数
A2-1	中国银行**支行 11H8725-1	*** S	***	*** C
A2-2	合计	*** *** G	***	*** T/B

审计标识说明：

S 与明细分类账核对一致　　　　　　G 与总分类账核对一致

C 已发询证函　　　　　　　　　　　T/B 与试算平衡表核对一致

∧ 纵加核对　　　　　　　　　　　　< 横加核对

审计结论：经调整后银行存款可以确认。

编制说明：

1. 审计工作底稿按被审计单位全部银行存款各开户行和账号汇总反映。

2. 行存款账面余额与银行对账单余额一致时，只将银行存款对账单或银行证明附后，不一致时，应将银行存款余额调节表及对账单或银行证明附后（银行存款余额调节表应提请被审计单位编制）。

3. 某账户银行存款若为外币银行存款应加说明栏注明币别、外币金额、折算汇率，若为定期存款应注明存款期间及利率。

4. 银行存款往来询证函附于本工作底稿之后。

格式 16

银行存款明细账户审定表

被审计单位名称	×××公司		签 名	日 期	索引号	A1-2/1
		编制人				
审 计 项 目	银行存款——中行 ××支行××账户	复核人			页 次	
会计期间或截止日	20　年 12 月 31 日					
A2-1/2	银行对账单金额 企业账面余额 应与调整未达账项 1. 　　　（说明原因） 2.		*** *** *** S *** ***			
AJE1 　　借：银行存款 　　　　贷： AJE2 　　借： 　　　　贷：银行存款					**账户 ** *** *** **账户 **	
审计标识说明： 　S　与明细分类账核对一致 　∧　纵加核对 审计结论：调整后 *** 账户余额可以确认。						

格式 17

银行余额调节表
20 年 月 日

编制人：　　　　日期：　　　　索引号：A1-2/2
复核人：　　　　日期：　　　　页次：1

户别：　　　　　　币别：

项 目	
银行对账单余额（　　年　月　日）	

加：企业已收,银行尚未入账金额
　　其中：1._____元
　　　　　2._____元
减：企业已付,银行尚未入账金额
　　其中：1._____元
　　　　　2._____元
调整后银行对账单余额
企业银行存款日记账金额（　　年　月　日）
加：银行已收,企业尚未入账金额
　　其中：1._____元
　　　　　2._____元
减：银行已付,企业尚未入账金额
　　其中：1._____元
　　　　　2._____元
调整后企业银行日记账金额

经办会计人员：(签字)　　　　　　　　　　会计主管：(签字)

编制说明：
　1. 本表应按不同的银行账户及货币种类由被审计单位分别编制。
　2. 审计人员应对未达账项进行分析,并确定是否需要调整及原因,将调整反映在该账户具体审计工作底稿中。
　3. 调整后银行对账单金额应与企业银行存款日记账金额一致。

格式 18

交易性金融资产审定表

被审计单位名称	×××公司	签名	日期	索引号	A2
		编制人			
审 计 项 目	交易性金融资产	复核人		页 次	
会计期间或截止日	20 年12月31日				

索引号	项目	说明	金额	备注
	1. 股票	市价**元	**	号码1043
	普通股,购进单价元			
	普通股,购进单价元	市价**元	**	号码1044
	小计		**	
	2. 债券			
	***债券数量××,购进单价	市价**元	**	
	***元	证明单据	_____G	
	审定数		** T/B	

审计标识说明：

G　与总分类账核对一致

T/B　与试算平衡表核对一致

⌒　纵加核对

审计结论：交易性金融资产期末余额可以确认,其年末市价为×××元。

编制说明：

1. 短期投资各明细账目若内容较多,可分别开立审计工作底稿,并作为本审计工作底稿的附件。
2. 项目按短期投资明细科目填制。
3. 应标明各股票、债券的期末市价。
4. 本审计工作底稿应与计算有关短期投资产生损益的工作底稿相互勾稽。

格式 19

应收账款审定表

被审计单位名称	×××公司	签 名	日 期	索引号	A4-1
		编制人			
审 计 项 目	应收账款汇总表	复核人		页 次	1
会计期间或截止日		20 年 月 日			

索引号	单位名称	未审数	调 整	重分类	审定数	备 注
A4-1	甲	***S			***C	
	乙	***S	***	***	***C	
	丙	***S			***C	
	合计	***G ⌒	*** ⌒	*** ⌒	***＜T/B ⌒	

审计标识说明：

S　与明细分类账核对一致

G　与总分类账核对一致

T/B　与试算平衡表核对一致

⌒　纵加核对

＜　横加核对

审计结论：调整重分类后应收账款余额可以确认。

编制说明：

1. 本审计工作底稿应将应收账款的每一明细账户列入，如应收账款明细账户过多，可要求被审计单位详列，经审核后，作为本工作底稿附件。

2. 外币应收账款应列明原币金额及折合汇率。

3. 收回的询证函、替代性测试审计工作底稿附在本审计工作底稿之后。

4. 备注栏可填写主要业务内容或异常情况说明。

格式 20

应收账款明细账户审定表

被审计单位名称	×××公司		签 名	日 期	索引号	A4-1/1
		编制人				
审 计 项 目	应收账款——甲	复核人			页 次	1
会计期间或截止日	20 年12月31日					

索引号	内　　容	凭证号	金　　额
	期初余额		***B
	加：1.（本期新增应收账款主要业务内容）		***T
	2.		***T
	3.		***T
	减：收款		
	1.		***T
	2.		***T
	3.		***T
	期末余额		***A4

审计标识说明：

 C　已发询证函　　　　　T　与原始凭证核对一致

 B　与上年结转数核对一致　　∧　纵加核对

审计说明：

1. 本年新增应收账款业务已检查有关的业务合同、销售发票和货运单等。
2. 收回账款已查银行单据无误。
3. 已发函未回。

审计结论：经替代测试后，应收账款——甲期末余额可以确认。

编制说明：

 1. 在某一应收账款余额受整个会计期间发生的业务的影响，而分不清是受哪一（几）笔业务的影响时，编制本表。

 2. 若某一应收账款余额是由某一（几）笔业务组成的，则不必编制此表，而通过检查其期后款项收回情况或该一（几）笔业务的销售合同、销售发票和货运单等对应收账款余额进行确认。

格式 21

坏账准备审定表

被审计单位名称	×××公司		签 名	日 期	索引号	A5
		编制人				
审 计 项 目	坏账准备	复核人			页 次	1
会计期间或截止日	20　年12月31日					

说　　　　明	金　　　额
年末应提坏账准备余额 （按年末应收账款余额 *** 的 * ％计算） 实际账面余额 应调整 AJE 　　借：管理费用（坏账准备）　　　　　*** 　　贷：坏账准备（管理费用）　　　　　***	*** T/B *** G ***

审计标识说明：

　T/B　与试算平衡表核对一致

　G　与总分类账核对一致

　∧　纵加核对

审计结论：经调整后坏账准备余额可以确认。

编制说明：

1. 本审计工作底稿用以核对计算年末坏账准备。
2. 计提坏账准备应以审定后应收账款余额为基数，计提比例根据被审计单位会计政策确定。

格式 22

存 货 审 定 表

被审计单位名称	×××公司		签名	日期	索引号	A8
		编制人				
审 计 项 目	存 货	复核人			页次	1
会计期间或截止日	20　年12月31日					

索引号	项目	未 审 数	调 整 数	已 审 数
A8-1	原材料	***	***	***
A8-2	在产品	***	***	***
A8-3	产成品	***	***	***
	合 计	*** G	***	*** T/B<

审计标识说明：

⌃　纵加核对

<　横加核对

G　与总分类账核对一致

T/B　与试算平衡表核对一致

审计结论：调整后存货余额可以确认。

编制说明：

1. 本审计工作底稿项目栏根据存货所属各明细科目填列，且各科目应相应编制审计工作底稿作为本审计工作底稿附件。

2. 根据《年度报表审计规范指南》要求编制有关存货审计的审计工作底稿，如复核性测试、计价测试、盘点备忘录等均列于本审计工作底稿之后。

格式 23

存货明细账户审定表

被审计单位名称	×××公司	签 名	日 期	索引号	A8-1
		编制人			
审 计 项 目	存货——原材料	复核人		页 次	1
会计期间或截止日	20　年12月31日				

索引号	项 目 与 说 明	金　额	备　注
	原料及主要材料	**	
	辅助材料	**	
	修理用备件	**	
	12.31账面余额	** G	
	调整1.	**	
	2.	**	
	审定数	** A8	

审计标识说明：

　　G　与总分类账核对一致　　　　　　＾　纵加核对

审计结论：调整后原材料期末余额可以确认。

编制说明：

1. 本审计工作底稿项目栏按原材料明细科目填列。
2. 原材料各明细科目内容如果较多，可单独开立审计工作底稿，如原材料及主要材料明细科目。
3. 本审计工作底稿应反映出计价测试、盘点的结论与本审计工作底稿之间的关系。

格式 24

存 货 抽 查 表

被审计单位名称	×××公司			签名	日期	索引号	A8-2
			编制人				
审 计 项 目	存货抽查情况		复核人			页次	1
会计期间或截止日	20 年12月31日						

存货名称和规格	单价	单价	盘点前账面记录		尚未入账数				企业盘点记录	抽查记录	备注
					入库		发出				
			数量	金额	数量	金额	数量	金额			
合计											

编制说明：

1. 本表主要用作审计人员现场监督被审计单位有关人员年终盘点时的记录，也可用于审计人员的临时性抽查。

2. 表中数据可先由被审计单位提供，再由审计人员与实物和仓储记录核对，也可以由审计人员自行清点实物后登记，再与企业的盘点记录核对，实际采用的核对方法，应当运用核对标记和附注等加以说明。

3. 对于发现的误差，应当在"备注"栏内注明情况和处理办法。

4. 存货的抽查比例和方法，应在审计工作底稿中加以说明。

格式 25

存货计价测试表

被审计单位名称	×××公司		签 名	日 期	索引号	A8-3
		编制人				
审 计 项 目	存货计价测试	复核人			页 次	1
会计期间或截止日	20 年12月31日					

存货编号	存货名称和规格	账面存货记录		进 货 发 票 内 容				
		数量	单价	卖方单位	日期	发票号码	数量	单价

审计结论：存货的计价方法恰当，并与一贯采用的会计政策一致。

编制说明：

1. 本审计工作底稿用于测试某项存货所采用的计价方法，如先进先出法、月末一次加权平均法、移动加权平均法等。

2. 本表用于抽查时，应注明抽查部分占总额的金额比例。

3. 进货发票内容的选择应根据被审计单位实现确定的计价政策而定。

4. 结论应表明该项存货是按照某种计价政策执行的或未按规定计价政策执行，应调整的金额，并作出调整分录。

附录　教学中审计工作底稿参考格式与填制要求　　·347·

格式 26

长期待摊费用审定表

被审计单位名称	×××公司	签　名	日　期	索引号	A9
		编制人			
审 计 项 目	长期待摊费用	复核人		页　次	1
会计期间或截止日	20　年12月31日				

索引	项　目	金　额	备　注
	待摊租金	***	(1)
	待摊保险费	***	(2)
	利息	***	不重大
	审定数	*** G T/B	

审计标识说明：

⌒　纵加核对

T/B　与试算平衡表核对一致

T　与原始凭证核对一致

审计说明：

(1) 租金：每年7月7日预付一年，预付金额 *** T

　　　待摊费用 = *** − 6 ÷ 12 × (***) = ** （合理）

(2) 保险费：每年3月4日预付一年，预付金额 *** T

　　　保险费用 = *** − 9 ÷ 12 × (***) = ** （合理）

审计结论：待摊费用摊销计算正确，期末余额可以确认。

编制说明：

1. 本审计工作底稿应按费用项目分类，并注明费用项目的受益期限。
2. 对数额较大的待摊费用，应审查其有关凭据，并对其摊销数额是否合理记录于本审计工作底稿或另行编制审计工作底稿加以说明。

格式 27

长期股权投资审定表

被审计单位名称	×××公司	签 名	日 期	索引号	B1
		编制人			
审 计 项 目	长期股权投资	复核人		页 次	1
会计期间或截止日		20 年12月31日			

索引号	投资单位及比例	未审数	调 整	已审数
	甲 *%	***S	***	***
	乙 *%	***S		
	丙 *%	***S		
	合计	***G	***^	***T/B
	（抽查记录）			
	甲第一次出资	***T		
	甲第二次出资	***T		
	权益法调整	***T		

审计标识说明：
  S　与明细分类账核对一致　　　　　　T　与原始凭证核对一致
  T/B　与试算平衡表核对一致　　　　　　G　与总分类账核对一致
  <　横加核对　　　　　　　　　　　　^　纵加核对

审计说明：
1. 已检查过联营协议（参见永久性档案）及付款凭证。
2. 在企业有关人员在场情况下，检查了企业债券证明及付款凭据。
3. 已检查了企业实物投资的产权证明及移交手续。
4. 权益法调整已核对被审计单位已审会计报表。

审计结论：经调整后长期投资可以确认。

编制说明：

  1. 本审计工作底稿用以审定汇总的各项长期投资。

  2. 注册会计师应根据各项长期投资情况决定是否编制有关审计工作底稿，作为本审计底稿的补充。

  3. 有关各项长期投资的法律性文件应收集归入永久性档案，并将其中对当年度有影响的部分摘录或复印于本审计工作底稿之后。

格式 28

固定资产及累计折旧审定表

被审计单位名称	×××公司	签 名	日 期	索引号	C1
		编制人			
审 计 项 目	固定资产及累计折旧汇总表	复核人		页 次	1
会计期间或截止日	20 年12月31日				

索引号	资 产 分 类	期初余额	本年增加	本年减少	期末余额
	一、固定资产原价				
	1. 房屋及建筑物	***			***
C1-2	2. 机器设备	***	***		***
	3. 电子设备	***		***	***
	小计	***	***	***	***＜G
	二、累计折旧				
	1. 房屋及建筑物	***	***	***	***
	2. 机器设备	***	∧	∧	***
	1. 电子设备	***∧			***＜G
C1-2	小计	*** B			*** T/B
	三、固定资产净值				

审计标识说明：

　B　与上年结转数核对一致　　　　　　T/B　与试算平衡表核对一致

　G　与总分类账核对一致　　　　　　　＜　横加核对

　∧　纵加核对

审计结论：固定资产及累计折旧期末余额可以确认。

编制说明：

1. 本审计工作底稿用于汇总被审计单位各类固定资产及累计折旧审计后期末余额。
2. 可根据各类固定资产分别编制审计工作底稿并检查其增、减变动。
3. 本年增加折旧应与各费用汇总表中折旧合计数相一致。
4. 本审计工作底稿中还应反映计提的折旧在各费用中的分配原则及本年度应分配的数额，并与各费用汇总表中的"折旧费"交叉索引。

格式 29

固定资产明细账户审定表

被审计单位名称	×××公司	签名	日期	索引号	C1-1
		编制人			
审计项目	固定资产——机器设备	复核人		页次	1
会计期间或截止日	20　年12月31日				

索引	项目	金额	说明
	一、原价		
	期初余额	***B	
	本年购进		
	1.（设备名称、规格）	***T	应提折旧*月，已盘点实物
	2.	***T	应提折旧*月，已盘点实物
	期末余额	***S	
	二、累计折旧	***B	机器设备年折旧率9%
	期初余额		
	本年计提（见计算说明）		
		***S	
	期末余额	∧	

审计标识说明：

　　B　与上年结转数核对一致　　　　S　与明细分类账核对一致

　　T　与原始凭证核对一致　　　　　∧　纵加核对

计算说明：

本年计提折旧＝固定资产年初余额×9％＋本年增加×计提月份÷12×9％

与企业计提数相差**，数额较小，不作调整。

审计结轮：机器设备期末余额及折旧计提正确。

格式 30

固定资产抽查表

被审计单位名称	×××公司		签名	日期	索引号	C1-2
		编制人				
审 计 项 目	固定资产抽查情况	复核人			页次	1
会计期间或截止日	20 年12月31日					

项目	数量	账 面 数 额				盘 点 核 实			
		数量	原值	已提折旧	净值	数量	原值	已提折旧	净值
合计									

编制说明：

1. 本表主要用作审计人员现场监督被审计单位有关人员年终盘点的记录，也可以用于审计人员的临时性抽查。

2. 本表中数据先由被审计单位提供，再由审计人员与实物和资产记录核对，也可以由审计人员自行清点实物和查阅资产记录，与被审计单位盘点核对。实际采用的核对方法，应当在"备注"栏注明。

3. 对于发现的误差应在"备注"栏注明情况和处理方法。

4. 本表的抽查比例和方法可在适当的审计工作底稿中加以说明。

格式 31

在建工程审定表

被审计单位名称	×××公司		签名	日期	索引号	C3
		编制人				
审计项目	在建工程	复核人			页次	1
会计期间或截止日	20 年12月31日					

索引号	项目	说明	金额	备注
C3-1 合计	1. 未完建筑工程 2. 未完安装工程 3. 待转已完工程 4. 待安装设备 5. 工程用料结存 6. 预付工程价款 7. 待摊工程管理费 12.31账面余额 调整： (1) ** 工程 (2) 工程用料结存	(具体工程名称) (调整原因)	** ** ** ** ** ** ** ――― ***G ――― *** *** ――― *** T/B ―^―	

审计标识说明：
  G 与总分类账核对一致   T/B 与试算平衡表核对一致
  ^ 纵加核对
审计结论：调整后在建工程余额可以确认。

编制说明：

1. 本审计工作底稿项目栏根据在建工程明细科目填列，若某明细科目内容较多，可单独开列审计工作底稿。

2. 对各在建工程应按《年度会计报表审计规范指南》要求检查其相关合同、进度、付款情况，并复印合同存于有关审计工作底稿之后，对跨年度工程合同应于审计工作底稿中说明，提请下年度审计时关注，审计工作底稿相应编号应填列有关项目并加注说明。

格式 32

在建工程明细账户审定表

被审计单位名称	×××公司	签 名	日 期	索引号	C3-1
		编制人			
审 计 项 目	在建工程——未完建筑工程	复核人		页 次	1
会计期间或截止日	20 年12月31日				

索引号	项　　　目	金　　额	备　　注
C3-1 合计	1. 一号厂房工程 　　年初数 　加：本年投入数 　减：本年已完工程 　　　转出数 　　小计 2. 二号厂房工程 　年初数 　加：本年投入数 12.31 账面余额	** ** B ** T ** ** < ** B ** T ――― *** S 3C ――― ^	与转入："固定资产"核对一致 审定数

审计标识说明：

　B　与上年结转数核对一致

　T　与原始凭证核对一致

　G　与总分类账核对一致

　^　纵加核对

审计结论：在建工程年末余额可以确认。

格式 33

无形资产审定表

被审计单位名称	×××公司	签 名	日 期	索引号	D1
		编制人			
审 计 项 目	无形资产	复核人		页 次	1
会计期间或截止日	20 年12月31日				

索引号	项 目	说 明	支出总额	已摊销额	本年摊销额	年末余额
	场地使用权	位置、面积、使用期限等	***B	***B	***	***
	场地一		***B	***B	***	***
	场地二		^	^	^	^
	本期购入场地使用权		***T	—	***	***
	场地三		—	—	—	−T/B
	合计		***^	***^	***^	***<

审计标识说明：

 T/B　与试算平衡表核对一致　　　T　与原始凭证核对一致

 ^　纵加核对　　　　　　　　　　G　与总分类账核对一致

 <　横加核对

计算说明：

本年摊销额　场地一 *** ÷使用年限＝ ***

     场地二 *** ÷使用年限＝ ***

     场地三 *** ÷使用年限＝×月份÷12＝ ***

审计结论：无形资产年末余额及本年摊销额可以确认。

编制说明：

 1. 如有多项无形资产，本审计工作底稿应按各类无形资产明细项目分别汇总填列，并可分别编制工作底稿作为本底稿的补充。

 2. 各项无形资产的法律性文件、合同应纳入永久性档案，并在本审计工作底稿中注明索引号。

 3. "本年摊销额"与"管理费用——无形资产摊销"一致，并将此数交叉索引至管理费用工作底稿中。

格式 34

其他资产审定表

被审计单位名称	×××公司		签 名	日 期	索引号	E1
		编制人				
审 计 项 目	其他资产——开办费	复核人			页 次	1
会计期间或截止日	20 年12月31日					

索引号	项 目	说 明	金 额	备 注
	开办费总额		***B	
	减：以前年度		***B	
	摊销额	（按×年摊销）	***	
	本年摊销额	计算说明	***	
	年末余额		***T/B	

审计标识说明：

  B　与上年结转数核对一致　　　　G　与总分类账核对一致

  T/B　与试算平衡表核对一致　　　　∧　纵加核对

计算说明：本年摊销额＝发生总额** ÷ **年＝ **，与企业摊销数一致。

审计结论：其他资产——开办费本年摊销额及年末余额可以确认。

编制说明：

  1. 本审计工作底稿用于反映其他资产（开办费、筹建期间汇兑损益）的发生数是否正确，摊销是否符合规定，计算是否正确。

  2. 如开办费尚未截止，则应检查有关开办发生额的原始凭证。

  3. 其他资产总额减以前年度摊销额应与上年度其他资产审订数一致。

  4. 其他资产本年摊销额应与"管理费用——其他资产摊销"一致，并将此数交叉索引至管理费用审计工作底稿中。

格式 35

短期借款审定表

被审计单位名称	×××公司		签 名	日 期	索引号	F1
		编制人				
审 计 项 目	短期借款	复核人			页 次	1
会计期间或截止日		20 年12月31日				

索引号	单位名称	期 限	利 率	未审数	调 整	已审数
F1-1	甲银行		***	***		*** C
	乙银行		***	***		*** C
	丙银行		***	***	***	***
				***	*** G	*** T/B

审计标识说明：

　C　已发询证函

　G　与总分类账核对一致

　T/B　与试算平衡表核对一致

　∧　纵加核对

审计说明：

1. 已检查有关借款合同协议。

2. 外币借款折算汇率已按年末汇率调整正确。

审计结论：短期借款期末余额可以确认。

编制说明：

1. 本审计工作底稿按被审计单位各项短期借款(长期借款类同)汇总填列。

2. 若有外币借款,应在本审计工作底稿中标明原币及折合汇率。

3. 根据本工作底稿测算利息支出,并与财务费用——利息支出相互勾稽。

格式 36

短期借款明细账户审定表

被审计单位名称	×××公司		签名	日期	索引号	F1-1
		编制人				
审计项目	短期借款——甲银行	复核人			页次	1
会计期间或截止日	20　年12月31日					

内　容	金　额	期限	利率	备　注
1. 向甲银行借流动资金				（借款条件等）
	***T			
	***T			
	***T			
2. 向甲银行借周转金	***T			
美元**@8.35	———			
减：归还借款	**SCF1			
	———			

审计标识说明：

　T　与原始凭证核对一致

　S　与明细分类账核对一致

　C　已发询证函

　⌒　纵加核对

审计说明：

1. 已检查过进账凭单及应计利息等。
2. 已复核过还款凭单。

审计结论：短期借款期末金额可以确认。

格式 37

应付账款审定表

被审计单位名称	×××公司	签 名		日 期		索引号	F3
		编制人					
审 计 项 目	应付账款	复核人				页次	1
会计期间或截止日	20　年12月31日						

索引号	单位名称	未审数	调整	重分类	审定数	备注
F3-1	甲	***S	***	***	***C	
	乙	***S			***	
	丙	***S			***C	
	丁					
	……					
	合计	———	———	———	———	
		***G	***	***	***＜T/B	
		⌒	⌒	⌒	⌒	

审计标识说明：

　　S　与明细分类账核对一致　　　　G　与总分类账核对一致

　　T/B　与试算平衡表核对一致　　　⌒　纵加核对

审计结论：调整重分类后余额可以确认。

编制说明：

　　1. 本审计工作底稿应将应付账款的每一明细账户列入，如应付账款明细账户过多，可要求被审计单位详列清单，经审核后，作为本审计工作底稿的附件。

　　2. 外币应付账款应列明原币金额及折合汇率。

　　3. 收回的询证函、替代性测试、账龄分析等审计工作底稿附在本审计工作底稿之后。

　　4. 备注栏可填写主要业务内容或异常情况说明。

格式 38

应付账款明细账户审定表

被审计单位名称	×××公司	签 名	日 期	索引号	F3-1
		编制人			
审 计 项 目	短期借款	复核人		页 次	
会计期间或截止日	20 年12月31日				

索引号	内　　容	凭　证　号	调整已审数
	期初余额		***B
	加：1. 本期新增应付款		***T
	2. 主要业务内容		***T
	3.		***T
	减：归还		***T
	1.		***T
	2.		***T
	3.		***T
	期末余额		***CF3 ⌃

审计标识说明：

C　已发询证函

T　与原始凭证核对一致

B　与上年结转数核对一致

⌃　纵加核对

审计说明：

1. 本年新增应付账款业务已检查有关业务合同、销货发票和收货单等。
2. 支付货款已查银行单据无误。
3. 已发函未回。

审计结论：经替代测试后，应付账款余额可以确认。

格式 39

应付职工薪酬(福利费)审定表

被审计单位名称	×××公司		签 名	日 期	索引号	F7
		编制人				
审 计 项 目	应付职工薪酬	复核人			页 次	
会计期间或截止日	20　年12月31日					

索 引 号	内　　容	凭　证　号	备　　注
	年初余额 加：本年提取数 减：本年支出数 年末余额	**B ** **T ——— **T/B ≡≡≡	(1) (2)

审计标识说明：

　T　与原始凭证核对一致

　B　与上年结转数核对一致

　T/B　与试算平衡表核对一致

　⌃　纵加核对

审计说明：

1. 本年按照工资总额的14％提取，符合**规定。

　　本年提取数＝***×14％＝**（合理）

2. 已查核有关福利费使用的凭据。

审计结论：应付福利费年末余额可以确认。

格式 40

递延税项审定表

被审计单位名称	×××公司		签名	日期	索引号	E1
		编制人				
审计项目	在建工程	复核人			页次	
会计期间或截止日	20 年12月31日					

索引号	内容	说明	金额	备注
F8-1	增值税		***B	
F8-2	营业税		***B	
F8-3	企业所得税	(按×年摊销)	***	
F8-4	(按税种列示)	计算说明	***	
			***T/B	

审计标识说明:

S 与明细分类账核对一致　　　　G 与总分类账核对一致

T/B 与试算平衡表核对一致　　　　^ 纵加核对

< 横加核对

审计结论:调整后应交税费年末余额可以确认。

编制说明:

1. 本审计工作底稿应根据年末未交各种税金的项目分别列示。
2. 对各项未交税金应分别开列审计工作底稿计算测试。
3. 被审计单位各种业务收入应交纳的税种、税率应列示于本审计工作底稿中,并于永久性档案中的纳税鉴定文件核对一致。

格式41

应交税费明细账户审定表

被审计单位名称	×××公司	签 名	日 期	索引号	F8-1
		编制人			
审 计 项 目	应交税费	复核人		页 次	
会计期间或截止日	20 年12月31日				

索 引 号	内　　容	金　　额
#	年初欠交数	*** B
	本年应交销项税额	***
	本年可以抵扣进项税额	***
	本年已交纳增值税	*** T
	年末应交增值税	*** CF8

审计标识说明：

　　T　与原始凭证核对一致

　　B　与上年结转数核对一致

　　⌒　纵加核对

审计说明：

1. 本年销项税额：销售收入 *** ×增值税率17％

　　公司计算销项税额 ***，差额 ** 应调整有关项目。

2. 本年可抵扣进项税额已检查有关增值税发票及税务申报单。

3. 本年交纳增值税已查有关付款凭证及依据。

审计结论：年末应交增值税可以确认。

格式 42

应付利润审定表

被审计单位名称	×××公司	签名	日期	索引号	F9
		编制人			
审计项目	应付利润	复核人		页次	
会计期间或截止日	20 年12月31日				

索引号	内容	合计	合营中方＊%	合营外方＊%	备注
	期初余额	＊＊＊B	＊＊B	＊＊＊B	
	加：本年分配数	＊＊＊	＊＊	＊＊＊	(1)
	减：本年支付数	＊＊＊	＊＊	＊＊＊	(2)
		——G			
	审定数	＊＊＊T/B	＊＊＊	＊＊＊	
		——⌒	——⌒	——⌒	

审计标识说明：

　　B　　与上年结转数核对一致

　　G　　与总分类账核对一致

　　T/B　与试算平衡表核对一致

　　⌒　　纵加核对

审计说明：

1. 本年未付利润根据董事会纪要(参见永久性档案)，按净利润的＊%提取，计算正确。
2. 本年支付给股东的利润已查银行付款凭证。

审计结论：未付利润期末余额可以确认。

编制说明：

1. 本审计工作底稿反映被审计单位期末尚未支付股东的股利余额。
2. 本年应付股利的增加应与利润分配底稿相互勾稽。

格式 43

实收资本审定表

被审计单位名称	×××公司	签名	日期		索引号	H1
		编制人				
审 计 项 目	实收资本	复核人			页 次	1
会计期间或截止日	20 年12月31日					

索引号	内 容	合 计	合营中方＊%	合营外方＊%	备 注
	期初余额	＊＊＊B	＊＊B	＊＊＊B	欠交
	加：本年分配数	＊＊＊	＊＊	＊＊＊	交足
	减：本年支付数	＊＊＊G	＊＊	＊＊＊	交足
					无调整事项
	审定数	＊＊＊T/B ︵	＊＊＊ ︵	＊＊＊ ︵	

审计标识说明：
  G   与总分类账核对一致
  T/B   与试算平衡表核对一致
  ︵   纵加核对

审计说明：
1. 已查验企业合同、章程规定的各投资人的出资比例和认缴的资本金额(有关文件参见永久性档案)。
2. 经查注册会计师验资报告，与其相符(参见永久性档案)。
3. ××公司已交注册资本＊＊＊,尚欠缴注册资本＊＊,其余两家均已交足。

审计结论：实收资本可以确认。

编制说明：
  1. 本审计工作底稿应按各投资人名称分别列示，并注明合同或章程规定的各投资人的出资比例和资本金额。
  2. 将企业实收资本入账情况和注册会计师出具的验资报告相互查对，将查对情况及各方投资情况在本审计工作底稿中加以分析说明。

格式 44

资本公积审定表

被审计单位名称	×××公司	签名	日期	索引号	H2
		编制人			
审计项目	资本公积	复核人		页次	
会计期间或截止日	20 年12月31日				

索引号	项目	金额	备注
	年初余额	**B	资本公积本年无增减
	其中：资本折本差额	××GT/B	
	资产评估增值	**	

审计标识说明：

B 与上年结转数核对一致

G 与总分类账核对一致

T/B 与试算平衡表核对一致

审计结论：资本公积年末余额可以确认。

格式 45

营业收入审定表

被审计单位名称	×××公司	签 名	日 期	索引号	I1
		编制人			
审 计 项 目	营业收入	复核人		页 次	
会计期间或截止日	20 年12月31日				

索引号	内 容	产品A	产品B	…	合 计
	1月	***	**		***
	2月	***	**		***
	⋮	⋮	⋮		⋮
	12月	***	**		***
	合计	***	***		***G
	调整	***			***
	调整后合计	***			*** T/B

审计标识说明：

　　G　与总分类账核对一致　　　　T/B　与试算平衡表核对一致

　　⌃　纵加核对

审计说明：

1. 已完成销售收入符合性测试(底稿索引号)，销售收入内部控制执行情况良好。
2. 已完成销售收入截止性测试(底稿索引号)，跨期收入已调整。
3. 已对产品A1月、8月的销售收入进行测试(底稿索引号)无异常现象。

审计结论：销售收入经调整后可以确认。

编制说明：

　　1. 本审计工作底稿应按产品销售收入的大类品种分列，如果品种太多，可视情况分列。

　　2. 本审计项目主要通过相关的符合性、分析性审计工作底稿及相关会计科目审计工作底稿完成审计目的，并在本审计工作底稿相应栏目给予分析、记录及说明。

　　3. 本审计工作底稿项目栏排列顺序与销售成本分析表审计工作底稿相一致，以便分析对比。

格式 46

营业成本审定表

被审计单位名称	×××公司		签 名	日 期	索引号	I2
		编制人				
审 计 项 目	营业成本	复核人			页 次	
会计期间或截止日	20 年12月31日					

索引号	内 容	产品A	产品B	……	合 计
	1月	***	**		***
	2月	***	**		***
	⋮	⋮	⋮		⋮
	12月	***	**		***
	合计	***^	***		***
	调整	***			***
	调整后合计	***			*** T/B

审计标识说明:

  G 与总分类账核对一致   T/B 与试算平衡表核对一致

  C 加总并复核   ^ 纵加核对

审计说明:

1. 已完成营业成本符合性测试(底稿索引号),营业成本内部控制执行情况良好。
2. 已完成营业成本截止性测试(底稿索引号),跨期收入已调整。
3. 已对产品A1月、8月的营业成本进行测试(底稿索引号)无异常现象。

审计结论:销售成本经调整后可以确认。

编制说明:

  1. 本审计工作底稿应按营业成本的大类品种分列,如果品种太多,可视情况分列。

  2. 本审计项目主要通过相关的符合性测试、分析性测试审计工作底稿及相关会计科目审计工作底稿完成审计目的,并在本审计工作底稿相应栏目给予分析、记录及说明。

  3. 本审计工作底稿项目栏排列顺序与营业收入分析表审计工作底稿相一致,以便分析对比。

  4. 本审计工作底稿应与生产成本及营业成本倒轧表互相勾稽。

格式 47

生产成本审定表

被审计单位名称	×××公司	签名	日期	索引号	I2-2
		编制人			
审计项目	生产成本	复核人		页次	
会计期间或截止日	20　年12月31日				

索引号	项　目	说　明	金　额	备　注
	** 车间	** 零部件制造	**	不正常,少计入 * 项费用
	** 车间	** 零部件制造	**	正常
	** 车间	** 零部件制造	**	不正常
	** 车间	修饰	**	正常
	** 车间	包装验收	**	正常
	** 车间	机修及运输服务	**	正常
	12.31账面余额	与明细账一致	**	C/C
	调整：1. ** 车间	*由于内控手续不正常产生少计入 ** 货物 ** 件	**	计算过程见#底稿
	2. ** 车间	将 ** 产品以估计成本转出每件多计 * 元	**	计算过程见#底稿
	审定数		──	C/C

审计标识说明：

⌒　纵加核对

C/C　交叉加总并复核

　　　调整分录……

审计结论：调整后生产成本计算正确。

编制说明：

1. 本审计工作底稿项目栏按生产成本明细科目填列并通过截止性测试、符合性测试等审计工作底稿确定之事项调整及表述有关内容概要。

2. 本审计工作底稿完成后应与营业成本倒轧表生产成本相互勾稽。

格式 48

制造费用审定表

被审计单位名称	×××公司	签名	日期	索引号	I2-3
		编制人			
审计项目	制造费用	复核人		页次	
会计期间或截止日	20 年12月31日				

索引号	项目	说明	金额	备注
	** 车间	** 零部件制造	**	不正常,少计入
	** 车间	** 零部件制造	**	*项费用
	** 车间	** 零部件制造	**	正常
	** 车间	修饰	**	不正常
	** 车间	包装验收	**	正常
	** 车间	机修及运输服务	**	正常
	12.31 账面余额	与总账一致	**	正常
	调整：1. ** 车间	*项费用未入账	**	C/C
	2. ** 车间	成本计算差错	**	见♯底稿
				见♯底稿（为符合截止性底稿）
	审定数			C/C

审计标识说明：

⌒ 纵加核对

C/C 交叉加总并复核

调整分录……

审计结论：

1.
2.
3.
4.
5.
6.
7.

格式 49

材料成本差异审定表

被审计单位名称	×××公司	签 名	日 期	索引号	I2-9
		编制人			
审 计 项 目	材料成本差异	复核人		页 次	
会计期间或截止日	20　年12月31日				

索引号	项　目	说　明	金　额	备　注
	** 类材料	实际成本小于计划成本	— **	
	** 类材料	该材料无库存		
	12.31 账面余额		**	C/C
	调整：1.		**	
	2.		**	
	审定数		**	C/C

审计标识说明：

⌒ 纵加核对

C/C　交叉加总并复核

　调整分录……

审计结论：调整后材料成本差异计算正确。

编制说明：

1. 本审计工作底稿项目栏按材料成本差异明细科目填列(仅适用于采用标准成本核算的被审计单位)。

2. 本审计项目主要通过符合性测试审计工作底稿、分析性测试审计工作底稿及截止性测试审计工作底稿完成审计目的。

格式 50

其他业务利润审定表

被审计单位名称	×××公司	签 名	日 期	索引号	I5
		编制人			
审 计 项 目	其他业务利润	复核人		页 次	
会计期间或截止日	20 年12月31日				

索引号	项　目	金　　额	备　注
	其他业务收入	**	
	1.（业务内容）	**T	
	2.	**T	
	减:其他业务成本		
	1.（业务内容）	**T	
	2.	**T	
	3.（应计税项）	**T	
	其他业务利润	**GT/B	

审计标识说明：

　T　与原始凭证核对一致

　G　与总分类账核对一致

　∧　纵加核对

　T/B　与试算平衡表核对一致

审计结论:其他业务收入与支出发生额可以确认。

编制说明：

　1. 本审计工作底稿应按业务性质分类,并注明具体其他业务收入、其他业务成本内容。

　2. 其他业务收入或其他业务成本内容较多时,可分别编制审计工作底稿并列入本审计工作底稿之后。

　3. 其他业务收入的税项应与"应交税费"审计工作底稿勾稽。

格式 51

管理费用审定表

被审计单位名称	×××公司	签 名	日 期	索引号	I6
		编制人			
审 计 项 目	管理费用	复核人		页 次	
会计期间或截止日	20 年12月31日				

索引	项 目	未审数	调整数	审定数	备 注
	（按费用项目列示）				
C1	工资	***		***	
	折旧费	***		***	
	差旅费	***	***	***	
E1	递延资产摊销	***		***	
D1	无形资产摊销	***		***	
		*** G	***	*** T/B	

审计标识说明：

　G　　与总分类账核对一致

　T/B　与试算平衡表核对一致

　⌒　　纵加核对

　<　　横加核对

审计结论：调整后管理费用可以确认。

编制说明：

1. 本审计工作底稿"项目"栏中具体细目，可根据被审计单位管理费用明细科目填列。

2. 根据《年度会计报表审计规范指南》要求对某些费用项目编制的审计工作底稿，附在本审计工作底稿之后，并通过交叉索引勾稽。

3. 各费用项目如已在相关审计工作底稿中经计算、审核，应通过交叉索引勾稽，不必单独开列审计工作底稿。

4. 可以将本年度费用与上年度审定数进行分析比较，对异常波动加以分析说明，列入"备注"栏。

5. 制造费用、销售费用审计工作底稿与本审计工作底稿雷同。

附录 教学中审计工作底稿参考格式与填制要求

格式 52

财务费用审定表

被审计单位名称	×××公司	签 名	日 期	索引号	I7
		编制人			
审 计 项 目	财务费用	复核人		页 次	
会计期间或截止日	20 年12月31日				

索引	项 目	未审数	调整数	审定数	备 注
	1. 利息支出	**		**	
	减：利息收入	**		**	
	2. 汇兑损失	**	**	**	
	减：汇兑收益	**		**	
	3. 金融机构手续费	**		**	
		** G	**	** T/B	
	合计	⌒		⌒	

审计标识说明：

⌒ 纵加核对

T/B 与试算平衡表核对一致

G 与总分类账核对一致

审计结论：财务费用发生额可以确认。

编制说明：

1. 本审计工作底稿按财务费用明细项目分别填列。

2. 利息支出应根据本年度借款费用情况分析计算其合理性，在本审计工作底稿中说明或另行编制审计工作底稿，列于本审计工作底稿之后。

3. 汇兑损益应根据其本身组成内容另行编制审计工作底稿，列于本审计工作底稿之后。

格式53

营业外收入审定表

被审计单位名称	×××公司	签 名	日 期	索引号	I9
		编制人			
审 计 项 目	营业外收入	复核人		页 次	
会计期间或截止日	20　年12月31日				

索 引 号	项　　目	金　　额
	1. 处理固定资产收益	***T
	2. 罚款收入	***T
	（按明细项目填列）	
	合计	***G
		⌒
	调整	***
	审定数	***T/B

审计标识说明：

　G　与总分类账核对一致

　⌒　纵加核对

　T/B　与试算平衡表核对一致

　T　与原始凭证核对一致

审计结论：调整后营业外收入可以确认。

附录 教学中审计工作底稿参考格式与填制要求   · 375 ·

格式 54

营业外支出审定表

被审计单位名称	×××公司	签名	日期	索引号	I10
		编制人			
审 计 项 目	营业外支出	复核人		页次	
会计期间或截止日	20　年12月31日				

索引号	项　　目	金　　额
	1. 固定资产盘亏	*** T
	2. 罚款支出	*** T
	3. 捐赠支出	*** T
	（按明细项目填列）	
		*** G
		T/B
	合计	＿＿＿＿＾

审计标识说明：

　T/B　与试算平衡表核对一致

　T　与原始凭证核对一致

　G　与总分类账核对一致

　＾　纵加核对

审计说明：

1. 罚款支出应做应纳税所得额调整。

2. 捐赠支出在税法规定的范围内，不做应纳税所得额调整。

审计结论：营业外支出可以确认。

格式 55

所得税费用审定表

被审计单位名称	×××公司	签 名	日 期	索引号	I12
		编制人			
审 计 项 目	所得税费用	复核人		页 次	
会计期间或截止日	20 年12月31日				

项　　目	金　　额
利润总额	***
加：交际应酬费超过税法规定标准	**
罚款支出	**
减：上年度亏损	**
	———
应纳税所得额	***
	——— ⌒
企业所得税率	* %
所得税	*** T/B
被审计单位已提所得税	*** G
	———
应调整金额	**

审计标识说明：
　G　　与总分类账核对一致
　⌒　　纵加核对　　　　　　　　　借：所得税费用　　　　　　**
　T/B　与试算平衡表核对一致　　　　贷：应交税费　　　　　　　**
审计结论：调整后所得税可以确认。

编制说明：
1. 本审计工作底稿用于计算应纳税所得额和应纳所得税额。
2. 应纳税所得额应根据企业所得税法的有关规定计算。
3. 企业所得税率根据税务机关对被审计单位的鉴定确定,并与永久性档案中纳税鉴定文件核准一致。
4. 审计档案的保密与调阅。